Bill Farrel

Die 10 besten Entscheidungen, die ein Mann treffen kann

Das Abenteuer, mit Gott zu leben

BILL FARREL

DIE 10 BESTEN ENTSCHEIDUNGEN

die ein Mann treffen kann

Das Abenteuer, mit Gott zu leben

cap-books

Bestell-Nr.: 52 50434
ISBN 978-3-86773-175-1

Alle Rechte vorbehalten
© Deutsche Ausgabe 2013 by cap-books/cap-music
Oberer Garten 8
D-72221 Haiterbach-Beihingen
07456-9393-0
info@cap-music.de
www.cap-music.de

Übersetzung: Ingo Schreurs
Lektorat: Christine Kathmann
Umschlaggestaltung: Henri Oetjen, Designbüro Oetjen
Druck: Schönbach-Druck, Erzhausen
Printed in Germany

Originaltitel: THE 10 BEST DECISION A MAN CAN MAKE
Copyright © 2010 by Bill Farrel
Published by Harvest House Publisher
Eugene, Oregon 97402
www.harvesthousepublisher.com
All rights reserved

Dieses Buch ist meinen drei Söhnen
Brock, Zach und Caleb gewidmet.
Es war immer großartig, euer Dad zu sein.
Zu sehen, wie ihr bessere Entscheidungen
getroffen habt als ich in eurem Alter,
ist eine der schönsten Erfahrungen meines Lebens.

„Eine größere Freude habe ich nicht als dies, dass ich höre,
dass meine Kinder in der Wahrheit wandeln."

3. JOHANNES 4

Inhaltsverzeichnis

Danksagungen

Dieses Buch ist das Ergebnis einer dreißigjährigen Reise, die mit einer Unterhaltung mit meinem Vater begann. Dad, du hattest ja keine Ahnung, dass du solch einen Hunger für den Weg der Entscheidungsfindung in mir wecken würdest! Aber ich bin dankbar für dein Vorbild. Du hast in deiner Karriere immer das getan, was du liebtest, und das gab mir den Mut, es genauso zu machen.

Mein Bruder half, das Feuer weiter anzufachen. Jim, wie du dich in deiner Collegezeit ganz darauf konzentriert hast, deine Entscheidungen im Gebet zu treffen, inspirierte mich zu glauben, dass wir in der Lage sind, ein bemerkenswertes Leben zu führen. Dein Vorbild war unglaublich wertvoll für mich.

Ich bin mir ziemlich sicher, dass ich weniger große Entscheidungen getroffen hätte, wenn ich nicht meine Traumfrau geheiratet hätte. Pam, du bist die mutigste Frau, der ich je begegnet bin. Ich werde für immer dankbar sein, dass du mich herausgefordert hast, mein Leben in größeren Dimensionen zu leben, während du mich mit rückhaltloser Ermutigung angefeuert hast. Du hast bewiesen, dass du eine Super-Wahnsinns-Helferin bist.

Auch Bob Hawkins und allen Mitarbeitern von Harvest House Publishers möchte ich Danke sagen. Danke, dass ihr es mit einem jungen, idealistischen Paar versucht habt und uns die Gelegenheit gegeben habt, unsere Geschichte zu erzählen. Ihr habt uns einen großen Gefallen getan, als ihr Rod Morris beauftragt habt, unser Lektor zu sein. Rod, danke, dass du dein Talent eingesetzt hast, um die Botschaft klarer und leichter lesbar zu machen. Deine Beherrschung der Sprache, dein umfangreiches Wissen und deine herausragenden Fähigkeiten als Lektor sind eine große Gabe. Ich hoffe für dich, dass Kansas es bald in die Endrunde schafft.

Schließlich möchte ich meinem Erlöser, Jesus Christus, danken. Mit 16 hast du mich in einem gepolsterten Kinosessel gefunden und hast mich seitdem mitgenommen auf eine unglaublich spannende Reise. Es ist eine ebenso beglückende wie demütigende Erfahrung, diese außerordentlich ungleiche Partnerschaft zu erleben.

Einleitung

Wir formen unsere Entscheidungen und unsere Entscheidungen formen uns.

Ich erinnere mich noch, wie ich anfing herauszufinden, wie man gute Entscheidungen trifft. Es war der Sommer zwischen meinem Schulabschluss und dem Eintritt ins College. Ich war bereit, meine Universitätsausbildung zu beginnen und wollte ein Diplom erlangen, das mich auf den Weg des Erfolgs bringen sollte. Also fragte ich meinen Dad um Rat, denn er liebte die Laufbahn, die er eingeschlagen hatte.

Mein Dad arbeitete in der Raumfahrtindustrie an der Entwicklung von Raketenantrieben. Sein Job war es, den Prozess von der Zündung über die Beschleunigung bis zur Abschaltung der Maschinen so zu konstruieren, dass Astronauten, Wissenschaftler und Satelliten damit sicher in den Weltraum gelangen konnten. Ich bewunderte seinen Optimismus und dass er seine Arbeit mit Hingabe tat, obwohl das Programm viele Kritiker hatte.

Robert Goddard war einer der frühen Pioniere der Raketentechnik. Am 16. März 1926 fuhr er hinaus auf die Farm seiner Tante Effie, um seine spindeldürre, ungefähr drei Meter hohe, mit Flüssigtreibstoff betriebene Rakete namens Nell zu testen. Die Rakete sprang in die Luft, stieg bis zu einer Höhe von circa 15 Metern und schlug dann in einem Feld gefrorener Kohlköpfe ein. Der Flug dauerte nur 2,5 Sekunden, aber das war 2,5 Sekunden länger, als jede andere Rakete mit Flüssigtreibstoff bis dahin geflogen war. Er war begeistert und erkannte, welchen Durchbruch er damit erzielt hatte.

In den folgenden drei Jahren setzte Goddard seine Forschungen und Versuche hinter verschlossenen Türen fort, aber Raketen lassen sich auf Dauer schlecht geheim halten. 1929 brachte einer seiner Starts die Polizei auf den Plan und in deren Gefolge die Presse. Am nächsten Tag lautete die Schlagzeile in der Lokalpresse: „MONDRAKETE VERFEHLT IHR ZIEL UM 238 799,5 MEILEN".[1] Trotz aller Kritik blieb Goddard dran und die Geschichte hat seine Vision wahr gemacht.

Mein Dad verfügte über genau den gleichen Optimismus. Oft sagte er: „Ich kann gar nicht glauben, dass die mich dafür bezahlen, diese Arbeit zu machen." So schlussfolgerte ich, dass niemand anderes als mein Dad besser geeignet sein könnte, um mir einen Rat zu meiner Berufswahl zu geben.

„Dad, kann ich dich was fragen?"

„Na klar, Bill. Was gibt's?"

„Wie findet man heraus, welchen Beruf man ergreifen soll? Wie wählt ein junger Mann in meinem Alter seine Studienrichtung am College?"

Nun erwartete ich die tief schürfendste Unterhaltung meines Lebens mit meinem Vater. Doch stattdessen sagte er nur: „Nun ja, Bill, ich bin nicht besonders gut darin, über solche Dinge zu reden, aber ich werde dich unterstützen, ganz gleich, welche Entscheidung du triffst."

Ich war immer noch überzeugt, dass mein Dad wusste, wie ich die geeignete Laufbahn wählen konnte. Er war nur nicht in der Lage, den Weg dorthin in Worten auszudrücken. Auch wenn es mir damals noch nicht klar war: An jenem Tag erwachte mein Verlangen zu verstehen, wie gute Entscheidungen getroffen werden. Ich wollte anderen mitteilen können, was mein Dad mir vorlebte.

Seit jenem Tag habe ich bewusst und aufmerksam verfolgt, wie Männer ihre Entscheidungen treffen. Einige dieser Entscheidungen haben zu florierenden Unternehmen, starken Familien und stabilen Lebensumständen geführt. Andere Entscheidungen waren selbstzerstörerisch. Die allermeisten Entscheidungen jedoch waren einfach Versuche, mit den Herausforderungen des Lebens fertig zu werden. Manche dieser Entscheidungen erweisen sich als hilfreich und andere wiederum führen nicht zum gewünschten Ziel. Es bleibt oft ein Geheimnis, warum manche Entscheidungen gut funktionieren, während andere nicht die erwarteten Ergebnisse bringen.

Ich begann also zu erforschen, wie ich in meinem Leben bewusste, vorausschauende und produktive Entscheidungen treffen konnte. Was ich dabei herausgefunden habe, werde ich in den folgenden Kapiteln mit dir teilen. Ich bin zuversichtlich, dass du beim Lesen immer besser verstehen wirst, wie man von gesunden Entscheidungsprozessen profitieren kann.

Du bist dran

Beschreibe hier unten auf dieser Seite oder auf einem separaten Blatt Papier, wann dein Weg zur Entscheidungsfindung begonnen hat. Welche Unterhaltungen, Situationen oder Herausforderungen haben dazu beigetragen, dass du lernen wolltest, wie man bessere Entscheidungen trifft?

Kapitel 1

Entscheide dich, Entscheidungen zu treffen

Lerne, als würdest du ewig leben,
lebe, als würdest du morgen sterben.
JOHN WOODEN[2]

Ich bin noch nie einem Mann begegnet, der sagte, dass er falsche Entscheidungen treffen *will*. Die Männer, denen ich begegnet bin, lieben ihre Familien und streben ernsthaft danach, im Leben erfolgreich zu sein. Wir wissen aber alle, dass auch Männer mit guten Absichten manchmal schlechte Entscheidungen treffen, denn unsere Absichten bestimmen nicht über die Qualität unserer Entscheidungen. Es besteht ein großer Unterschied zwischen den Männern, die gute Entscheidungen treffen, und jenen, die ihr Leben entweder durch Unentschiedenheit oder durch falsche Entscheidungen komplizierter machen.

Die Vorzüge guter Entscheidungen

Es bringt viele Vorteile für das Leben eines Mannes, wenn er sich entscheidet, entscheidungsfreudig zu sein. In allererster Linie *hat er mehr Energie für die Ziele, die ihm am Herzen liegen.* Das ist so, weil unsere Emotionen unseren Entscheidungen folgen. Damit steuern wir unsere Emotionen, so dass sie nicht ihre eigenen Wege gehen.

Man hält Männer oft für emotionslos oder weniger emotional als Frauen, aber das stimmt nicht. Wir sind emotional nur anders veranlagt. Schau dir nur einen Mann bei einem Sportereignis an. Laufen die Dinge gut, dann schreit er und reckt die Faust in die Luft. Laufen die Dinge nicht so gut, dann wird er wütend und bringt sein Missfallen oft auch in deutlichen Worten zum Ausdruck. Oder sieh dir einen Mann an, der gerade an einem Projekt arbeitet. Er ist begeistert, wenn alles gut läuft und er wird oft wütend, wenn etwas nicht so funktioniert, wie es sollte.

Kürzlich habe ich meinen Freund Karl besucht, dem eine große Wiese gehört, die er gerne selbst mäht. Um der Aufgabe gerecht zu werden, hat er sich einen Bad Boy Rasenmäher gekauft, ein Gerät, das von einem Caterpillar Dieselmotor angetrieben wird und auf der Stelle wenden kann. Er hatte diesen „Das ist wirklich männlich"-Gesichtsausdruck, als er zu mir sagte: „Die bewerben diesen Rasenmäher mit dem Slogan ‚Wir schneiden mit Schwung'. Ich kann das Gras mit diesem Bad Boy mit 25 Kilometern pro Stunde mähen." Um mir das zu beweisen, startete er den Motor, brachte die Räder zum Durchdrehen und drehte ein paar enge Kreise in seinem Schuppen. Es war wirklich eine beeindruckende Maschine, die eine emotionale und männliche Reaktion hervorrief.

Ich bin überzeugt, dass Karl voller Energie und zu echter Begeisterung fähig ist, weil er ein exzellenter Entscheider ist. Über viele Jahre hat er seine Energie in ein produktives, ausgewogenes und inspirierendes Leben kanalisiert.

Entscheidungen machen uns viel effektiver. Manche Menschen folgen der falschen Annahme: *„Wir haben nie die Zeit, etwas richtig zu machen, aber immer die Zeit, es noch mal zu machen."* Dabei ist es bedeutend effektiver, gleich zu Beginn die richtige Wahl zu treffen.

Entscheidungen vereinfachen unser Leben. Unser Leben ist ein ineinander verwobenes Netz von Beziehungen. Entscheidungen, die den Ordnungen Gottes entsprechen, führen dazu, dass diese Beziehungen besser funktionieren, bringen weniger negative Konsequenzen mit sich und verringern die Zahl der Situationen, die wir hinterher zu bereinigen haben. Im Ergebnis schaffen gute Entscheidungen ein Leben, in dem wir weniger Beziehungen reparieren und verworrene Beziehungen entwirren müssen.

Gesunde Entscheidungen machen dich zuversichtlicher. Wenn du überzeugt bist, dass du das tust, was du tun solltest, verfügst du über ein hohes Maß an Konzentration, Entschlossenheit und Motivation. Da gibt es kein Zögern. Du tust, was getan werden muss. Du sagst, was gesagt werden muss. Du findest heraus, was du noch nicht weißt, und dann beginnst du zu handeln. Da gibt es dann kein Überdenken, kein „Was-wäre-wenn ..." und kein übermäßiges Analysieren.

Im Hinblick auf Entscheidungen gibt es drei Kategorien von Männern:

■ Jene, die im GE-Modus (Gesunde Entscheidung) handeln. Diese Männer treffen überwiegend Entscheidungen, die gesund sind und zu produktiven, auf der Beziehungsebene befriedigenden Ergebnissen führen.

■ Jene, die im UE-Modus (Ungesunde Entscheidung) handeln. Die Entscheidungen, die diese Männer treffen, sind überwiegend ungesund und kurzsichtig. Diese Männer finden sich häufig in schwierigen Situationen und unangenehmen Beziehungen wieder.

■ Jene, die im KE-Modus (Keine Entscheidung) handeln. Diese Männer lassen zu, dass andere die Entscheidungen für sie treffen oder gehen Entscheidungen aus dem Weg und lassen dem Leben einfach seinen Lauf. Diese Haltung führt zu ko-abhängigen Beziehungen, verminderter Leistungsfähigkeit, emotionalen Turbulenzen, verpassten Gelegenheiten und unreifen Interaktionen mit anderen.

Männer geraten in unterschiedliche Stolperfallen, die den persönlichen Wachstumsprozess hemmen und sie von gesunden Entscheidungen abhalten:

- Sie lassen andere Entscheidungen für sich treffen, die sie selbst treffen sollten.

- Sie geben anderen die Schuld an ihren falschen Entscheidungen.

- Sie kommen zu dem Schluss, dass sie sich nicht ändern müssen, weil sie „schon immer so waren".

- Sie finden Entschuldigungen, warum sie keine Entscheidungen treffen.

- Sie weigern sich, Prioritäten zu setzen, die ihnen als Richtschnur für Entscheidungen dienen könnten.

- Sie sind zu bequem, die Mühen auf sich zu nehmen.

- Sie geben dem Gruppendruck nach, statt selbst zu entscheiden, was am besten ist.

- Sie sind sich selbst gegenüber nicht ehrlich im Hinblick auf die Veränderungen, von denen sie tief drinnen wissen, dass sie notwendig sind.

Für welche dieser Stolperfallen bist du am anfälligsten?

Unser Lebensweg steckt voller Entscheidungen. Jeden Tag müssen wir entscheiden, was wir essen wollen und wie und mit wem wir unsere Zeit verbringen. Die meisten dieser Entscheidungen sind von untergeordneter Bedeutung, aber kommen in schneller Abfolge auf uns zu. Eines der Phänomene des Informationszeitalters ist ein nie endender Strom von Informationen, die fast ununterbrochen Entscheidungen von uns fordern.

Eine strategische Entscheidungsfindung macht dein Leben effektiver und gibt deinem Streben nach Gottes Willen mehr Schwung. Eine unzulängliche Entscheidungsfindung macht dein Leben komplizierter und raubt dir Energie und Chancen. Achte einmal darauf, welche Bedeutung der Entscheidungsfindung in 5. Mose 30,19-20 beigemessen wird:

„Ich rufe heute den Himmel und die Erde als Zeugen gegen euch auf: Das Leben und den Tod habe ich dir vorgelegt, den Segen und den Fluch! So wähle das Leben, damit du lebst, du und deine Nachkommen, indem du den HERRN, deinen Gott, liebst und seiner Stimme gehorchst und ihm anhängst! Denn das ist dein Leben und die Dauer deiner Tage, dass du in dem Land wohnst, das der HERR deinen Vätern, Abraham, Isaak und Jakob, geschworen hat, ihnen zu geben."

Gott forderte die Israeliten auf, auf ihn zu hören und Entscheidungen zu treffen, die ihr Leben schützen und verbessern würden. Er weiß, dass das Leben aus einer wichtigen Entscheidung nach der anderen besteht. Jeden Tag stehst du Entscheidungen auf Leben und Tod gegenüber und du musst entschlossen sein, die richtigen zu wählen, wenn du nicht in Situationen geraten willst, die alles zerstören können, wofür du gearbeitet hast.

Etwas, das meinem Sohn Zachery passierte, erinnerte mich einmal sehr deutlich an diese Wahrheit. Bei einem Telefongespräch sagte er:

„Dad, ich bin gerade so wütend."

„Echt? Was ist los?"

„Ich hatte eben einen Unfall."

„Oh Mann, geht's dir gut?"

„Klar, aber ich bin echt sauer."

„Was macht dich denn so wütend?"

„Weil ich ihn einfach nicht habe kommen sehen. Ich hatte Grün und er ist voll bei Rot drübergefahren."

Es stellte sich heraus, dass die Sache doch nicht ganz so einfach war. Zachery wollte an einer Kreuzung mit einer kombinierten und komplizierten Ampelanlage links abbiegen. Ein Stück vor der Kreuzung befindet sich ein Pfeil nach links, der die Leute auf die Abbiegespur dirigiert. Danach folgt ein grünes Licht mit dem Hinweis: „Linksabbieger bei Grün einfädeln". Doch dann hatte das Signallicht gewechselt und Zach hatte es nicht bemerkt. Zur gleichen Zeit ging der andere Fahrer davon aus, dass er freie Fahrt hatte, und machte keine Anstalten zu verlangsamen, als er in die Kreuzung einfuhr.

Bei den Bildern vom Unfall konnte einem übel werden. Mein Sohn fuhr einen riesengroßen Dodge Ram Pickup. Das andere Fahrzeug war ein Jeep Grand Cherokee. Die Front des Jeeps hatte sich auf der Fahrerseite in den vorderen Kotflügel des Dodge gegraben. Danach befand sich das Vorderrad dort, wo der Motor sein sollte. Der Motor zeigte um 45 Grad versetzt in die falsche Richtung und der Kotflügel war völlig zerrissen. Die Stoßstange war bis auf den Bürgersteig geschleudert worden und die Fahrerkabine war kaum wiederzuerkennen.

Der schwere, kräftige, fast unzerstörbar wirkende Pickup meines Sohnes hatte einen Totalschaden und war zu einem jämmerlichen Haufen Schrott und Ersatzteilen zusammengedrückt worden. Und das alles nur, weil zwei Männer einen Augenblick lang nicht ganz aufmerksam gewesen waren. Es passierte alles ganz schnell und völlig ungeplant.

Aber es hätte das Leben meines Sohnes für den Rest seiner Tage total verändern oder es sogar beenden können, denn es war eine Entscheidung auf Leben und Tod. Er hatte eine falsche Entscheidung getroffen und zu seinem Glück wurde dabei nur sein Pickup zerstört.

Welchen Weg wirst du wählen, wenn du das nächste Mal mit einer Entscheidung auf Leben und Tod konfrontiert bist?

Die meisten Menschen treffen ihre Entscheidungen instinktiv. Du stehst vor einer Entscheidung und dein Instinkt tritt in Aktion, der sich an deiner Lebenserfahrung und deiner emotionalen Programmierung orientiert. Dir „kommt" eine Entscheidung, die sich richtig anfühlt, und weil es dir an besser erscheinenden Alternativen fehlt, bewegst du dich in diese Richtung.

Frank Crane sagt über die Schattenseiten dieser zufälligen Entscheidungsfindung: „Das Meiste von dem, was wir entscheiden, entspricht nicht dem, was wir als das Beste erkennen. Wir sagen nur deshalb Ja, weil wir in die Ecke gedrängt werden und irgendetwas sagen müssen." Sigmund Freud dagegen hat zu dieser Art der Entscheidungsfindung sogar ermutigt:

„Beim Treffen einer Entscheidung von geringer Bedeutung fand ich es immer vorteilhaft, alle Vor- und Nachteile zu prüfen. In lebenswichtigen Angelegenheiten jedoch, wie der Wahl eines Ehepartners oder eines Berufes, sollte die Entscheidung aus dem Unbewussten kommen, von einem Ort in uns drin. In den wichtigsten und persönlichsten Entscheidungen unseres Lebens sollten wir – denke ich – von den tiefen inneren Bedürfnissen unseres Wesens gelenkt werden."[3]

Wenn die emotionale Prägung deines Lebens gesund ist, können diese natürlichen Entscheidungen in der Tat stark und effektiv sein. Ist deine emotionale Prägung jedoch defizitär oder unterentwickelt, dann sind diese natürlichen Entscheidungen für gewöhnlich kurzsichtig und führen zu Ergebnissen, die das Leben schwieriger machen.

Du kannst dich entscheiden, anders zu sein

Du kannst dich entscheiden, anders zu sein. Das war eine der ersten Tatsachen, die ich in meinem Leben in Bezug auf Entscheidungen entdeckte. Mein Zuhause war sehr stark von Furcht geprägt. Meine Mutter fürchtete sich vor Menschen, vor Insekten, vor dem Autofahren und vor allem, was andere zu einem Teil unseres Lebens werden ließ. In dem Versuch, ihr Leben unter Kontrolle zu halten, wurde sie dann oft wütend, depressiv oder ausgesprochen weitschweifig. Sie konnte uns stundenlange Vorträge halten, ganz unvermittelt einen Wutanfall bekommen oder sich für Tage völlig zurückziehen.

Als Jüngster in der Familie bekam ich oft mit, wie meine älteren Brüder und Schwestern mit meiner Mutter stritten. Aus dem, was ich sah und hörte, schloss ich, dass dieser Ansatz nicht funktionierte, und wählte die entgegengesetzte Richtung, indem ich mich in die Empfindungslosigkeit zurückzog. Während meiner Kindheit war mir das gar nicht bewusst, aber als Erwachsener wurde mir klar, dass ich gelernt hatte, mich unter Stress zurückzuziehen und gegen jeden aufzubegehren, dessen Verhalten für mich keinen Sinn ergab. Da zu den meisten Entscheidungen aber ein gewisses Maß an Stress gehört und sie oft mit Menschen zusammenhängen, die anderer Meinung sind, stellte das ein echtes Problem dar.

Schon als junger Erwachsener erkannte ich, dass ich mich am wohlsten fühlte, wenn ich Menschen helfen konnte. Ich war aber zugleich darauf trainiert, mich zu isolieren und

Menschen zu misstrauen. Als Kind hatte ich mir angewöhnt, viel Zeit alleine zu verbringen, um dem Stress aus dem Weg zu gehen, den die Ängste meiner Mutter erzeugten. Das Ergebnis war, dass ich einen ständigen Widerstreit in mir spürte. Mein Verlangen sagte mir: *„Lade Leute hierher ein. Esst was zusammen. Schaut euch zusammen ein Spiel an. Richte eine Bibelgruppe bei dir ein."* Mein Instinkt jedoch hielt dagegen: *„Du weißt nicht, wie die sich verhalten werden. Du weißt nicht, ob du ihnen wirklich vertrauen kannst. Sie könnten zu viel aus deinem Leben erfahren und es dann gegen dich verwenden."*

So entwickelte sich eine mächtige Kluft zwischen dem, was ich gerne tun wollte, und dem, was ich wirklich tat. Das zeigte sich sogar an dem Wagen, den ich fuhr. Eigentlich wollte ich ein richtig cooles Auto. Ich träumte von einem Wagen mit starkem Motor, atemberaubendem Design und einer fantastischen Lackierung. Stattdessen fuhr ich einen grünen 1972er Chevrolet Vega mit einer blauen Heckklappe. Der Wagen hatte eine blaue Heckklappe, weil die hintere Scheibe zu Bruch gegangen war, als wir einmal Bauholz transportierten, und es günstiger war auf dem Schrottplatz eine Heckklappe zu erwerben, als die Scheibe ersetzen zu lassen. Außerdem hatte ich ja ohnehin vor, den Wagen neu lackieren zu lassen.

Ich hatte Berichte gelesen, dass der Aluminium-Motorblock des Vega leicht platzte, wenn er zu heiß wurde, aber ich war überzeugt, dass mir das nicht passieren würde. Ich hatte Bücher gelesen, wie man seinen Vega aufmotzen konnte. Ich hatte Beiträge gelesen, wie man einen V-8-Motor in diese Mini-Rakete einbaute, und ich träumte von einem Wagen, der meine Freunde vor Neid erblassen lassen würde. Ich hatte Pläne, aber die führten nie zu Entscheidungen. Also fuhr ich einfach weiter meinen Vega, so wie er war. Der erregte zwar Aufsehen bei meinen Freunden, aber nicht aus den Gründen, die ich mir wünschte.

Wir müssen unsere Entscheidungen aber nicht rein instinktiv treffen. Vielmehr haben wir die Fähigkeit mitbekommen, bei jeder Entscheidung in unserem Leben zu prüfen und zu erkennen, welche die beste ist. Wir haben den Sinn des Christus bekommen (1. Korinther 2,16 – Schlachter) und wir können diese Fähigkeit dazu einsetzen, Entscheidungen zu treffen, die gute Auswirkungen haben. William Foster, der im 2. Weltkrieg zu Tode kam, als er einem Kameraden das Leben rettete, sagte: „Qualität geschieht nie zufällig; sie ist immer das Ergebnis hoher Absichten, ernsthafter Anstrengungen, intelligenter Weichenstellungen und sorgfältiger Ausführung; sie steht für die weise Auswahl aus einer Vielzahl von Alternativen."[4]

Strebe nach Größe

Gesunde Entscheidungen führen zu Wachstum in unserem Leben. Jedes Jahr sehen wir uns mit Herausforderungen, Chancen und Pflichten konfrontiert, die größer und anspruchsvoller zu sein scheinen als im Jahr zuvor. Gesunde Entscheidungen bringen uns Schritt für Schritt voran, so dass wir auf das vorbereitet sind, was auf uns zukommt. Die echten Schwierigkeiten im Leben beginnen dann, wenn unsere persönliche Reife nicht mit unseren Herausforderungen Schritt hält.

Früher dachte ich immer, dass manche Menschen mit der Fähigkeit geboren werden, gesunde Entscheidungen zu erkennen und zu treffen, während andere dazu verdammt sind, die strategisch wichtigen Entscheidungen zu verpassen und kurzsichtige Weichenstellungen vorzunehmen. Wenn das so war, dann gehörte ich bestimmt nicht zu der Gruppe, die dazu geboren war strategisch günstige Entscheidungen zu fällen, da war ich mir sicher. Inzwischen habe ich aber herausgefunden, dass wir vor Entscheidungen eine Reihe von Werkzeugen benutzen können, durch die wir Führung, Klarheit und Zuversicht für den vor uns liegenden Prozess bekommen können.

Entscheidungswerkzeug Nr. 1:
Der Offensichtlichkeits-Test

Vor einer Entscheidung ist es hilfreich, wenn du dir erst einmal darüber klar wirst, ob es sich um eine einfache Wahl oder eine kompliziertere Entscheidung handelt. Bevor du viel Mühe auf eine Entscheidung verwendest, frag dich zunächst: „Ist diese Entscheidung so offensichtlich, dass ich meine Zeit verschwende, wenn ich auch nur darüber nachdenke?" Manche Entscheidungen sind sehr offensichtlich, weil Gott zu diesen Lebensbereichen schon etwas Eindeutiges gesagt hat oder weil es längst eine allgemein als beste anerkannte Handlungsalternative gibt. Wenn du mit solchen Entscheidungen zu viel Aufwand betreibst, dann wirst du unnötig abgelenkt und gewöhnst dir an, zu zögern statt vorwärtszugehen. Hier ein paar Beispiele für offensichtliche Entscheidungen, die allgemein als die beste Wahl angesehen werden:

- Putz dir jeden Tag die Zähne.

- Kleide dich für deine Arbeit angemessen.

- Wenn ein Polizeiwagen hinter dir die Signallampen einschaltet, dann fahr rechts ran.

- Sorg dafür, dass du jede Nacht ausreichend Schlaf bekommst.

■ Wenn ein Freund im Krankenhaus liegt, besuch ihn.

■ Sag Danke, wenn ein Freund oder Verwandter dir etwas schenkt.

Und hier noch ein paar offensichtliche Entscheidungen, für die wir Männer klare Anweisungen von dem haben, der uns geschaffen hat:

■ Füttere deinen Verstand jeden Tag irgendwie mit Gottes Wort (Römer 12,2; Psalm 1,1-3).

■ Wähl das Gute und nicht das Böse (Römer 12,9).

■ Lauf weg, wenn du sexuellen Versuchungen ausgesetzt bist (1. Thessalonicher 4,3-8). Bete nicht darüber, untersuch es nicht erst genauer, lauf einfach weg.

■ Wenn Sorgen aufkommen wollen, bete umso intensiver (Philipper 4,6-7).

■ Finde in jeder Situation eine Möglichkeit, dankbar zu sein (1. Thessalonicher 5,16-18).

■ Bekenne Sünden, sobald sie dir bewusst werden (1. Johannes 1,9). Halte dich nicht mit Erklärungen oder Rechtfertigungen auf, bekenne einfach.

■ Wähl deine Freunde sorgfältig aus (1. Korinther 15,33).

■ Wenn ein Freund dich bittet, für ihn zu lügen, sag Nein (Kolosser 3,9-10).

Wenn du dich darauf trainierst, das Offensichtliche zu tun, dann entwickelst du in deinem Leben Gewohnheiten, die automatisch ablaufen. Diese Gewohnheiten machen dein Leben effektiver, weil sie dir mehr Energie für komplexere Entscheidungen lassen. Außerdem steigern sie dein Selbstvertrauen, weil der Erfolg bei einfachen Aufgaben sich wie ein roter Faden der Ermutigung auf die weniger offensichtlichen Entscheidungen auswirkt.

Es ist beeindruckend zu sehen, welchen Einfluss dieses Werkzeug auf das Leben von Männern haben kann. Es ist zum Beispiel bemerkenswert, wie viel Potenzial im Leben von Terrance nicht realisiert wird, weil er sich weigert, sich an diesen Test zu halten. Er ist handwerklich äußerst geschickt und einer der liebenswürdigsten Menschen, denen ich je begegnet bin. Die Menschen sind gern in seiner Nähe, weil seine Persönlichkeit einen beruhigenden Einfluss auf sie hat und weil es faszinierend ist, wie viel er darüber weiß, wie Dinge funktionieren. Aber er weigert sich einfach, sich im Leben an die offensichtlichen Entscheidungen zu halten.

Terrance vertieft sich oft so sehr in seine Projekte, dass er dann viel später als erwartet nach Hause kommt. Das wäre für seine Frau auch gar kein Problem, wenn er nur mal zu Hause anrufen würde, damit sie Bescheid weiß. Aber er ruft nie an. Er verspricht an den Aktivitäten der Kinder teilzunehmen, aber dann verliert er sich in einer seiner Unternehmungen und kommt erst an, wenn das Ereignis schon zu Ende geht. Er hat mit illegalen Aufputschmitteln experimentiert, wodurch seine wichtigsten Beziehungen auf eine schwere Probe gestellt wurden. Seine Frau vertraut ihm nicht, wenn es um wirklich wichtige Entscheidungen geht. Sie diskutieren endlos darüber, wobei sie seine Vorschläge dann oft ignoriert, und er muss unglaublich viel Energie darauf verwenden, sie zu überzeugen, dass seine Vorstellungen sinnvoll sind. Deshalb überlässt er oft ihr die Entscheidung, weil es zu ermüdend ist, alles mit ihr auszudiskutieren.

Tom dagegen hat sein Leben durch Gewohnheiten geregelt. Er geht vier- bis fünfmal die Woche laufen. Er hat jede Woche eine feste Verabredung mit seiner Frau. Er steht früh genug auf, um 10 bis 15 Minuten mit Jesus zu verbringen, seine Bibel zu lesen und zu beten, bevor er zur Arbeit geht. Er hat sich einfach selbst darauf trainiert, das Offensichtliche zu tun, sobald es ihm bewusst wird. Wenn Tom und ich uns unterhalten, dann geht es um Themen wie: Wie können wir unsere Generation für ein besseres Leben beeinflussen? Wie können wir unseren Kindern helfen, das Beste aus sich zu machen? Wie helfen wir unseren Frauen bei den Veränderungen, die sie gerade durchmachen?

Terrance und ich unterhalten uns darüber, wie man in einer sich verändernden Welt überleben kann; Tom und ich unterhalten uns darüber, wie man die Welt verändern kann.

Triff die offensichtlichen Entscheidungen, wenn sie offensichtlich sind. Eine Gruppe von Zulieferern wurde einmal durch eine Nervenklinik geführt. Dabei machte einer der Besucher ein paar abfällige Bemerkungen über die Patienten. Nach dem Rundgang wurden die Besucher in der Kantine einigen Mitarbeitern des Hauses vorgestellt. Der ungehobelte Besucher plauderte mit Bill, einem freundlichen und vernünftigen Ex-Polizisten, der beim Sicherheitsdienst der Klinik arbeitete.

„Sind das wirklich alles total Bekloppte hier drin?", fragte der ungehobelte Kerl.

„Nur diejenigen, die durch den Test fallen", sagte Bill.

„Welchen Test?"

„Wir zeigen ihnen eine Badewanne voll Wasser, einen Eimer, einen Krug und einen Eierbecher und dann fragen wir sie, wie man die Badewanne am schnellsten leeren kann."

„Ah, verstehe, ganz einfach – die Normalen, wissen, dass sie den Eimer nehmen müssen. Richtig?"

„Nicht wirklich", sagte Bill, „die Normalen sagen, man sollte den Stöpsel ziehen. Soll ich mal nachsehen, wann ein Bett für Sie frei wird?"[5]

Entscheidungswerkzeug Nr. 2: Der Weisheits-Test

Bitte schreib in den freien Raum hier drunter deine Gedanken zu der Frage: „Was ist der Unterschied zwischen Intelligenz und Weisheit?"

Nicht alle Entscheidungen sind offensichtlich. Die meisten Entscheidungen, die wir zu treffen haben, erfordern ein gewisses Maß an Diskussion, Überlegung und Unterscheidungsvermögen. Darum legt die Bibel so großen Wert auf Weisheit. Darunter versteht man die Fähigkeit, die Wahrheit geschickt und vorteilhaft auf unsere Lebensumstände anzuwenden.

In unserem Informationszeitalter sind sich die meisten Menschen gar nicht bewusst, was für eine enorme Menge an Informationen sie jeden Tag beiläufig bewältigen. Zum Beispiel unterhielt ich mich vor einigen Tagen mit meinem jüngsten Sohn über ein neues Computerspiel, das er sich ausgeliehen hatte.

In der Unterhaltung ging es um mittelalterliche Ritter und die Handelsbräuche mittelalterlicher Straßenhändler. Er

sprach von Schwertern, Schwertscheiden und Speeren und
verglich sie mit Ninjaschwertern, M16s und Brandbomben.
Zugleich hatte er eine Meinung zur Computergrafik, zur Ar-
beitsgeschwindigkeit des Prozessors und zur Bedeutung des
Schatzes von Eden, der zu den Aufgaben in seinem Spiel gehörte. Über all das sprach er so beiläufig, dass ihm gar nicht
bewusst wurde, wie viel mehr er in seinem Alter weiß als
junge Menschen jeder anderen Generation vor ihm.

Wissen ist jedoch etwas völlig anderes als Weisheit. Mein
Sohn hat nämlich immer noch Schwierigkeiten seine Termine zu organisieren, sein Bankkonto zu verwalten und zu entscheiden, welchen Studiengang er belegen soll. Oft lässt er
sich ablenken durch Dinge, die er gerne macht, was dann zu
Lasten der Prioritäten geht, die sein Leben effektiver machen
sollen. Er ist intelligent, aber seine Weisheit ist noch nicht so
weit entwickelt, dass sie mit seiner Intelligenz Schritt halten
könnte.

Der Pfad zur Weisheit ist mit Fragen gespickt. Weise
Menschen stellen Fragen in dem ernsthaften Verlangen, Antworten zu finden, die sie auf das wirkliche Leben anwenden
können. Sie wissen, dass sie nicht auf jede Frage eine Antwort bekommen werden, und sie sind sich bewusst, dass
ihre Fragen sich verändern werden, wenn sie neue Einsichten gewinnen und sich nach den Wahrheiten richten, die sie
bereits auf ihr Leben angewendet haben. Jakobus 1,5 ist eine
Herausforderung für jeden von uns: „Wenn aber jemand von
euch Weisheit mangelt, so bitte er Gott, der allen willig gibt
und keine Vorwürfe macht, und sie wird ihm gegeben werden." An dem Tag, an dem du aufhörst, darum zu bitten,
wirst du auch aufhören, an Weisheit zuzunehmen.

Jesus stellte seinen Nachfolgern Fragen, um sie zu ermutigen Weisheit zu entwickeln. Es war ihm wichtig, dass sie
immer besser verstanden, wer er war. Deshalb fragte er sie:
„Was sagen die Menschen, wer der Sohn des Menschen ist?"

Nachdem sie darauf geantwortet hatten, fragte er weiter: „Ihr aber, was sagt ihr, wer ich bin?" (Matthäus 16,13-15). Er wollte diese Frage für sie zu einer persönlichen Angelegenheit machen, damit sie selbst eine Entscheidung treffen mussten.

Als Jesus in Matthäus 20,29-34 den beiden blinden Männern begegnete, fragte er sie: „Was wollt ihr, dass ich euch tun soll?" Er hatte die Macht, sie zu heilen, und er wusste, dass er dieses Wunder für sie tun würde, aber er wollte, dass sie selbst eine Entscheidung treffen. Er wusste, dass sie als Sehende weit mehr Verantwortung würden übernehmen müssen. Daher wollte er, dass der neue Lebensstil, der auf sie wartete, ganz bewusst und ausdrücklich ihre eigene Entscheidung wäre.

Ich würde niemals behaupten, dass es für Jesus nur einen einzigen Grund gab, damals solche Fragen zu stellen. Aber einer der Gründe lag sicher darin, dass er ihnen helfen wollte, Weisheit zu entwickeln, so dass sie diese auf ihr Leben anwenden konnten.

Du kannst den Weisheits-Test einsetzen, indem du dir vor einer Entscheidung eine Reihe von Fragen stellst. Diese Fragen helfen dir, weise mit der jeweiligen Situation umzugehen. Wenn du alle Fragen mit Ja beantworten kannst, dann liegt auf der Hand, dass deine Entscheidung auf Weisheit beruht und du wahrscheinlich weitermachen solltest. Beantwortest du alle oder die meisten dieser Fragen mit Nein, dann musst du noch tiefer in die Materie einsteigen, um die beste Handlungsalternative zu finden. Das Ziel ist, mit so wenig Aufwand wie möglich zu einer effektiven Entscheidung zu gelangen. Der Weisheits-Test wird dir helfen, bei Entscheidungen, für die du bereits über die nötige Weisheit verfügst, Energie zu sparen.

Wenn der Offensichtlichkeits-Test dir also noch nicht zu einer klaren Entscheidung verholfen hat, dann stell dir die folgenden Fragen:

- Stimmt diese Entscheidung mit meinen Überzeugungen überein?

- Würden die Menschen in meiner Umgebung, deren Weisheit ich am meisten achte, dieser Entscheidung zustimmen? Habe ich sie vorher befragt?

- Beruht diese Entscheidung auf gesunden Grenzen, führt sie zu mehr Selbstachtung?

- Wird diese Entscheidung zum persönlichen Wachstum in meinem Leben beitragen?

- Würde ich meinen besten Freund ermutigen, die gleiche Entscheidung zu treffen?

Entscheidungswerkzeug Nr. 3: Der Prioritäten-Test

Einige Entscheidungen im Leben erfordern einen größeren Aufwand, um zu einem Ergebnis zu kommen. Bei solchen Entscheidungen bist du den Offensichtlichkeits-Test und den Weisheits-Test durchgegangen, aber du brauchst noch mehr Gewissheit, dass es wirklich die beste Entscheidung ist. Das passiert, wenn:

- die Bibel nicht ausdrücklich auf die Entscheidung eingeht, die du zu treffen hast.

- es viele Möglichkeiten gibt, aus denen du wählen musst.

- die beiden besten Möglichkeiten dir beide attraktiv erscheinen.

■ die Entscheidung auf lange Sicht einen bedeutenden Einfluss auf dein Leben haben wird.

■ Menschen, die du achtest, hinsichtlich deiner Entscheidung anderer Meinung sind.

Wenn eines oder mehreres davon zutrifft, dann kannst du ein paar einfache und praktische Schritte durchgehen.

Schritt 1: Formuliere deine Entscheidung positiv in Schriftform. Mit anderen Worten, beschreib was du tun wirst, wenn du zu dieser Entscheidung Ja sagst. Als Beispiel: *„Ich überlege, ob ich mit meiner Familie nach Colorado umziehen soll, um dort einen Job anzunehmen, der besser bezahlt ist."* Eine positive Beschreibung wie diese bringt dich dazu, darüber nachzudenken, wie sich dein Leben weiterentwickeln wird. Darum ist sie besser als folgender Satz: *„Ich überlege, das Job-Angebot aus Colorado abzulehnen."* Welchen Weg du bei einer Entscheidung wie dieser letztlich auch einschlagen wirst, definiere zunächst, welche Richtung dein Leben nehmen wird, wenn du Ja zu dieser Entscheidung sagst. Mach dir die Entscheidung ganz zu eigen und sei mit dem Herzen dabei. Dabei solltest du negativem Denken keinen Raum geben.

Schritt 2: Erstelle eine Pro-und-Kontra-Liste. Teile ein Blatt Papier in zwei Spalten. In der einen Spalte notierst du die Gründe, warum du diese Richtung einschlagen solltest. In die andere Spalte schreibst du die Gründe, warum diese Richtung keine gute Idee ist.

Schritt 3: Sortiere die Gründe nach ihrer Wichtigkeit. Sortiere in beiden Spalten die Gründe nach ihrer Wichtigkeit. Die Bibel lehrt sehr deutlich, dass Prioritäten zu Fortschritt führen. Psalm 90,12 (Luther) mahnt uns: „Lehre uns bedenken, dass wir sterben müssen, auf dass wir klug werden." Wenn du dein Denken nach Prioritäten sortierst, kristallisieren sich die weisen Entscheidungen von selbst heraus.

Ich bevorzuge ein ABC-System, um meine Listen nach Wichtigkeit zu ordnen. Das bedeutet, dass ich die wichtigsten Gründe in meiner Liste mit einem A versehe. Die zweitrangigen Gründe bekommen ein B. Das C ist reserviert für Gründe, die dort nur stehen, weil ich ein kreativer Mensch bin und mir manchmal auch Gründe einfallen, die nicht wirklich Einfluss auf die Entscheidung haben. Manche Menschen bevorzugen es, die Gründe der Wichtigkeit nach mit 1, 2, 3 usw. durchzunummerieren. Wähle einfach das System, mit dem du dich am wohlsten fühlst. Für den weiteren Verlauf unserer Überlegungen gehe ich einfach mal davon aus, dass du das ABC-System verwendest.

Schritt 4: Vergleiche die Gründe mit der höchsten Priorität aus beiden Listen. Wäge die A-Gründe für eine Zusage gegen die A-Gründe für eine Absage ab. Wenn es danach unentschieden steht, dann geh zu den B-Gründen über, um zu sehen, ob die Entscheidung dadurch klarer wird. Lass dich aber nicht von der reinen Menge der Gründe in die Irre führen. Es ist durchaus möglich, dass in der einen Liste weitaus mehr Gründe stehen als in der anderen, aber das allein hat noch nichts zu sagen. Quantität ist kein Ersatz für Qualität, und Entscheidungen wie diese erfordern Ergebnisse von höchster Qualität. Es gibt Menschen, die würden sich automatisch für die Seite entscheiden, welche die größere Zahl an Gründen enthält, doch dadurch würde der Erfolg zu einer reinen Frage des Zufalls. Die Liste mit den meisten Gründen kann die bessere Wahl sein, vielleicht aber auch nicht. Klarheit verschafft man sich, indem man die Indizien bewusst der Wichtigkeit nach ordnet und sich entschlossen auf die A-Gründe konzentriert.

Meine Entscheidung, leitender Pastor in einer Gemeinde in San Diego County zu werden, war eines der interessantesten Kapitel meines Lebens. Ich war 29 und voller Ideale. Ich wollte nichts mehr, als Gottes Willen für mein Leben zu erfüllen.

Ich war bereit, überall hinzugehen und auf jede erdenkliche Art zu dienen, um Gottes Führung zu folgen. Das Vorstellungsgespräch mit einem der Mitglieder der Gemeinde verlief erfreulich und deshalb nahm ich die Einladung, in einem ihrer Gottesdienste zu predigen, an. Ich ging mit großer Erwartung dort hin. Alles verlief gut und so begann der Prozess der Entscheidungsfindung. Damals entdeckte ich zum ersten Mal, wie wichtig Prioritäten sind, wenn es darum geht, Handlungen strategisch zu planen.

Ich erstellte eine Liste aller Gründe, warum ich diese Gelegenheit ausschlagen sollte. Die Liste umfasste:

- Das Gebäude war architektonisch äußerst dürftig. Zweimal war angebaut worden und ein Träger zog sich über Dreiviertel der Länge des Gebäudes, so dass sich zwei Drittel des Saales auf der einen Seite des Trägers befanden und ein Drittel auf der anderen Seite. Für jemanden wie mich, der auf dem College Architektur als Hauptfach belegt hatte, konnte dies eine Quelle ständiger Irritationen sein.

- Die Decke des Saals war so niedrig, dass ich von der Rednertribüne aus die Decke berühren konnte. Wenn ich hier predigte, würde ich mich zusammenreißen müssen, damit ich mir nicht die Hand verletzte, wenn die Begeisterung mit mir durchging.

- Die Tür vom Saal zum Büro befand sich mitten hinter der Tribüne. Tatsächlich musste an jedem Sonntagabend ein

Teil der Tribüne entfernt werden, damit diese Tür wieder geöffnet werden konnte.

■ Die Gemeinde schien in San Diego County keine große Bedeutung zu haben. Sie wirkte eher wie eine Landgemeinde in Kansas und nicht wie eine Gemeinde in Süd-Kalifornien. Das betraf alles, von der Musik über den vorherrschenden Kleidungsstil bis zu der Art, wie die Grünanlagen gestaltet und gepflegt wurden.

■ Die Leitung der Gemeinde war unreif. Es gab einen Mann, der zwar viel Einfluss hatte, aber nicht besonders klug war. Er war unverfroren, primitiv und rechthaberisch. Die Menschen liebten und fürchteten ihn zugleich und es war klar, dass ohne seine Zustimmung nichts ging.

■ Wir würden weniger Geld haben, wenn ich dort arbeitete. Bis dahin war ich Jugendpastor einer großen Gemeinde mit einer angemessenen Bezahlung und Zusatzleistungen gewesen. Diese Gemeinde war kleiner als die Jugendgruppe der anderen Gemeinde und sie würde nicht in der Lage sein, das gleiche Gehalt aufzubringen, das ich bis dahin genossen hatte.

■ Es würde in dieser Gegend schwieriger sein, ein eigenes Haus zu haben, denn die Häuser kosteten mehr und ich würde weniger verdienen.

■ Die Gemeindemitglieder waren im Großen und Ganzen relativ ungebildet. Weniger als die Hälfte der Leute hatte einen Collegeabschluss, ich dagegen hatte gerade meinen Master gemacht.

■ Die Gemeinde bestand seit 25 Jahren und war nie über 200 Gottesdienstbesucher angewachsen. Aus meiner Sicht ist eine Gemeinde von 200 Leuten schon ein schöner Erfolg, aber das Potenzial für eine Gemeinde lag in dieser Gegend weit höher. Mir war nicht klar, woran es lag, aber irgendetwas hielt diese Gemeinde zurück.

Dagegen gab es nur wenige Gründe, dieses Angebot überhaupt in Erwägung zu ziehen:

■ San Diego County ist eine schöne Gegend, wo es sich angenehm leben lässt.

■ Die Gemeinde hatte ein großes Potenzial.

■ Ich hatte das starke Empfinden, dass Gott mich und meine Familie in diese Gemeinde berief.

Es gab also weit mehr Gründe dafür, dieser Gemeinde abzusagen als dafür ihr zuzusagen. Mir gefielen die Gründe gegen diese Stelle sogar besser als die Gründe dafür. Hätte ich meine Entscheidung also von der reinen Anzahl der Gründe abhängig gemacht, wäre ich nie nach San Diego gezogen. Doch bevor ich die Entscheidung traf, teilte ich die Gründe nach ihrer Wichtigkeit in A, B und C ein.

Ich kam zu dem Ergebnis, dass jeder Grund auf der Liste „Ergreife diese Gelegenheit nicht" eine B-Wichtigkeit hatte. Zwei der Gründe auf der Liste „Ergreife diese Gelegenheit" waren ebenfalls Bs, aber das Empfinden, dass Gott uns dorthin rief, hatte eine A-Wichtigkeit und überlagerte alle anderen.

Wie auch bei anderen wichtigen Weichenstellungen im Leben ging ich mit vielen offenen Fragen auf das Angebot ein. Würde ich die Hindernisse, die mir in dieser Gemeinde begegneten, überwinden können? Konnte ich dieser Gemeinde helfen, ihr volles Potenzial auszuschöpfen? Wollten diese Menschen überhaupt ihr Potenzial ausschöpfen? Würde meine Familie mit dieser Herausforderung zurechtkommen? Würde es dieser Gemeinde jemals gut genug gehen, um uns ein Gehalt zu zahlen, dass es uns erlauben würde, ein Haus zu kaufen?

Diese Fragen wurden mir natürlich nicht vor der Zeit beantwortet. Ich musste erst die Risiken abwägen, doch dann musste ich einfach einen Schritt des Glaubens gehen und abwarten, wie sich alles entwickeln würde. Rückblickend kann ich sagen: Es war ein kluger Schritt, mich nach den Prioritäten zu richten.

Diese Gemeinde hatte noch jahrelang mit Schwierigkeiten zu kämpfen, aber schließlich wurde sie zur größten Gemeinde in unserer Stadt. Die wirkliche Errungenschaft waren jedoch die vielen Dienste, die dann von dieser einen Gemeinde ausgingen. Pam und ich begannen, zu schreiben und auf Konferenzen zu sprechen. Aus einer talentierten Gruppe von Darstellern entwickelte sich ein Theater-Dienst. Ein später landesweit bekannter Kameramann und ein Fernsehproduzent entdeckten in dieser Gemeinde ihre Talente und gewannen den Mut, ihren Träumen zu folgen. Mehrere Leute schlossen sich Schreibzirkeln an und veröffentlichten Bücher, Zeitschriftenartikel und Lehrpläne. Viele gingen in die Mission. Diese Gemeinde wurde zu einem lebendigen Zentrum von Kreativität, Verlässlichkeit und mutigen Unternehmungen.

Du bist dran

Welcher Entscheidung stehst du gerade gegenüber, die den Prioritäten-Test erfordert? Beschreibe die Entscheidung in dem freien Platz unten mit positiven Begriffen. Dann arbeite dich auf einem separaten Blatt Papier durch den Prioritäten-Test.

Wenn sich das Leben von seiner ungewöhnlichen Seite zeigt

Die überwiegende Zahl der Entscheidungen in deinem Leben kannst du unter Verwendung von Offensichtlichkeits-Test, Weisheits-Test und Prioritäten-Test treffen. Hin und wieder jedoch wirst du es mit Entscheidungen zu tun bekommen, die nur schwer fassbar sind. Das passiert, wenn du vor eine Wahl gestellt bist, die im Vergleich zu allen Entscheidungen, die du in der Vergangenheit zu treffen hattest, wirklich ungewöhnlich ist. Du weißt nicht genau, wie du da rangehen sollst, denn du befindest dich auf unbekanntem Terrain mit unbekannten Auswirkungen. In deinem bisherigen Leben gibt es nur wenig, worauf du dich stützen kannst, und du hast keinen Schatz an Erfahrungen, aus dem schöpfen kannst. Um mit diesen Entscheidungen fertig zu werden, musst du dich für neue Möglichkeiten öffnen.

Entscheidungswerkzeug Nr. 4: Der Brainstorming-Test

Dieser Test kann mühsam sein, daher wirst du nicht oft darauf zurückgreifen wollen, aber manchmal ist es notwendig, die Frage zu beantworten: „Habe ich wirklich jede denkbare Lösung in Betracht gezogen?" Es gehört zu den großen Vorrechten unseres Lebens, dass wir kreativ sein können. Die kreative Gabe, völlig neue Möglichkeiten zu erkennen und zu erforschen, wohnt in jedem von uns, denn wir haben den Sinn des Christus (1. Korinther 2,16) und wir sind nach dem Bild eines kreativen Gottes geschaffen (1. Mose 1,26-27).

Um diese Kreativität freizusetzen, müssen wir unser Denken öffnen. Die meisten von uns haben sich angewöhnt, in ihrem Denken entweder diszipliniert oder zögerlich zu sein. Wir *disziplinieren* unser Denken, um uns auf die wichtigen Verantwortungsbereiche des Lebens zu konzentrieren. Wir *zögern* in unserem Denken aufgrund vergangener Fehler oder aus Angst, dass ungesunde Wünsche sich in den Vordergrund drängen könnten. Diese Grenzen aber müssen wir hinter uns lassen, wenn wir wirklich neue Lösungen brauchen. Um diese Kreativität freizusetzen, helfen unter anderem die folgenden Schritte:

Schritt 1: Erstelle per Brainstorming eine Liste mit Lösungen. Schreibe jede mögliche Lösung auf, die dir in den Sinn kommt. Bezieh auch Ideen, die dir lächerlich, absurd oder unmöglich vorkommen, mit ein. Es ist sehr wichtig, dass du nicht anfängst, schon während dieses Prozesses irgendeine deiner Ideen zu analysieren. Der Prozess des Brainstormings dient dazu, die Grenzen, die wir in unserem Leben aufgebaut haben, zu durchbrechen. Wenn du aber während des Brainstormings schon anfängst, Ideen zu analysieren oder zu bewerten, dann wirst du Ideen ausschließen, die zu neuen Lösungen führen könnten. Das Ziel liegt darin, so viele Ideen wie möglich zu Papier zu bringen, in der Hoffnung, dass dabei eine neue Idee zutage tritt. Wenn es dir schwerfällt, eine ausreichend lange Liste zu erstellen, dann bitte vertrauenswürdige Freunde, ebenfalls ihre Ideen beizusteuern.

Überstürz diesen Schritt nicht. Du kannst auch ein paar Pausen machen und dann wieder auf die Liste zurückkommen, damit dir die größtmögliche Anzahl von Ideen einfällt. Wenn das Brainstorming fertig ist, leg es erst mal beiseite. Das kann für ein paar Minuten sein, vielleicht aber auch für einige Tage. Das Ziel dieser Unterbrechung besteht darin, von der inneren Haltung, die man für das Brainstorming braucht, zu einer inneren Haltung zu gelangen, die es ermöglicht zu bewerten.

Schritt 2: Eliminiere die lächerlichen Ideen. Streiche alle Ideen durch, die wirklich lächerlich sind. Achte aber sorgfältig darauf, nicht auch solche Ideen zu eliminieren, die dir nur lächerlich *vorkommen*, die in Wirklichkeit aber gut sind! Auch hier kannst du vielleicht Freunde bitten, dir zu helfen. Du hast diese lächerlichen Ideen auf deine Liste gelassen, um deine Kreativität zu erhöhen. Jetzt ist es an der Zeit, sie zu eliminieren, damit du sie im weiteren Prozess nicht als Ballast mitschleppen musst.

Schritt 3: Eliminiere Ideen, bei denen du nicht bereit bist, sie ernsthaft in Erwägung zu ziehen. Einige Ideen auf deiner Liste klingen vielleicht durchführbar, aber du weißt in deinem Herzen, dass du sie niemals umsetzen würdest. Diese Ideen passen vielleicht nicht zu deiner Persönlichkeit oder deiner persönlichen Reife. Sei aber auch hier wachsam, dass du sie nicht nur eliminierst, weil du in dir eine negative emotionale Reaktion darauf wahrnimmst. Wirkliche Veränderung ist hart und du wirst dich dabei unwohl fühlen, also solltest du herausfordernde Ideen auf deiner Liste behalten. Andererseits solltest du dir natürlich auch die Freiheit zugestehen, Ideen wieder loszuwerden, von denen du schon weißt, dass sie dich unglücklich machen würden. So bin ich zum Beispiel keine Verkäuferpersönlichkeit. Es gibt viele Jobs im

Verkaufsbereich, von denen ich mir vorstellen könnte, sie erst mal auf meine Brainstorming-Liste zu setzen, wenn ich über einen Berufswechsel nachdenken würde. Aber bei Schritt 3 würde ich die meisten von ihnen dann wieder eliminieren, weil ich weiß, dass es mich auslaugen würde, etwas zu verkaufen, von dem ich nicht zutiefst überzeugt bin.

In diesem Schritt solltest du also jene Ideen eliminieren, von denen du in deinem Herzen weißt, dass du dich mit ihnen nie genügend identifizieren könntest, um damit Erfolg zu haben. Schließlich möchtest du dich nicht selbst ins Versagen manövrieren. Es ist klug, hierbei jemanden zur Seite zu haben, dem du vertraust, damit du nicht Ideen über Bord wirfst, vor denen du dich zwar fürchtest, bei denen du aber trotzdem wahrscheinlich Erfolg hättest. Da deine engsten Freunde sich nicht vor dem Gleichen fürchten wie du, sehen sie neue Möglichkeiten für dich oft mit größerer Klarheit.

Schritt 4: Mach mit den besten Ideen aus deiner Brainstorming-Liste den Prioritäten-Test. Nachdem du deine Brainstorming-Liste bereinigt hast, verbleiben dir eine oder auch mehrere neue Handlungsalternativen. Diese Ideen musst du nun bewerten. Da du dir sicher nur mit lebensverändernden Entscheidungen so viel Mühe machen wirst, solltest du auf diesen Prozess auch soviel Konzentration und Zeit verwenden, wie dafür nötig ist. Bleibt nach dieser Bewertung mehr als eine Idee übrig, dann geh den Prozess noch einmal durch, bis nur noch zwei Optionen übrig sind. Dann erstelle eine Liste mit Idee 1 und Idee 2. Schreibe die Pros und Kontras für jede der beiden Ideen in diese Liste, ordne sie nach Wichtigkeit und konzentriere dich in deiner Bewertung dann auf die wichtigsten Argumente.

Entscheide dich, Entscheidungen zu treffen und deinen weiteren Lebensweg selbst zu bestimmen.

Nur zum Spaß

Ein Geistlicher, ein Arzt und ein Unternehmensberater spielen zusammen Golf. Sie müssen immer wieder warten, weil die Gruppe vor ihnen ziemlich langsam ist.

„Was ist bloß mit diesen Leute los?!", ruft schließlich der Unternehmensberater aus. „Wir warten jetzt schon über eine halbe Stunde. Mann, ist das ärgerlich!"

„Einfach hoffnungslos", stimmt der Arzt zu. „Solche Deppen hab ich noch nie auf einem Golfplatz gesehen."

Der Geistliche wendet sich an den Platzwart. „Was ist denn mit den Leuten vor uns los?", fragt er. „Die sind doch ganz eindeutig zu langsam und zu unerfahren, um hier zu spielen, oder nicht?"

Der Platzwart erwidert: „Oh ja, das ist eine Gruppe blinder Feuerwehrleute. Sie haben ihr Augenlicht verloren, als sie vergangenes Jahr den Brand in unserem Clubhaus gelöscht haben. Deshalb lassen wir sie hier jederzeit umsonst spielen."

Die drei Golfer sind für einen Augenblick still. Dann sagt der Geistliche: „Das ist sehr traurig. Ich werde sie heute Abend in mein Gebet einschließen."

Der Arzt ergänzt, jetzt auch ziemlich sanftmütig: „Eine guter Gedanke. Ich werde mich mit einem Freund, der Augenchirurg ist, in Verbindung setzen. Vielleicht kann der etwas für sie tun."

Der Unternehmensberater denkt einige Sekunden über die Sache nach und fragt dann den Platzwart: „Und warum können die nicht nachts spielen?"[6]

Kapitel 2

Entscheide dich, das Abenteuer zu suchen

„Füttere deinen Glauben und deine Ängste werden verhungern."
VERFASSER UNBEKANNT

Die ganze Bibel hindurch fordert Gott Männer heraus. Gott spricht eine Berufung aus, gibt ihnen eine Aufgabe und fordert sie auf, ihm zu folgen. Diese Berufungen sind Glaubensschritte, die Männer an die Grenzen ihrer eigenen Fähigkeiten bringen, so dass sie zu Gott um Hilfe schreien müssen. Gottes Absicht dabei ist, dass wir uns als Männer für Ziele einsetzen, die größer sind als wir selbst.

Dieser Vorgang würde bedeutend effizienter ablaufen, wenn wir Männer motiviert wären, in aller Ruhe unsere Optionen zu prüfen und dann diejenige zu wählen, die das beste Ergebnis mit dem geringstmöglichen Risiko verbindet. So funktionieren Männer aber nun mal nicht. Männer streben nach Herausforderungen und Wettbewerb, so dass das Leben mehr zu einem Abenteuer wird als zur Routine. Dieser Sinn für das Abenteuer ist bei jedem von uns auf eine ganz individuelle Weise ausgeprägt und abhängig von unseren Fähigkeiten, Begabungen und Interessen. Die meisten von uns können aus mehreren Möglichkeiten wählen, und der Schlüssel liegt darin, uns für die zu entscheiden, bei der wir mit unserem ganzen Herzen dabei sind.

Ich arbeite zum Beispiel sehr gerne mit meinen Händen und ich habe Spaß an Sport. Aber das Abenteuer meines Lebens besteht darin, so vielen Menschen wie möglich dabei zu helfen, in den vier wichtigsten Beziehungen zu wachsen: zu Gott, zu ihrem Ehepartner oder ihrer Ehepartnerin (wenn sie verheiratet sind), zu ihren Kindern (wenn sie welche haben) und zu den Menschen in ihrem Lebensumfeld. Dazu dienen mir die Gemeindearbeit, die Bücher, die ich schreibe, Vorträge auf Konferenzen, persönliches Coaching, beiläufige Gespräche, Vater-Sohn-Ausflüge, Auftritte in den Medien und anderes. Mein Ziel ist so groß, dass ich unterschiedliche Wege benutzen kann, um dorthin zu gelangen, und es ist gleichzeitig so groß, dass ich es niemals völlig erreichen werde. Es wird immer meine volle Aufmerksamkeit erfordern und meine Fantasie anregen, wenn ich nach neuen Wegen suche, Menschen in ihrem Wachstum zu fördern.

Manche Männer streben danach, mit ihren Händen zu arbeiten. Für andere gehört Technik dazu. Für wieder andere dreht sich alles um Musik oder Literatur oder darum, wie sie einen positiven Einfluss auf das Leben anderer haben können. Jeder von uns steht auf einer anderen Bühne, aber wir alle brauchen das Gleiche. Wir brauchen ein Ziel, das größer ist als wir selbst.

Ein ordentliches Abenteuer fördert im Leben eines Mannes die Demut, schafft Motivation und drängt ihn zu persönlichem Wachstum. Darum fordert Gott uns heraus. Er möchte, dass wir demütig, energiegeladen, konzentriert und fasziniert sind. Wenn man bedenkt, dass Männer ohne ein Abenteuer dazu neigen, gelangweilt und zornig zu werden, dann ist die Entscheidung für das Abenteuer mehr als nur eine Option. Ein gelangweilter oder zorniger Mann neigt dazu, selbstsüchtige Entscheidungen zu treffen, schlechte Gewohnheiten zu entwickeln und eine ungesunde Spannung in seine Beziehungen hineinzubringen.

Gott fordert Männer heraus

Wie weiter oben erwähnt sehen wir überall in der Bibel, wie
Gott Männer zu einem abenteuerlichen Leben herausfordert.
Diese Abenteuer waren die Idee desselben Gottes, der diese
Männer dazu geschaffen hatte, ein großes Leben zu führen.
Wir werden uns nicht jede dieser Begebenheiten ansehen
können, aber ich möchte dir genügend Beispiele geben, da-
mit du sehen kannst, dass es für Gott normal ist, Männer in
Abenteuer hineinzuführen, die von ihnen fordern, Gott zu
vertrauen, stärker zu werden, Weisheit zu suchen und in
aufrichtiger Demut nach Gott zu rufen.

Abrahams GPS

Schauen wir uns zuerst Abraham an. Er wurde als Abram
um 1800 v. Chr. in der Stadt Ur in Babylonien (dem heutigen
Irak) geboren. Er wuchs als Stadtmensch auf und die jüdi-
sche Tradition überliefert, dass sein Vater Terach ein Geschäftsmann war, der mit Götzenbildern handelte.[7] Er
durchlebte viel von dem Auf und Ab des ganz normalen Lebens. Sein Bruder Haran starb, als sie in Ur lebten. Deshalb
übernahm Abram die Verantwortung für Harans Sohn Lot
und nahm ihn in seine Familie auf (1. Mose 12,4-5). Einige
Zeit später brach Terach mit der Familie auf, in der Absicht
nach Kanaan umzuziehen. Als sie in eine Stadt namens Haran kamen, ließen sie sich dort nieder, bis Terach im Alter
von 205 Jahren starb (1. Mose 11,24-32). Abram war zu diesem Zeitpunkt 75 Jahre alt, an das Leben in der Stadt gewöhnt, hatte seinen Vater begraben und war nun das Fami-
lienoberhaupt.
    Dann rief Gott ihn aus dieser Situation heraus. In 1. Mose
12,1-5 sagt Gott zu Abram: „Geh aus deinem Land und aus

deiner Verwandtschaft und aus dem Haus deines Vaters in das Land, das ich dir zeigen werde!" Dazu gab Gott ihm eine Verheißung, die ihn motivieren sollte: „Ich will dich zu einer großen Nation machen, und ich will dich segnen", aber er verschwieg dabei all die wichtigen Details. Jede der folgenden Fragen war eine echte Herausforderung.

„Wo gehen wir hin, Gott?"

„Das werde ich dir zeigen."

Gott verpflichtete sich, Abrahams persönliches GPS zu sein. Abzweigung für Abzweigung, Pfad für Pfad, Tag für Tag wollte Gott ihn in das Land führen, das ihm und seiner Familie gehören sollte.

„Wann soll ich aufbrechen?"

„Sofort."

Nebenbei bemerkt wurde Abraham 175 Jahre alt und somit kann man ihn mit seinen 75 Jahren zu dieser Zeit durchaus als Mann im mittleren Alter bezeichnen, der wahrscheinlich erfahren darin war, seine beruflichen Aufgaben zu bewältigen, seine Ziele zu erreichen und den Anforderungen, die an ihn gestellt wurden, gerecht zu werden.

„Wer wird es meiner Frau sagen?"

„Du wirst es tun, Abram."

„Was soll ich ihr sagen, wenn sie mich fragt, warum wir das machen?"

„Sag ihr, Gott hat es dir aufgetragen."

„Gibt es noch was anderes, das ich ihr sagen könnte, oder ist das alles?"

„Nö, das ist alles. Aber ich werde dich segnen."

Das ist eine Herausforderung, der wohl kaum einer von uns so ohne weiteres gewachsen wäre: Stell dein Leben völlig auf den Kopf, ohne genau zu wissen, was du deiner Frau sagen sollst. Die Einzelheiten seiner Unterhaltung mit Sarai oder einem der anderen Familienmitglieder werden uns nicht überliefert, aber wir wissen, dass er die Herausforderung annahm, mit seiner Familie umzog und es akzeptierte, von einem Stadtbewohner zu einem Nomaden zu werden. Dabei war er nicht vollkommen in seinem Gehorsam, aber seine Reaktion auf die Berufung veränderte den Lauf der Geschichte. Seit diesem Moment wird Gott häufig als der Gott Abrahams bezeichnet (1. Mose 31,42; 2. Mose 3,6; 1. Könige 18,36; Apostelgeschichte 3,13).

Moses Autorität

Lass uns weitergehen zu Mose. Seine Geburt war ein Wunder und als Kind war er privilegiert. Er hätte bereits als Säugling sterben sollen, da der Pharao angeordnet hatte, alle neugeborenen jüdischen Jungen umzubringen. Doch Gott verschonte sein Leben, indem er die Tochter des Pharaos eingreifen ließ, die das Baby in einem schwimmenden Korb auf dem Nil fand. Von seiner leiblichen Mutter hörte er vom Gott Abrahams, da die Tochter des Pharao ihn in ihre Obhut gegeben hatte. Weil er zum Haushalt des Pharao gehörte, erhielt er als Prinz von Ägypten eine exzellente Ausbildung und Erziehung. Das führte dazu, dass er über viel Selbstvertrauen, einen hoch entwickelten Verstand und einen übertriebenen Idealismus verfügte. Im Alter von 40 Jahren wurde er aktiv und rettete einen anderen Hebräer, doch sein Tun wurde missverstanden und sein Volk war nicht bereit, ihm zu vertrauen.

In Schande und völlig entmutigt floh er aus seiner hohen Position. Damit gleicht er vielen von uns, die in jungen Jahren hohe Absichten und idealistische Träume hatten. Er wollte der Anführer einer großen Bewegung werden und er wollte stolz sein können auf das, was er geleistet hatte. Dann löste sich sein Traum in Luft auf. Alles, was er für die Zukunft geplant hatte, wurde mit einem Schlag unmöglich. Seine Ressourcen waren erschöpft, sein Netzwerk zerstört und sein Selbstvertrauen schmolz dahin. Er verließ das Leben, an dem er 40 Jahre gebaut hatte, um im hintersten Winkel der Wüste noch einmal ganz neu anzufangen.

Völlig unspektakulär begann er, sein Leben neu aufzubauen. Er heiratete, gründete eine Familie und baute ein erfolgreiches Geschäft als Schafhirte auf. Nur wenige Menschen wussten, wer er war, und sein Tagesgeschäft würde ihn weder berühmt noch einflussreich machen. Er hatte sich zurückgezogen, um ein ganz gewöhnliches, unauffälliges Leben zu leben.

Dann erschien ihm Gott in einem brennenden Busch (2. Mose 3). Es war ein ganz gewöhnlicher Tag, genau wie all die anderen ganz gewöhnlichen Tage, die Mose als Schafhirte erlebt hatte. Er erwartete nicht, dass irgendetwas Ungewöhnliches geschehen würde, aber Gott hatte andere Pläne. Wieder war es Gott, der das Treffen arrangierte, denn es „erschien ihm der Engel des HERRN in einer Feuerflamme mitten aus dem Dornbusch" (Vers 2). Erstaunt sagte Mose zu sich selbst: „Ich will hingehen und die wundersame Erscheinung besehen" (Vers 3 – Luther). Nachdem Gott aus dem Busch zu Mose gesprochen und ihm gesagt hatte, dass er das Elend der Israeliten gesehen hatte und beabsichtigte sie zu retten, rief er Mose heraus aus der Wüste: „Nun aber geh hin, denn ich will dich zum Pharao senden, damit du mein Volk, die Söhne Israel, aus Ägypten herausführst" (Vers 10).

In diesem einen Augenblick wurde Mose aus seinem bequemen, wenig ereignisreichen Leben in ein Abenteuer versetzt, das weit größer war als alles, was er sich je hätte vorstellen können. In einem Ausbruch von Fassungslosigkeit fragte Mose: „Wer bin ich, dass ich zum Pharao gehen und die Söhne Israel aus Ägypten herausführen sollte?" (Vers 11). Kann ich mir vorstellen. Welcher Schafhirte hätte wohl das Selbstvertrauen, zum Pharao zu gehen und ihm zu sagen, wie er sein Reich führen soll? Das ist so, als wollte ein Klempner dem Präsidenten der Vereinigten Staaten erklären, wie seine Wirtschaftspolitik auszusehen hat!

Mose kam sich sofort klein und unzulänglich vor und verlangte verzweifelt nach einer Erklärung von Gott. Der Gedanke, zum mächtigsten Herrscher der Welt zu gehen, in ein Land, das für ihn zum Synonym für sein Versagen geworden war, überstieg sein Vorstellungsvermögen. Genau wie Abraham ermutigte Gott auch Mose mit einer Reihe von Verheißungen, die das menschlich gesehen unmögliche Abenteuer möglich machen sollten.

Mose dachte, dass er mit Ägypten fertig sei, aber es stellte sich heraus, dass er sich nur in einer sehr langen Aufwärmphase befunden hatte. Der letzte Mensch, von dem irgendjemand erwartet hätte, dass er dem ägyptischen Herrscher Befehle erteilt, war dieser Mann, der in Schande davongelaufen war. Doch als Reaktion auf Gottes Berufung trat Mose dem Pharao entgegen, löste die Plagen in Ägypten aus, führte das Volk Israel in die Freiheit, teilte das Rote Meer und stand auf dem Berg Sinai Gott von Angesicht zu Angesicht gegenüber. 80 Jahre der Vorbereitung auf dieses Abenteuer waren nötig, aber die Auswirkungen dieses Weges sind für jede Generation danach spürbar gewesen.

Gideon wird getestet

Gideon hatte sich daran gewöhnt, benachteiligt zu sein. Als wir ihm das erste Mal begegnen, versteckt er Weizen vor den midianitischen Invasoren (Richter 6,11). Er betreibt sein Geschäft im Verborgenen, weil er davon überzeugt ist, dass die Unterdrücker Israels alles stehlen würden, wenn sie davon wüssten. Er hält sich für ein Opfer und deshalb trifft er seine Entscheidungen wie ein Opfer.

Wenn Gott Gideon ansieht, dann sieht er ihn als tapferen Helden (Vers 12). Gideon selbst sieht sich ganz anders: „Womit soll ich Israel erretten? Siehe, meine Sippe ist die geringste in Manasse, und ich bin der Kleinste im Haus meines Vaters!" (Vers 15 – Schlachter). Gideon hat kein Interesse an einem Abenteuer; er ist davon überzeugt, dass Abenteuer nichts als leere Träume sind. Aber Gott hat ihn für einen bestimmten Zweck geschaffen und daher fordert er Gideon heraus.

Weil Gott so außerordentliche Dinge über ihn gesagt hatte, sah Gideon sich emotional verpflichtet. Er glaubte zwar, dass Gott einen Plan für ihn hatte, aber er war sich dieses Glaubens nicht sicher. Also stellte er Gott auf die Probe. Er legte in zwei aufeinanderfolgenden Nächten ein Wollvlies aus. In der einen Nacht bat er darum, dass das Vlies nass sein sollte, der Boden drum herum aber trocken. In der nächsten Nacht bat er, dass der Boden nass sein sollte, während das Vlies trocken blieb. Geduldig machte Gott bei dem Test mit, weil er entschlossen war, Gideon in das Abenteuer hineinzuführen, das er für ihn bereithielt.

In Richter 7 unterzieht Gott Gideon seinerseits einer Prüfung. Gideon hatte mit seiner Streitmacht ein Lager aufgeschlagen und war bereit für die Schlacht mit den Midianitern, da sagte Gott zu ihm:

„Zu zahlreich ist das Volk, das bei dir ist, als dass ich Midian in ihre Hand geben könnte; Israel soll sich nicht gegen mich rühmen können und sagen: Meine Hand hat mich gerettet. Und nun rufe doch vor den Ohren des Volkes aus: Wer furchtsam und verzagt ist, kehre um und wende sich zurück zum Gebirge Gilead. Da kehrten von dem Volk 22 000 Mann um, und 10 000 blieben übrig." (Richter 7,2-3)

Gott wollte Gideon beweisen, dass er wirklich ein tapferer Held war und dass diese Fähigkeit direkt von Gott kam. Darum reduzierte er die Stärke von Gideons Armee von 32 000 auf 10 000 Mann. Ich kann mir vorstellen, dass Gideon mit dieser Entwicklung nicht gerade glücklich war, aber wahrscheinlich vertraute er immer noch auf die 10 000 Mann, die für den Kampf übrig blieben.

Doch da Gideon Gott zweimal auf die Probe gestellt hatte, beschloss auch Gott, Gideon ein zweites Mal zu testen. Er verkündete, dass es immer noch zu viele Männer waren, und strich die Streitmacht kurzerhand auf 300 Männer zusammen (Richter 7,4-8). Was für ein Abenteuer! Jetzt hatte Gideon nur noch 300 Männer für eine Aufgabe, für die ursprünglich 32 000 vorgesehen waren. Die Schwierigkeiten schienen unüberwindbar, die Chancen auf den Sieg unvorstellbar gering, aber der Ruf war äußerst deutlich.

Gideon wurde offensichtlich durch die Gegenwart Gottes und seine Verheißungen überzeugt, denn seine Einstellung hat sich geändert. In vollem Vertrauen befahl er seinen Männern, sich für die Schlacht mit Posaunen und Tonkrügen zu rüsten, weil er offenbar glaubte, dass Gott diese Werkzeuge irgendwie gebrauchen würde, um Israel zu retten. Wahrscheinlich dachte er, dass Musikinstrumente und Geschirr auch nicht lächerlicher waren, als mit nur 300 Mann in die Schlacht zu ziehen. Aber er entschloss sich das Abenteuer anzunehmen und gewann die bemerkenswerteste Schlacht seines Lebens (Richter 7,8-25). Danach hatte er nicht nur eine unglaubliche Geschichte, die er seinen Kindern und Enkelkindern erzählen konnte; jede Generation seitdem schwelgte in den Möglichkeiten, die sich auftun, wenn Gott ruft.

Der Cateringservice der Jünger

In Lukas 9 begleiteten die Jünger Jesus auf einer ganztägigen Evangelisation. Sie lehrten die Menschen, heilten die Kranken und dienten den Massen. Am späten Nachmittag erkannten die Jünger, dass sich da ein Problem zusammenbraute. Fünftausend Männer hatten ihre Familien mitgebracht und den ganzen Tag hatte noch niemand etwas gegessen. Sie wollten gerne helfen und wandten sich daher an ihren Rabbi: „Entlass die Volksmenge, dass sie in die Dörfer ringsum und auf die Höfe gehen und Herberge und Speise finden! Denn hier sind wir an einem öden Ort" (Lukas 9,12).

Doch dann kam die schockierende Antwort von Jesus: „Gebt ihr ihnen zu essen!" (Lukas 9,13)

Die Jünger hatten keine Nahrungsmittel und keine essbaren Tiere dabei und sie konnten auch nirgendwo einkaufen gehen. Sie hatten nichts in den Händen, und doch trug Jesus ihnen auf, das Problem zu lösen. Das Abenteuer begann. Nun standen die Männer vor einer Herausforderung, die weit über ihre Möglichkeiten hinausging. Sie hatten jetzt zwei Optionen. Sie konnten der Herausforderung ausweichen, was einer Niederlage gleichgekommen wäre, oder sie konnten sich der Herausforderung stellen und sehen, was Gott daraus macht.

Ich bin sicher, die Jünger fühlten sich völlig überfordert. Ich bin sicher, dass sie sich gemeinsam die Köpfe zerbrachen, wie sie diesem Mangel begegnen sollten. Und ich bin sicher, sie kamen zu dem Schluss, dass sie richtig viel Hilfe von Jesus brauchen würden, wenn diese Leute auch nur einen winzigen Snack, geschweige denn eine volle Mahlzeit, bekommen sollten.

Jesus hatte gerufen, also beschlossen sie, sich darauf einzulassen. Sie gingen durch die Menschenmenge, um zu sehen, was sie dort auftreiben konnten. Auf ihrer Runde brachten sie schließlich fünf Brote und zwei Fische zusammen. Sie hatten also ungefähr zwei Mahlzeiten für 12 000 bis 15 000 hungrige Menschen. Die Not war groß, die Mittel gering. Das Abenteuer weitete sich aus.

Ich glaube, an diesem Punkt sind die meisten von uns. Gott fordert uns auf, gute Staatsbürger, engagierte Arbeitnehmer, einsatzfreudige Ehrenamtliche, verlässliche Ehemänner, hingebungsvolle Väter, treue Freunde und einflussreiche Vorbilder zu sein. Wenn wir diese edlen Ziele vor Augen haben, kann eine nüchterne Bestandsaufnahme unserer eigenen Fähigkeiten und Möglichkeiten eigentlich nur zu einem Schluss führen: *Die Anforderungen sind weit größer als meine Fähigkeiten. Und doch hat Gott mich dazu berufen. Wenn Jesus hier nicht eingreift, und zwar kräftig eingreift, dann kann ich nur versagen.*

Die Bibel sagt uns nicht, mit welcher Einstellung oder Haltung die Jünger dann wieder zu Jesus gingen, aber ich denke, dass es ihnen etwas peinlich war, wie wenig sie vorzuweisen hatten. Sie wussten, dass sie nicht genug hatten. Jesus wusste, dass sie nicht genug hatten. Jedes Kindergartenkind hätte gewusst, dass sie nicht genug hatten. Aber mehr hatten sie nun mal nicht.

Der entscheidende Unterschied bestand darin, dass Jesus sie dazu berufen hatte, und so war dies ein Teil des großen Abenteuers, das er für sie bereithielt. Jesus nahm ihre knappen Mittel und verband sie mit seinen unbegrenzten Mitteln. Am Ende aßen alle, bis sie satt waren, und jeder der Jünger sammelte noch einen Korb voller Reste ein.

Unsere Mittel und Möglichkeiten sind nur das Startkapital. Indem wir es einsetzen, zeigen wir, dass wir die Herausforderung angenommen haben. Die treibende Kraft für das Abenteuer in unserem Leben sind dann aber Jesu Ressourcen. Durch sie sind wir „mehr als Überwinder" (Römer 8,37, auch 1. Johannes 4,4), „damit ihr tadellos und lauter seid, unbescholtene Kinder Gottes inmitten eines verdrehten und verkehrten Geschlechts" (Philipper 2,15). Wir können es zwar nicht aus eigener Kraft schaffen, aber wir dürfen nicht davor weglaufen, denn so wirkt Gott in unserem Leben.

Das Reisebüro der Jünger

Das letzte Beispiel, das ich nenne möchte, steht in Matthäus 28,18-20. Um zu verstehen, wie groß dieses Abenteuer war, muss man wissen, dass die Jünger nicht gerade Weltreisende waren. Sie waren in Israel geboren, lebten in Israel und hatten Israel wahrscheinlich noch nie verlassen. Allerdings hatten sie Kontakt zu Menschen aus vielen Nationen, denn ihre Heimatstadt war Kapernaum. Diese Stadt lag strategisch günstig am Nordufer des Sees Genezareth und damit an der Haupthandelsroute zwischen Syrien und Ägypten. Jeden Tag begegneten sich viele Menschen aus aller Herren Länder in den Straßen der Stadt und tauschten ihre Neuigkeiten aus. Die Jünger allerdings waren noch nie in diesen Ländern gewesen. Trotzdem forderte Jesus sie mit den Worten heraus: „Macht alle Nationen zu Jüngern" (Matthäus 28,19).

Jesus stellte sie vor eine Herausforderung und begann das Gespräch darüber. Die Jünger mussten nur noch entscheiden, ob sie sich auf das Abenteuer einlassen wollten, die ganze Erde mit der größten Nachricht der Welt zu erreichen. Sie hatten nicht die finanziellen Mittel, um das umzusetzen. Sie verfügten nicht über die dazu notwendige Erfahrung. Sie hatten weder genügend Kreativität noch genügend Führungserfahrung. Aber sie hatten eine klare Berufung durch Gott und sein Versprechen, bei ihnen zu sein.

Die Tatsache, dass du das Evangelium gehört hast, ist der Beweis dafür, dass diese Männer sich auf das Abenteuer eingelassen haben. Elf ganz normale Männer waren die Speerspitze einer Bewegung, welche die ganze Welt beeinflusst hat.

Diese Beispiele aus der Bibel zeigen, wie Gott in den Herzen von Männern wirkt. Er beruft uns zu Herausforderungen, die auf seinen Möglichkeiten und dem Versprechen aufbauen, jeden Schritt des Weges bei uns zu sein. Wir haben die Wahl, ob wir unsere Mittel in die Waagschale werfen wollen, auch wenn sie noch so ungenügend erscheinen. Es ist seine Wahl, dann seine Ressourcen hinzuzufügen, so dass die Auswirkungen unserer Taten weit größer sind als unsere Fähigkeiten.

Wie aber kannst du das Abenteuer entdecken, das Gott für dich bereithält?

Beachte die Wegweiser

Deine persönliche Entdeckungsreise beginnt damit, dass du eine Bestandsaufnahme der geistlichen Wegweiser in deinem Leben machst. Gott ist bereits seit Jahren dabei, sein Abenteuer in deinem Leben zu inszenieren. Rückblickend wirst du bedeutende Momente in deinem Leben ausmachen können. Ob du nun in einem harmonischen oder unharmonischen Zuhause aufgewachsen bist, die Markierungen sind überall auf dem Weg zu finden. Es handelt sich dabei um Momente ungewöhnlicher Einsichten, wegweisende Einflüsse oder die offensichtlichen Auswirkungen bestimmter Fertigkeiten auf dein Leben.

Ich möchte dir das am Beispiel von meinem ältesten Sohn Brock anschaulich machen. Schon früh in seinem Leben zeigte er eine starke Vorliebe für Sport. Stunden verbrachte er damit, ganz allein in unserer Auffahrt Basketball zu spielen. Als Kind machte er bei einer Vielzahl von Jugendsportwettbewerben mit, immer mit überragenden Leistungen. In der achten Klasse versuchte er es zum ersten Mal mit Football, und für mich war es offensichtlich, dass er damit seine wahre Liebe gefunden hatte. Sein erster Trainer war ein guter Freund von uns. Er erklärte mir vor der Saison: „Ich weiß, dass Brock gerne Linebacker spielen möchte, aber ich brauche ihn als Quarterback, denn er ist der Einzige im Team, der mitdenkt." Brock fühlte sich in dieser Position so wohl wie ein Heimwerker im Baumarkt. Er konnte einfach nicht genug davon bekommen. Er spielte Football-Computerspiele. Jedes Wochenende schaute er sich mehrere Spiele an. Er las Zeitschriftenartikel über verschiedene Verteidigungstaktiken.

Im nächsten Jahr kam er in das Footballteam der Neuntklässler und gleich zu Beginn der Saison warf er einen Fehlpass auf den inneren Linebacker. Nach dem Spiel wollte er von mir wissen, wie er diesen Fehlpass hätte vermeiden können.

„Was hast du denn gesehen, als du den Pass eingeleitet hast?", fragte ich ihn.

„Ich habe gesehen, dass der Cornerback dem Split End die Seitenlinie hinauf folgte und ich nahm aus dem Augenwinkel wahr, dass der Safety sich zurückfallen ließ. Ich bemerkte auch, dass der äußere Linebacker unseren Running Back verfolgte, als der eine Swing Route zur Seitenlinie lief. Ich rechnete damit, dass das Tight End offen wäre, aber der innere Linebacker war schneller, als ich gedacht hatte."

„Das alles hast du gesehen?", fragte ich ihn voller Erstaunen.

„Jepp."

Darauf konnte ich nur sagen: „Du machst das alles ganz prima. Spiel einfach so weiter. Ich bin sicher, du wirst auf der Highschool deinen Weg machen."

Als er dann aufs College ging, rief er zu Hause an und erklärte: „Fünf Jungs sind hier scharf auf die Position als Stamm-Quarterback. Ich weiß schon, wie das ausgehen wird. In den ersten paar Trainingswochen werden wir in etwa gleich gut sein. Aber bis zum ersten Spiel werde ich bewiesen haben, dass ich auf dem Feld der Cleverste bin, und werde als Quarterback an den Start gehen."

Für mich klang das ein bisschen zu großspurig, aber tatsächlich lief es dann genau so, wie er vorausgesagt hatte.

Als ich über diese Momente in seiner Footballkarriere nachdachte, kam ich zu dem Schluss, dass dieser junge Mann der geborene Footballtrainer war und er in seinem Leben noch viele junge Männer mitprägen würde. Das sagte ich Brock auch, aber er war entschlossen, seinen Abschluss in Betriebswirtschaft zu machen und dann Geschäftsmann zu werden. Ich widersprach ihm nicht, aber ich betete weiter. Hin und wieder warf ich ein, dass er die Idee, Trainer zu werden, nicht ganz von der Hand weisen sollte, aber jedes Mal bekam ich das Gleiche zu hören: „Danke für dein Vertrauen, Dad, aber ich werde mein eigenes Unternehmen leiten."

Nachdem er vier Jahre auf dem College gespielt hatte, bewarb er sich in einem Team der Arena Football League. Er wollte probieren, ob er seinen Lieblingssport noch ein paar Jahre länger ausüben konnte, ehe seine Geschäftslaufbahn begann. Während er wochenlang auf eine erste Chance in einem Testspiel wartete, half er ehrenamtlich ein wenig als Trainer beim Highschool-Team seiner Heimatstadt aus und dort packte es ihn. Schon in der ersten Woche entdeckte er, wie sehr er die Tätigkeit als Trainer liebte. Heute ist er Koordinator für Offensivtaktik und lehrt Wirtschaft an der Highschool. Das alles ist passiert, weil er auf die Wegweiser auf seinem Weg geachtet hat.

Du bist dran

Welche Wegweiser in deinem Leben sind dir bewusst? Wann hast du die Erfahrung gemacht, dass dir ungewöhnliche Einsichten geschenkt wurden? Wie wurdest du durch andere beeinflusst? Welche offensichtlichen Auswirkungen hatten deine Fähigkeiten in deinem Leben?

Ergreife die Gabe

Seit der Geburt der Gemeinde hat jeder, der an Christus glaubt, eine geistliche Gabe erhalten (Römer 12,4-8; 1. Korinther 12,7-11; Epheser 4,7-13). Dein Abenteuer dreht sich um deine Begabung. Zuerst mag dir deine Gabe wie jede deiner anderen Fähigkeiten vorkommen, aber mit der Zeit wirst du bemerken, dass diese Gabe eine nachhaltigere Wirkung auf dein Leben hat als deine anderen Fähigkeiten. Wenn du diese Gabe ausübst, verändert sich die Sicht auf das Leben, Herzen werden weicher, das Interesse an Jesus wächst, Entscheidungen werden getroffen und Menschen werden ermutigt. Dies sind eindeutig Folgen des übernatürlichen Wirkens des Heiligen Geistes und deshalb sollten wir die Gelegenheiten, die uns diese Gaben eröffnen, ergreifen.

Ich kenne keinen besseren Weg, deine Begabungen zu erkennen, als aktiv zu werden. Versuch dich an Tätigkeiten, die dich interessieren, und schau, was Gott dann tut. Damit das funktioniert, brauchen wir etwas ehrliche Demut, denn wir neigen dazu, uns auf den Gebieten, die uns am meisten interessieren, zu überschätzen. Ich kenne ein paar Männer, die davon überzeugt sind, die Gabe des Lehrens zu haben, aber niemand scheint die Gabe zu haben, etwas von ihnen zu lernen. Dann kenne ich ein paar Männer, die von sich sagen, sie könnten Sachen gut reparieren, aber alles was sie anfassen, muss danach noch mal repariert werden. Es ist ein Zeichen von Reife, wenn du zugeben kannst, dass du auf einigen Gebieten nicht so gut bist. Das setzt dich frei, um dich auf die Bereiche zu konzentrieren, wo Gott in deinem Leben am deutlichsten wirkt.

Eigentlich sollte ich gut Wasserski fahren können. Ich war immer sportlich und ich kann gut das Gleichgewicht halten. Da scheint es nur logisch, dass Wasserski fahren für mich die natürlichste Sache der Welt sein sollte. Die Wirklichkeit sieht allerdings etwas anders aus. Ich organisierte für ein paar Freunde einen Wasserski-Tag. Einer dieser Freunde hat bei einem Motorradunfall die Hälfte seines linken Beines und die Hälfte seines linken Arms verloren. Aber er ist ein Kämpfer und lernte nach seinem Unfall Skifahren. Er wollte auch zu unserer Wasserskiparty kommen, verspätete sich aber.

An diesem Tag wollte ich es schaffen, auf nur einem Ski zu fahren, was mir bis dahin noch nie gelungen war. Nach mehreren vergeblichen Versuchen griff ich noch einmal nach der Leine und rief zum Bootsführer hinüber: „Hau rein!" Das Boot beschleunigte, riss meine übermüdeten Arme noch vorne und ich zerschlug mir alle acht Fingernägel auf dem Ski. Der Schmerz war entsetzlich, aber noch schlimmer war der dicke Kratzer an meinem Ego.

Ich wurde am Ufer des Sees abgesetzt, suchte mir ein stilles Plätzchen und versorgte meine wunden Finger. Dann tauchte mein Freund auf. Er setzte sich neben mich, schnallte seine Beinprothese ab, sprang mit einem speziell für ihn angefertigten Wasserski ins Wasser und rief das Boot herüber. Er passte den Ski an, legte vom Ufer ab und drehte zwei Runden um den See. Anschließend legte er eine perfekte Landung am Ufer hin, nahm seinen Ski ab und gesellte sich wieder zu meiner Selbstmitleidsparty. Ich hätte ihn schlagen können, als er sagte: „Na, Bill, wie geht's dir?" Irgendwie schien es mir unpassend zu sagen: „Ich kann nicht glauben, dass ein Typ mit nur einem Bein und einem Arm mich gerade lächerlich gemacht hat!" Also sagte ich nur: „Gute, danke der Nachfrage. Tolle Fahrt."

Es geht mir bedeutend besser, seit ich gelernt habe zuzugeben, dass ich kein besonders guter Wasserskifahrer bin.

Genauso brauchen wir aber auch eine Menge Demut, um zuzugeben, dass wir in bestimmten Dingen nur deshalb besonders gut sind, weil Gott uns diese Fähigkeit verleiht. Denn natürlich sind wir auf diesen Gebieten deshalb so begabt, weil Gott in allem, was er tut, so großartig ist. Wahrscheinlich kennst du ein paar Männer, die echt kommunikationsstark sind. Sie geben Bibelstunden oder lehren in der Gemeinde und haben einfach den Dreh raus, wie man Informationen lebendig an den Zuhörer bringt. Solche Gaben sind leicht zu identifizieren, aber nur wenige Männer verfügen darüber. Viel verbreiteter sind die Gaben, die im Verborgenen wirken.

Ich erinnere mich noch, wie ich zum ersten Mal einem Mann begegnete, der ein wirklich begabter Handwerker war. Er war Klempner im Ruhestand. Jedes Mal, wenn er an einem Projekt arbeitete, geschah etwas Besonderes. Jedes seiner Projekte ging er mit einer ungewöhnlichen Gnade an. Er schien niemals in Eile, war nur selten frustriert und überhaupt nicht anfällig für Stress. Jeder, der ihm bei der Arbeit zur Hand ging, lernte dabei, besser mit seinen Händen zu arbeiten. Regelmäßig ergaben sich dabei tief gehende Gespräche über Gott, das Leben und die Menschen, die uns am meisten bedeuten. Wir waren uns der Tiefe der Unterhaltung gewöhnlich gar nicht bewusst, ehe wir mitten drin waren. Dieser Mann tat immer so, als sei das alles keine große Sache, aber niemand von uns erzielte auch nur annähernd die gleiche Wirkung wie er, wenn er mit seinen Händen arbeitete. Jeder, der Harold kannte, erkannte diese Gabe.

Auch du bist auf irgendeinem Gebiet ähnlich begabt. Wenn du Verschiedenes ausprobierst und auf die Gelegenheiten achtest, wo Menschen durch deine Worte oder Taten ungewöhnlich stark berührt werden, dann wirst du nach und nach die Gaben erkennen, die Gott dir gegeben hat. Diese können im musikalischen Bereich liegen oder du bist gut darin, anderen zu helfen, wichtige Zusammenhänge zu verstehen. Es kann sich dabei um Organisation, Buchhaltung oder Schauspielerei handeln. Tatsache ist jedenfalls, dass du auf eine ganz spezielle Weise geistlich begabt bist, so dass dein Leben eine Wirkung haben kann, die größer ist als dein Einsatz.

Mit Ende zwanzig erkannte ich, dass ich eine Gabe zum Pastor und Lehrer habe. Ich liebe es, Menschen zu helfen, damit sie wachsen, indem sie die Wahrheit aus Gottes Wort auf ihr Leben anwenden. Immer wenn ich sehe, wie jemand ein biblisches Konzept wirklich versteht und beginnt es auszuleben, empfinde ich tiefe Befriedigung. Das ist eine der Entdeckungen, die mich zu dem Schluss brachten, dass es in meinem Leben darum geht, Menschen zu helfen, in ihren Beziehungen zu wachsen.

Wenn du Schwierigkeiten hast, deine Gaben zu erkennen, gibt es verschiedene Fragebögen und Anleitungen, die dich dabei unterstützen können. Online findest du einen kostenlosen Gabenfragebogen von Campus für Christus.[8] Außerdem gibt es mehrere Bücher zum Thema.[9]

Ein solcher Fragebogen kann dir helfen, Klarheit zu bekommen.

Folge deiner Leidenschaft

Gott hat uns mit einer hohen Konzentration von Testosteron in unserem Körper geschaffen. Dieses erstaunliche Hormon macht uns aggressiv, stark und auf Konkurrenz ausgerichtet. Wenn wir etwas finden, das wir wirklich gerne machen, dann gehen wir dem mit aller Kraft nach. Wir lieben es, Probleme zu lösen, und meiden Situationen, die uns sinnlos erscheinen. Wir orientieren uns im Leben gerne mit Hilfe unseres Denkens, aber wir spüren auch gern das Leben in unseren Adern pulsieren. Wenn wir Ziele finden, die Leib und Verstand zugleich ansprechen, dann explodieren wir geradezu vor Motivation. Darum arbeiten Männer, die ihren Job lieben, auch echt hart darin. Männer, die ihr Hobby lieben, verbringen viele Stunden damit und Männer, die ein Talent bei sich entdecken, das sie schätzen, setzen alles daran, darin wirklich gut zu werden. Umgekehrt werden Männer, die das, was sie tun, nicht lieben, schnell gelangweilt, unruhig und selbstsüchtig.

Es ist für jeden von uns Männern ungeheuer wichtig, dass wir ein Abenteuer haben, dem wir folgen können, das unsere Vorstellungskraft gefangen nimmt, unsere Seele entzündet und uns dazu antreibt zu wachsen. Gott hat eine Leidenschaft in dich hineingelegt, um dich mit dem Abenteuer, das er für dich gestaltet hat, bekannt zu machen. Aber Leidenschaft alleine reicht nicht aus, um den richtigen Weg zu bestimmen. Du weißt genauso gut wie ich, wie schnell die Leidenschaften in unserem Leben außer Kontrolle geraten und selbstzerstörerisch werden können. Die Geschichte ist durchsetzt mit Geschichten von äußerst einflussreichen, außergewöhnlich begabten Männern, die ihren Einfluss gegen die Verführungen von Macht, Geld und sexuellem Vergnügen eingetauscht haben. Andererseits hat kein Mann jemals deutliche Spuren in dieser Welt hinterlassen, ohne dass ihn die Leidenschaft für irgendetwas angetrieben hätte. Leidenschaft ist eine mächtige Kraft in unseren Seelen, daher dürfen wir ihr nicht einfach freien Lauf lassen. Sie muss wie ein kraftvoller Motor in einem kraftvollen Wagen behandelt werden.

Ich hatte einmal die Gelegenheit, einen Porsche 911 zu fahren, eine Erfahrung, die mich für immer verändert hat. Ein Rütteln ging durch meinen ganzen Körper, als ich den Motor anließ, und der Motor reagierte mit einem Brummen voller Begeisterung. Noch ehe der Wagen sich überhaupt in Bewegung setzte, spürte ich deutlich, dass dies eine Maschine war, der man besser mit Respekt begegnete.

Ich legte den Gang ein und trat aufs Gas. Der Wagen reagierte sofort, als würde er mich darum bitten, ihn doch einfach von der Leine zu lassen. Ich bog in eine kurvenreiche Straße ein und kam an eine Stelle, an der die erlaubte Höchstgeschwindigkeit 40 Kilometer pro Stunde war. Doch diese flinke Maschine beschleunigte in der gesamten Kurve und kam schließlich mit 90 Kilometern pro Stunde aus der Kurve heraus. Ich hatte das starke Empfinden, dass ich noch schneller hätte fahren können. Mir wurde klar, dass dieses Auto so viel Gas nehmen würde, wie ich bereit war zu geben und dass ich besser daran täte, vernünftig mit dem Gaspedal umzugehen. Ansonsten würde der Wagen immer weiter beschleunigen, bis ein Punkt erreicht wäre, an dem ich ihn nicht mehr unter Kontrolle halten konnte.

Danach fuhr ich auf eine dreispurige Straße mit einer langen Geraden. Ich schaltete zurück, wechselte rasch die Spuren und trat aufs Gas, um herauszufinden, wie schnell dieser Wagen wirklich sein konnte. Rasant schoss er nach vorne. Genauso schnell sah ich den Polizeiwagen an einer Kreuzung etwa 800 Meter vor mir. Ich ging vom Gas und trat gerade genug auf die Bremse, um den Wagen etwas unter die Geschwindigkeitsbegrenzung zu bringen. Ohne die Bereitschaft, die Bremsen zu betätigen, hätte all diese Kraft mich mit Sicherheit eine hübsche Stange Geld gekostet.

Nachdem ich wieder festen Boden unter den Füßen hatte, wurde mir klar, dass ich gerade ein paar wichtige Fertigkeiten gelernt hatte, um mit den Leidenschaften umzugehen, die Gott in mein Herz gelegt hatte.

Zu allererst *muss ich Respekt vor der Kraft haben.* Die Leidenschaften, die Gott in mich hineingelegt hat, können mich auf begeisternde Höhen mit aufregenden Möglichkeiten führen. Wenn ich mich auf einem Feld meines Lebens bewege, das meine Leidenschaft erregt, dann ist es leicht, mich zu motivieren, dann macht es Spaß mich einzubringen und dann führt das zu lohnenden Ergebnissen.

Zweitens wurde mir klar, dass ich *das Gaspedal beherrschen musste.* Unsere Leidenschaften nehmen so viel Gas auf, wie wir bereit sind, ihnen zu geben. Sie wollen einfach nur zum Ausdruck kommen und sie werden uns immer weiter und immer schneller fahren lassen, bis wir bereit sind, vom Gas zu gehen. Unsere Leidenschaften sind großartige Motivatoren, aber sie sind nicht in der Lage, selbst zu denken.

Drittens *gibt es Zeiten, wo wir auf die Bremse gehen müssen.* Unsere Leidenschaften streben danach, Bewegung in unserem Leben zu erzeugen, und sie fordern uns ständig auf, noch mehr zu tun. Aber manchmal ist es gar nicht richtig, noch mehr zu tun. Nicht alles ist immer Spaß und aufregend. Vieles im Leben besteht einfach darin, Verantwortung zu übernehmen. Es muss gemacht werden, es muss jeden Tag gemacht werden und es muss diszipliniert gemacht werden, oder das ganze Leben gerät aus den Fugen.

Hüte dich vor der dunklen Seite

Obwohl unsere Leidenschaften uns großartig motivieren können, sind sie doch nicht besonders weise, daher können sie uns ganz schnell in Schwierigkeiten bringen. Alles, worin du gut bist, hat auch eine dunkle Seite. Sexuelle Liebe in der Ehe kann zu reiner Lust und Zügellosigkeit verkommen. Aggressivität kann sich in Zorn und Manipulation verwandeln. Stärke kann sich auf falsche Weise in eigener Anstrengung und im Vertrauen auf die eigenen Möglichkeiten äußern. Erfolg kann sich in Stolz verwandeln, der Männer glauben lässt, dass sie von den Regeln ausgenommen sind, die für den Rest von uns gelten.

Darum ruft uns die Bibel auf, wachsam zu sein (1. Thessalonicher 5,4-8; 1. Petrus 5,8-9). Wir leben im Krieg mit uns selbst und mit dem Feind unserer Seelen. *Unsere niedere Natur* ist ständig in Versuchung, auf die dunkle Seite hinüberzuwechseln, um sich selbstzerstörerischen Vergnügungen hinzugeben. *Satan und seine Armee* durchstreifen unsere Welt auf der Suche nach Männern, die sie versklaven können. Wenn diese beiden zusammentreffen, dann entsteht ein unbeschreiblicher Schaden.

Wachsame Männer sind bereit aktiv zu werden, wann immer es nötig ist. Das heißt nicht, dass wir zu Workaholics werden oder ständig nervös darauf warten sollen, was als Nächstes passiert. Wir brauchen die Bereitschaft eines Soldaten oder eines Athleten, der auch nicht genau weiß, was als Nächstes passieren wird, der aber seinen Körper, seinen Verstand und seinen Willen darauf trainiert hat, auf das Erwartete und das Unerwartete zu reagieren.

Nur weil in ihnen das Potenzial für großen Schaden liegt, sollen wir uns vor unseren Leidenschaften aber nicht fürchten, so wenig, wie wir auf das Autofahren verzichten, weil auf der Straße Gefahren lauern. Wir brauchen nur einen

Plan, wie wir auf der Straße bleiben können. Die dazu nötigen Verkehrsschilder finden wir in 1. Johannes 2,16. Demnach hüte dich vor (nach der Neuen Genfer Übersetzung):

„Der Gier des selbstsüchtigen Menschen." Das bezeichnet die lüsternen Impulse, die aus der gefallenen Natur in jedem von uns kommen. Wenn diese Versuchungen uns anfallen, dann ist die strategisch richtige Antwort darauf wegzulaufen (1. Korinther 6,18). Ich weiß, das klingt nicht besonders männlich, aber es ist dennoch die beste Reaktion. Mitten in ein Feuer hineinzulaufen und zu beten, dass die Flammen dich nicht verbrennen, ist mehr als lächerlich. Und doch haben Männer dies in ihrem moralischen Leben seit Jahrhunderten immer wieder gemacht. Wenn deine Gier dich verfolgt, dann renn schneller.

„Die begehrlichen Blicke." Das ist gleichbedeutend mit Materialismus. Es gab schon immer die Illusion, dass Glück durch Geld und Besitz erlangt werden kann. Der Mensch ist genial und verfügt über bemerkenswerte Möglichkeiten und daher ist unsere Welt angefüllt mit Neuheiten, Geräten, Unterhaltungsangeboten, Maschinen und Sammelobjekten. Wenn dein Herz nicht fest auf Jesus ausgerichtet ist, dann werden diese Erfindungen zu Ablenkungen, die dein Herz von einer mit Leben erfüllten Beziehung mit dem lebendigen Gott hin zu einer statischen Beziehung zu unbelebten Objekten wegziehen. Wenn darin deine Versuchung liegt, dann ist es an der Zeit, deine Beziehung zu Jesus zu vertiefen. Wenn du mehr Zeit mit geistlichen Gewohnheiten und in der Anbetung verbringst, wird das dein Herz zu deinem Schöpfer zurückziehen und von den geschaffenen Dingen, die seinen Platz einnehmen wollen, wegziehen.

„Das Prahlen mit Macht und Besitz." Das ist der uralte Kampf mit dem Stolz. Wir sind zu sehr von uns selbst und dem, was wir erreicht haben, beeindruckt. Wir denken irrtümlich, dass die Macht, über die wir auf der Erde verfügen,

beeindruckend genug wäre, um mit Gottes hoher Stellung zu konkurrieren. Wir beginnen zu glauben, dass wir selbst die Lösung für all unsere Probleme sind und dass wir über alle nötigen Ressourcen für unser Leben verfügen.

Wenn du in Versuchung bist zu glauben, du selbst seist die Quelle deiner Größe, dann wird es Zeit, anderen zu dienen. Jesus hat gesagt: „Der Größte aber unter euch soll euer Diener sein" (Matthäus 23,11). Wenn du anderen dienst, bekommst du auch Einblick in deine eigene Unzulänglichkeit und lernst neu schätzen, was Gott für dich getan hat. Wenn du dazu neigst, viel von dir selbst zu halten, bist du wahrscheinlich ziemlich begabt. Es wäre daher unrealistisch, dir zu sagen, dass du gar nicht so groß bist, weil du genügend Beweise für das Gegenteil hast. Wenn du anderen dienst, wird dir aber klar, dass all deine Begabung das Herz anderer Menschen nicht dazu bringen kann, weich zu werden. Nur in Verbindung mit dem weich machenden Wirken Gottes kann deine Begabung Veränderung in das Leben anderer Menschen bringen. Ohne Gottes Anteil hat deine Begabung nur eine geringe oder gar keine Auswirkung in den Bereichen des Lebens, die am wichtigsten sind.

Lass dich von den Gefahren, die unterwegs lauern, nicht davon abhalten, das Abenteuer deines Lebens zu leben.

Du bist dran

Beschreibe das Abenteuer, das Gott für dein Leben hat, so wie du es heute verstehst.

Nur zum Spaß

George W. Bush wurde eingeladen, in Yale, der Universität, wo er selbst studiert hatte, zur Abschlussklasse von 2001 zu sprechen. Um die Studenten darauf hinzuweisen, dass jeder von ihnen großartige Möglichkeiten im Leben haben würde, sagte er: „Zu jenen von Ihnen, die Ehrungen, Preise und Auszeichnungen erhalten haben, sage ich: Gut gemacht. Und zu den drittklassigen Studenten sage ich: Auch Sie können noch Präsident der Vereinigten Staaten werden."

Kapitel 3

Entscheide dich
für den Wettkampf

„Wenn es gar nicht ums Gewinnen geht,
warum schreiben die dann die Punktzahl an?"
VINCENT LOMBARDI

2009 besuchte ich ein Footballspiel an der Mississippi State University und bemerkte, dass am einen Ende des Feldes gerade größere Bauarbeiten im Gange waren. Ich fragte das Paar, das uns zu dem Spiel eingeladen hatte: „Was passiert denn da am Spielfeldrand?"

„Oh, das ist die neue Anzeigetafel. Die University of Mississippi hat eine neue Anzeigetafel in Auftrag gegeben, die die größte im gesamten SEC werden sollte. Wir haben gewartet, bis die ihre bestellt hatten, und dann haben wir selbst eine bestellt, die noch ein klein wenig größer ist. Jetzt werden wir die größte Anzeigetafel im SEC haben."

„Das hätte ich mir denken können."

Das Leben ist auf Wettbewerb angelegt und Männer sind wie für den Wettbewerb gemacht. Wir haben größere Muskeln als unsere weiblichen Gegenstücke. Wir haben einen höheren Testosteronspiegel und unser ist Gehirn dafür gemacht, die Auswahlmöglichkeiten einzuschränken und sich auf die Erfolg versprechendste Handlungsalternative zu konzentrieren. Gott hat uns so geschaffen. Wir müssen gegen geistliche Mächte kämpfen, die darauf aus sind, Leben zu zerstören. Wir müssen mit einem Weltsystem ringen, das dazu neigt, zu kontrollieren und zu manipulieren. Und wir müssen es mit unseren eigenen Neigungen, uns ins selbstzerstörerische Gedanken und Verhaltensweisen zu verstricken, aufnehmen. Wenn du also das Beste aus deinem Leben machen willst, dann solltest du akzeptieren, dass das Leben ein Wettkampf ist.

Das Leben ist voller Herausforderungen

Jesus hat seine Jünger oft in Situationen gebracht, in denen sie sich dem Wettkampf stellen mussten. Eine der Begebenheiten, wo das am deutlichsten wird, steht am Ende von Markus 4 und am Anfang von Markus 5. Jesus hatte den Tag damit verbracht, die Menschen am See Genezareth zu lehren, und es war eine große Menschenmenge zusammengekommen. So groß, dass Jesus sich in ein Boot begeben und vom Wasser aus lehren musste.

Am Ende dieses langen Tages traf er sich allein mit seinen Jüngern und half ihnen, die Bedeutung seiner Gleichnisse zu verstehen. „Und an jenem Tag sagt er zu ihnen, als es Abend geworden war: Lasst uns zum jenseitigen Ufer übersetzen!" (Markus 4,35). Das klang wie eine ganz gewöhnliche, unverfängliche Aufforderung. Schon oft hatten sie diesen See ohne größere Zwischenfälle überquert. Der Eindruck, dass das keine große Sache werden würde, wurde noch dadurch verstärkt, dass Jesus zum Bug des Bootes ging und sich schlafen legte. Die Jünger haben vermutlich gedacht: *„Das war ein guter Tag. Wir haben eine Menge erreicht und jetzt ist Zeit zu entspannen, sich zu sammeln und auszuruhen."*

Sie hatten keine Ahnung, dass Jesus sie in einen heftigen Sturm schickte, auf den eine Begegnung mit einem von Dämonen besessenen Mann folgen würde. Das Leben würde schon kurz darauf von *ruhig* auf *herausfordernd* umschalten.

Das Leben ist voller Herausforderungen. Der Sturm, dem die Jünger sich gegenübersahen, kam aus dem Nichts. Er wird als ein „heftiger Sturmwind" (Markus 4,37) beschrieben, mit Wellen so hoch, dass sie das Boot mit Wasser zu füllen begannen. Fast ohne Vorwarnung waren die Jünger nun gezwungen, mit der Natur um ihr Überleben zu kämpfen. Das Spiel begann.

Mike Krzyzewski, der Cheftrainer des Basketball-Teams der Duke University, sagt seinen Spielern immer: „Wenn ein Team nicht jederzeit seine Bestleistung abrufen kann, wird es auf lange Sicht höchstwahrscheinlich versagen." Und der Eishockeytrainer Scotty Bowman gibt denselben Gedanken wieder: „Ich habe Folgendes festgestellt: Wenn man Spiele gewinnen will, sollte man immer bereit sein, sich 100 % darauf einzustellen."

Unter dem Druck der Ereignisse wurden die Jünger sofort aktiv und schöpften Wasser so schnell sie nur konnten. Zu ihrer Verblüffung stellten sie aber fest, dass ihr Anführer immer noch schlief. Hektisch weckten sie ihn auf und warfen ihm vor, sich gar nicht um die Gefahr zu kümmern, in der sie alle waren. Doch Jesus blieb völlig ruhig, „wachte auf, bedrohte den Wind und sprach zu dem See: Schweig, verstumme!" (Markus 4,39). Und sofort legte sich der Wind und es wurde ruhig.

Dann fragte er sie: „Warum seid ihr furchtsam? Habt ihr noch keinen Glauben?" (Vers 40). Menschen, die sich vor den vor ihnen liegenden Herausforderungen *fürchten*, neigen dazu, sich zurückzuziehen und zu zögern, was zu Entscheidungsschwäche und manchmal auch ernsthaftem Schaden führen kann. Diejenigen, die *nicht glauben*, dass sie die Herausforderungen bewältigen können, finden Wege, ihren eigenen Erfolg zu sabotieren. Darum spricht auch jeder erfolgreiche Trainer mit seinen Athleten darüber, wie wichtig es ist, Angst zu überwinden und sich die Erfolge so lange vor Augen zu halten, bis sie davon überzeugt sind, dass diese auch eintreten werden.

Hier ein paar gute Gedanken, wie man positiv mit Herausforderungen umgeht:

- „Fürchte nicht den Gegenwind. Bedenke: Ein Drachen steigt besser gegen den Wind als mit ihm." – unbekannt

- „Ob du nun denkst, du kannst es, oder du denkst, du kannst es nicht, in jedem Fall wirst du Recht behalten." – Henry Ford, Unternehmer und Pionier des Autobaus

- „Du musst von dir etwas erwarten, bevor du es tun kannst." – Michael Jordan, Basketballspieler

- „Du musst mit absoluter Überzeugung spielen oder du wirst wieder verlieren, und schließlich wird verlieren zur Gewohnheit." – Joe Paterno, Footballtrainer

- „Wie kommst du von dem Punkt, an dem du gerade bist, an den Punkt, an dem du gerne sein möchtest? Ich denke, dazu brauchst du eine echte Begeisterung für das Leben. Du brauchst einen Traum, ein Ziel, und du musst bereit sein, hart dafür zu arbeiten." – Jim Valvano, Basketballtrainer

- „In meiner Vorstellung habe ich immer gewonnen. Ich habe immer den spielentscheidenden Wurf gelandet oder den Freiwurf versenkt. Wenn ich aber einmal nicht traf, hatte jemand zu früh die Linie übertreten und ich durfte noch mal werfen." – Mike Krzyzewski, Basketballtrainer

- „Lass das, was du nicht kannst, nicht dem im Wege stehen, was du kannst." – John Wooden, Basketballspieler und -trainer

■ „Ich habe die Erfahrung gemacht, wenn du etwas lediglich schlecht und nachlässig machen willst, es wird dann
so richtig in die Hose gehen." – Gale Sayers, Footballspie-
ler

■ „Ohne Druck keine Diamanten." – Thomas Carlyle

Herausforderungen sind zum Überwinden da

Es wäre für diesen Tag schon genug gewesen, wenn Jesus
nach der Stillung des Sturms eine Pause eingelegt hätte, aber
die Kämpfe des Lebens kommen nicht in kleinen handlichen
Paketen zu uns. Sobald das Boot am Ufer angelegt hatte,
kreuzte eine neue Herausforderung den Tag der Jünger. Natürlich wusste Jesus bereits im Vorfeld, dass diese Herausforderung auf sie wartete, und er blieb bewusst auf Kurs, weil
er wollte, dass seine Jünger sich darin übten, Hindernissen
für ihren Glauben zu begegnen.

Ich will diese Szene kurz beschreiben. Ein paar hundert
Meter landeinwärts von der Stelle, wo sie am Ostufer des
Sees Genezareth an Land gegangen waren, war eine steile
Felswand, über der sich ein Plateau befand. Die Wand war
mit Kalksteinhöhlen und Felskammern durchsetzt, in denen
die Toten begraben wurden und von Dämonen besessene
Menschen lebten. Oben auf dem Plateau befand sich eine
Weide für Schweine.

Als das Boot an Land ging, kam der am stärksten von
Dämonen besessene Mann aus den Höhlen auf sie zu ge-
rannt und schrie aus Leibeskräften. Ich kann nur versuchen,
mir die Reaktion der Jünger vorzustellen. Dieser Mann war
dreckig, beängstigend und gefährlich. Seine Lebensgeschich-
te hatte gezeigt, dass er ein hoffnungsloser Fall war. „... selbst
mit Ketten konnte ihn keiner mehr binden ... und niemand

konnte ihn bändigen" (Markus 5,3-4). Wenn man ihn ansprach, bezeichnete dieser Mann sich selbst als Legion. Eine Legion war eine Standardeinheit der römischen Armee und bestand aus mehreren Tausend Kämpfern. In der jüdischen Lehre bezieht sich *Legion* auf eine Gruppe schädlicher Geister, die auf Menschen lauern. Dieser dämonisierte Mann war wirklich der Letzte, dem die Jünger helfen oder mit dem sie irgendeinen Kontakt haben wollten, und Jesus hatte die Jünger in strategischer Absicht das Boot in seiner unmittelbaren Nachbarschaft an Land ziehen lassen. Das Spiel begann.

Dieser Wettbewerb ist für die Jünger lediglich ein Training. In Zukunft wird von ihnen verlangt werden, Kranke zu heilen, Gefangene zu befreien und extreme Herausforderungen zu bewältigen. Aber in diesem Tag sollen sie ihren Meister in Aktion erleben.

In dieser Konfrontation ging es wirklich dramatisch zu. Die bösen Geister gingen in den Ringkampf und wussten bereits, dass sie dem Sohn Gottes hoffnungslos unterlegen waren. Das Beste, was ihnen einfiel, war blödes Gerede. „Was willst du eigentlich mit uns? Schwöre bei Gott, dass du uns nicht quälen wirst. Vorschlag, schick uns einfach in diese Schweineherde." Also erlaubte Jesus den bösen Geistern in die Herde von etwa 2 000 Schweinen zu fahren, die daraufhin in Panik gerieten. Das Schnauben und das Trommeln der Hufe waren zweifellos ohrenbetäubend, denn „die Herde stürzte sich den Abhang hinab in den See" (Vers 13).

Unter dem Eindruck der Autorität, die Jesus über diesen Mann und die bösen Geister hatte, war jedermann in der Gegend gezwungen, sich zu entscheiden. Als Jesus und die Jünger zurück ins Boot gingen, „bat ihn der, der besessen gewesen war, dass er bei ihm sein dürfe" (Vers 18). Der Mann hatte aus erster Hand die verändernde Macht von Jesus erfahren und nun wollte er bei ihm sein, ihm dienen und mit ihm zusammen um die Leben anderer ringen. Er war enttäuscht, als Jesus sagte: „Geh in dein Haus zu den Deinen und verkünde ihnen" (Vers 19). Aber er nahm diesen Auftrag an und begann, anderen von dem zu erzählen, was Gott für ihn getan hatte. „Und alle wunderten sich", weil er bereit war, in das Spiel einzusteigen (Vers 20). So ergibt sich ein Gesamtbild. Jesus befreite diesen Mann, damit dieser wiederum andere beeinflussen konnte, damit diese ebenfalls frei würden.

Die reinen Zuschauer hingegen bekamen Angst und weigerten sich, ins Spiel einzusteigen. Die Hüter der Schweine rannten weg, um den anderen von ihrem Verlust zu erzählen. Eine Menschenmenge kam zusammen, um zu sehen, was geschehen war, und offenbarte dabei, wie wenig Mut in ihren Herzen wohnte. Sie „sehen den Besessenen ... bekleidet und vernünftig sitzen, und sie fürchteten sich" (Vers 15). Wow. Dieser Mann wurde von den Dämonen, die ihn quälten, befreit und die Leute fürchteten sich. Sie hatten sich an diesen schrecklichen Zustand gewöhnt und wollten alles, nur keine Veränderung. Statt von den Möglichkeiten angezogen zu werden, die sich ihnen eröffnet hätten, wenn sie an der Seite von Jesus gekämpft hätten, flohen sie vor der Herausforderung und zogen sich in ihre scheinbar sichere und bequeme Existenz zurück. In einem traurigen Eingeständnis ihrer Niederlage fingen sie an, „ihn zu bitten, dass er aus ihrem Gebiet weggehe" (Vers 17).

Kämpfer oder Zuschauer?

Das sind nur ein paar der Geschichten aus dem Leben von Jesus, die zeigen, dass das Leben ein Kampf und ein Wettbewerb ist. Nimm dann noch die kühnen Worte des Apostels Paulus in 1. Korinther 9,24 hinzu: „Wisst ihr nicht, dass die, welche in der Rennbahn laufen, zwar alle laufen, aber einer den Preis empfängt? Lauft so, dass ihr ihn erlangt!" und du kommst unweigerlich zu dem Schluss, dass Jesus uns angeworben hat, um seine Teamkollegen im Kampf um die Herzen und Gedanken der Menschen zu werden. Jeder von uns muss sich entscheiden, ob wir die Herausforderung annehmen oder lieber auf den Rängen sitzen, während andere sich mit Begeisterung in den Kampf stürzen.

Für eine erfolgreiche Footballmannschaft braucht es eine schlagkräftige Offensive, eine starke Verteidigung und effektive Spezialisten. Ganz ähnlich gibt es auch in unserem Leben als Männer drei Bereiche, in denen wir kämpfen müssen, um zu gewinnen.

Die Offensive entspricht unserer *beruflichen Laufbahn*. Gott hat uns dazu geschaffen zu arbeiten, hart zu arbeiten. Das Erste, was Gott Adam gab, war ein Job. „Und Gott, der HERR, nahm den Menschen und setzte ihn in den Garten Eden, ihn zu bebauen und ihn zu bewahren" (1. Mose 2,15). Vor dem Sündenfall mag es einfach gewesen sein, für den Lebensunterhalt zu sorgen, aber seitdem die Sünde in die Erfahrungswelt des Menschen eingedrungen ist, ist die Arbeit ein Konkurrenzkampf. Unkraut begann zu sprießen, es wurde schwer den Boden zu bearbeiten und Schweiß wurde zum täglichen Preis, der für Produktivität bezahlt werden musste (1. Mose 3,17-19). Darüber hinaus entwickelte sich aus diesem verlorenen Kampf ein Weltsystem, das kontraproduktiv und von Natur aus böse ist und das sich gegen alles wendet, was Gott für uns Menschen möchte (2. Korinther 10,3-5; Epheser 2,1-3; 6,10-12). In diesem Umfeld müssen wir unseren Lebensunterhalt verdienen. Wir müssen uns anstrengen, kämpfen und uns ausstrecken, um unser volles Potenzial auszuschöpfen. Wir müssen klug verhandeln, mutig unseren Standpunkt vertreten und uns von Rückschlägen schnell erholen. Wir müssen in unseren beruflichen Fähigkeiten wachsen oder wir fallen im Rennen zurück.

Die Grundlage jeder Karriere ist der Wettbewerb, da Männer danach streben, die Grenzen ihrer Möglichkeiten auszutesten. In der Geschichte finden wir viele Berichte über das Wettbewerbsstreben, das die US-amerikanische Wirtschaft zu dem Kraftpaket gemacht hat, das sie heute ist. Und manchmal wird dieser Wettbewerbsgedanke buchstäblich übertrieben:

Im Jahr 1929, mitten im Börsenkrach, war New York Schauplatz eines besonders bizarren Häuserkampfs: Die Bank of Manhattan und der Automobilkonzern Chrysler wollten beide ihre Firmensitze im höchsten Gebäude der Welt haben. Selbstbewusst hatte der Chrysler-Architekt William van Alen angekündigt, dass die geplante Höhe sagenhafte 282 Meter betragen würde – schön blöd! Denn daraufhin sattelte der Bank-of-Manhattan-Konstrukteur H. Craig Severance noch einen Meter drauf: 283 Meter – und wähnte sich natürlich als Gewinner.

Aber van Alens Höhenangabe war eine bewusste Irreführung. In den obersten Stockwerken des Rohbaus ließ er riesige Stahlplatten lagern, die er zu einem Zeitpunkt, als das Manhattan-Team nicht mehr reagieren konnte, zusammenschrauben und per Kran aufs Dach heben ließ. Vor den Augen der fassungslosen Konkurrenten aus der Wall Street erreichte der Wolkenkratzer 319 Meter. Damit hatte das Chrysler Building nicht nur den Rekord, sondern auch die wunderschöne Art-déco-Krone, die es bis heute so einzigartig macht.[10]

So wie eine Footballmannschaft eine gute Verteidigung braucht, benötigen diese auch *unsere Familien*. Wir müssen die Mitglieder unserer Familie wertschätzen, beschützen und ihnen helfen, ihr Potenzial zu nutzen. Unsere Ehen werden durch die Sozialpolitik, aufgeweichte Werte und selbstsüchtig gesetzte Prioritäten angegriffen. Ringen wir nicht um die Herzen unserer Frauen, dann setzen wir sie unge-

schützt diesen Angriffen aus. Wir müssen Zeit mit ihnen verbringen, ihnen zuhören, sie in die Arme nehmen, für ausreichend Romantik sorgen, Entscheidungen mit ihnen
zusammen treffen, ihnen ein Gefühl von Sicherheit geben,
sie annehmen, ihnen Möglichkeiten für ihr Leben eröffnen
und sie von ganzem Herzen lieben. Unsere Kinder werden
genauso von einem materialistischen Markt, einer selbstbe-
zogenen sozialen Struktur und Werten, die auf falschen
Schlussfolgerungen beruhen, umworben. All das wird verpackt in ein attraktives Äußeres, beeindruckende Spezialef-
fekte und meisterhafte Musik. Es gibt nur eins, was zwischen
den Herzen unserer Kinder und den Verführungen unserer
Welt steht, und das sind wir. Wir müssen für sie beten, mit
ihnen reden, Zeit mit ihnen verbringen, ihnen helfen tragfä-
hige Entscheidungen zu treffen, sie erziehen, ihnen Möglichkeiten für ihr Leben eröffnen und uns dazwischenwerfen,
wenn sie vom Kurs abkommen.

Unsere Gesundheit, unser Zuhause und unsere Hobbys stehen
für die Spezialisten im Team. Diese Bereiche des Lebens
müssen mit Sorgfalt und Disziplin behandelt werden, da sie
alle dazu neigen, aus dem Ruder zu laufen. Es bedarf überhaupt keiner Anstrengung, um an Gewicht zuzunehmen
und unsere Gesundheit zu schwächen. Dagegen sind konzentrierte und beständige Anstrengungen notwendig, um in
Form zu bleiben und unser Wohlbefinden zu erhalten. Wir
brauchen keine besonderen Fähigkeiten, um Unkraut wachsen und die Farbe abblättern zu lassen. Aber es braucht plan-
volle, aktive Anstrengungen, um dein Haus, deinen Garten
und all deine anderen Besitztümer in Schuss zu halten. Deine Hobbys helfen, dein Leben im Gleichgewicht zu halten,
und schaffen oft die besten Gelegenheiten, um auf andere
Menschen positiven Einfluss zu nehmen. Wenn du deine
Hobbys vernachlässigst, dann verkümmern deine Fähigkeiten und deine Ausdauer lässt nach. Planst du aber bewusst

Zeit für diese Bereiche ein, dann entwickeln sich deine Fähigkeiten weiter und deine Anstrengungen werden effektiver.

Liebe das Spiel

Was braucht man also, um aktiv am Wettbewerb teilzunehmen? In allererster Linie musst du das Spiel des Lebens lieben. Für mich war es sehr lehrreich, meine Jungs beim Sport zu beobachten. Der Sport verlangt harte Arbeit und kostet viel Zeit. Sie werden verletzt, müde und frustriert. Dennoch gehen sie Jahr für Jahr immer wieder in den Wettkampf, weil sie das Spiel lieben. Sie bezahlen jeden notwendigen Preis dafür und sie richten ihre Augen immer darauf, den nächsten Wettbewerb zu gewinnen.

Liebst du das Leben? Kann die Aussicht auf Erfolg dich begeistern? Fühlst du immer noch Befriedigung, wenn du ein Projekt zu Ende gebracht, ein Geschäft abgeschlossen, ein Problem gelöst oder einen Durchbruch geschafft hast? Erreicht die Möglichkeit mehr zu verdienen, mehr Einfluss zu gewinnen, bis über beide Ohren in deine Frau verliebt zu sein oder zu sehen, wie deine Kinder ihren Weg im Leben finden, immer noch dein Herz? Ich hoffe es, denn dazu hat Gott dich geschaffen. Gott hat dir ein Herz gegeben, damit du ihn, das Leben und die wichtigen Menschen in deinem Leben lieben kannst. „Mehr als alles, was man sonst bewahrt, behüte dein Herz! Denn in ihm entspringt die Quelle des Lebens" (Sprüche 4,23). Das Ziel lautet: „Liebe aus reinem Herzen und gutem Gewissen und ungeheucheltem Glauben" (1. Timotheus 1,5).

Wir alle werden mit einer Liebe zum Leben geboren. Schau nur einmal Kindern beim Spielen zu. Sie sind entschlossen, ihren Spaß zu haben, sie sind unverschämt neugierig, sie lachen und weinen ohne Hemmungen und sie laufen den Menschen, die sie kennen, in die Arme. Sie träumen von Größe und weit entfernten Welten. Wir alle waren einmal Kinder, doch dann wachsen wir heran, und wenn wir nicht aufpassen, verlieren wir inmitten von Enttäuschungen, Niederlagen und Schwierigkeiten unsere Begeisterung für das Leben.

Wenn ich die Worte „ein Mann, der das Leben liebt" höre, denke ich an meinen Freund Glenn, der mit 49 von Neuem geboren wurde. Er begann seine Karriere in der Marine und merkte, dass es ihm dort gefiel, also blieb er 20 Jahre. Er begegnete einer jungen Dame, sie verliebten sich und machten sich zusammen auf den Weg, gemeinsam ein schönes Leben zu haben. Sie waren begeistert, als sie ihren beiden Söhnen das Leben schenkten, und kamen zu dem Schluss, dass das Leben genau so lief, wie es sein sollte. Das funktionierte, bis ihr jüngster Sohn ungefähr 12 war. Er war ein verantwortungsbewusster Junge, daher gaben sie ihm die Freiheit, mit seinen Freunden zu spielen, wann er wollte, und seinen Tagesablauf weitgehend selbst zu gestalten. Eines Tages ging er mit einem Freund in ein Waldgebiet in der Nähe des Hauses, um zu spielen. Sie spielten an der Wand eines ausgetrockneten Flussbetts mit ihren Lastwagen, als sich unerwartet ein Brocken Lehm von der Größe eines Schreibtischs gut sechs Meter über ihnen aus der Wand löste und auf die beiden Jungen fiel. Beide verließen diese Erde viel zu früh, als dass irgendjemand eine vernünftige Erklärung dafür hätte finden können.

Glenn und seine Frau verfielen in eine tiefe Trauer, die von da an ihr ganzes Leben bestimmte. Glenn verbrachte immer mehr Zeit auf der Arbeit, während seine Frau immer mehr Zeit außer Haus verbrachte und nach etwas suchte, das ihr helfen würde, die Traurigkeit zu überwinden. Der Schmerz wurde immer größer und brachte die beiden immer weiter auseinander. Schließlich beschloss Glenn, dass sie so nicht mehr weiterleben konnten und bat um die Scheidung. Das Auseinandergehen war unglaublich schmerzhaft und schmutzig, da die beiden bei jedem Gespräch ihren Schmerz auf den jeweils anderen projizierten.

Glenn ging nun auf die 40 zu und bereitete sich darauf vor, ohne Frau, ohne Zuhause und mit nichts als seinem Lebenswillen die Navy zu verlassen. Irgendwie erholte er sich wieder. Er probierte eine Reihe verschiedener Jobs aus, ehe er sich einer Hypothekenbank anschloss. Die meisten Abende verbrachte er mit oberflächlichen Freunden bei ein paar Drinks in einer Bar. Er war nicht traurig. Aber er war auch nicht glücklich. Er war einfach betäubt. Er merkte gar nicht, dass ihm etwas fehlte, weil er überhaupt nicht mehr viel merkte.

Eines Tages erzählte ihm ein Kollege von der Liebe Jesu und von der Hoffnung, die dadurch in sein Leben gekommen war. Glenn fand die Geschichte dieses Mannes interessant und war von der Energie, die er ausstrahlte, beeindruckt. So traf er sich noch einige Male mit ihm, um noch mehr zu erfahren. Beim vierten Treffen fragte ihn die Ehefrau des Mannes: „Fällt dir irgendein Grund ein, warum du heute nicht Jesus in dein Leben einladen möchtest?"

Glenn war verblüfft über diese Frage, aber ihm fiel wirklich kein Grund dagegen ein. Im Geheimen verlangte ihn auch nach der Energie, die er im Leben dieses Paares sah, und er dachte sich, dass er ohnehin nichts zu verlieren hätte. Also stimmte er zu, mit seinen Freunden zu beten.

An jenem Tag veränderte sich Glenns Leben. Am darauf folgenden Sonntag kam er in die Gemeinde und man konnte den Hunger in seinen Augen sehen. „Was ist der nächste Schritt?", fragte er. „Was muss ich tun, damit das hier Hand und Fuß bekommt?" So nannte ich ihm ein paar Schritte, die er gehen konnte, um seinen Erlöser besser kennenzulernen:

■ Lies täglich deine Bibel.

■ Bete über die Dinge, die dir wichtig sind.

■ Komm in die Gemeinde und schließe dich einem Hauskreis an, in dem du lernen kannst zu wachsen.

■ Wann immer dir Fragen kommen, schreib sie auf und frag die Menschen, bis du deine Antworten bekommst.

Ohne zu zögern, tat er alles, was ich ihm vorgeschlagen hatte, und die Veränderung, die mit ihm vorging, war erstaunlich. Er fand eine Freude, die er nicht mehr für möglich gehalten hatte, nachdem er seinen Sohn verloren hatte. Ihm wurde klar, dass er nun über die gleiche Energie verfügte, die er auch in seinen Freunden gesehen hatte.

Eines Morgens fragte ich ihn: „Glenn, wie geht's dir heute?"

„Weißt du, ich hab ziemliche Schmerzen in den Waden", sagte er.

„Was meinst du damit?"

„Naja, meine Waden tun einfach weh. Seitdem ich Jesus begegnet bin, konnte ich einfach nicht mehr aufhören mit diesem hüpfenden und beschwingten Gang, so gut geht es mir. Meine Waden wurden noch nie so stark beansprucht."

Einmal kam er mit dem Katalog eines christlichen Buchhändlers zu mir und fragte: „Welches dieser Bücher soll ich mir kaufen?" Ich markierte für ihn 13 Bücher, darunter einige Kommentare, ein Werk über theologische Grundlagen, Handbücher für Jüngerschaft und Bücher über Leiterschaft. Ich markierte sie in der Reihenfolge in der ich ihm empfehlen wollte sie zu lesen. Zehn Tage später kam er mit einem Karton mit 13 Büchern in mein Büro und fragte mich: „Okay, und was soll ich jetzt damit machen?"

Sein Wachstum war intensiv und anhaltend und Gott wirkte in seinem Leben mit immenser Geschwindigkeit. Nach einem Jahr hatte er das starke Empfinden, dass er noch einmal studieren sollte, um einen Abschluss als Oberstufenlehrer für Mathematik zu machen. Er schrieb sich am San Diego Christian College ein und genoss die Schule wie nie zuvor in seinem Leben. In der Zeit auf dem College nahm er an einer Missionskonferenz teil, wo er einen Mitarbeiter der Wycliff Bibelübersetzer traf. Er erfuhr, dass sie für eine Einrichtung in Kolumbien einen Lehrer suchten, und sein Herz begann schneller zu schlagen. Er unterschrieb einen Vertrag als Lehrer an dieser Schule und zog im Alter von 52 Jahren nach Südamerika, um seine neue Laufbahn zu beginnen. Er ging völlig darin auf, die Kinder von Missionaren und anderen US-Amerikanern, die in der Region lebten, zu unterrichten.

Schließlich lernte er eine Kolumbianerin kennen, in die er sich verliebte. Sie heirateten und adoptierten gemeinsam ein acht Jahre altes einheimisches Mädchen. Glenn liebt sein Leben und dient nun als Pastor einer neuen Gemeinde, in der er die Geschichte erzählt, wie Gott einen ziellosen, gelangweilten Mann im mittleren Alter gefunden und in einen Streiter im Spiel des Lebens verwandelt hat, der es gar nicht erwarten kann, auf die nächste Gelegenheit zu treffen, um sich zu beweisen.

Konzentration auf den Sieg

In jedem Sport stehen die Athleten im Wettbewerb gegeneinander, weil sie am Tag des Spiels gewinnen wollen. Genauso ist das Leben. Gott hat uns dazu berufen, im Sieg zu leben, und das beginnt mit dem, worauf wir unsere Aufmerksamkeit richten. Sieger denken wie Sieger.

Hebräer 12,1-3 beschreibt unseren Lebensweg als einen Sportwettbewerb. Eine Menge feuert uns an (Heilige, die vor uns gelebt haben) und der Fokus unseres Rennens liegt auf einer Person: „Indem wir hinschauen auf Jesus, den Anfänger und Vollender des Glaubens, der um der vor ihm liegenden Freude willen die Schande nicht achtete und das Kreuz erduldete und sich gesetzt hat zur Rechten des Thrones Gottes" (Hebräer 12,2). In 1. Korinther 15,57 heißt es: „Gott aber sei Dank, der uns den Sieg gibt durch unseren Herrn Jesus Christus!" Und Paulus erklärt das Geheimnis, das ihn antreibt in Philipper 3,14: „... und jage auf das Ziel zu, hin zu dem Kampfpreis der Berufung Gottes nach oben in Christus Jesus."

All diese Verse erinnern uns daran, dass Gewinnen im Kopf beginnt. Wettkämpfer verlieren ihre Begeisterung, wenn sie vergessen, warum sie überhaupt spielen. Wenn du dir deinen Traum vor Augen halten kannst, dann kannst du ihn mit Jesu Hilfe auch leben. Wenn du dir ein lebenswertes Leben vorstellen kannst, dann kannst du auch deinen Teil dazu beitragen, um es möglich zu machen. Wenn du das Ziel im Auge behalten kannst, dann kannst du auch viel leichter eine Strategie entwickeln, die zum Sieg führt.

Einige Erfahrungen im Leben vergessen wir nie. Eine davon machte ich in meinem letzten Jahr auf der Highschool. Ich spielte Basketball, aber die Saison lief nicht besonders gut.

In der ersten Hälfte der Saison begann ich als Aufbauspieler, aber dann saß ich für den Rest des Jahres fast nur noch auf der Bank. Als Ersatzspieler nur dafür zu arbeiten, dass andere besser wurden, war eine ungewohnte Rolle für mich. Ich würde gerne sagen, dass ich voller Gnade und Begeisterung damit umging, aber ich war frustriert, lethargisch und fragte mich sogar, ob ich die Saison nicht ganz beenden sollte.

Ein guter Freund wollte mir helfen, für den Rest der Saison motiviert zu bleiben. „Bill, wenn du in irgendeinem Spiel bis zum Ende des Jahres zweistellig punktest, dann lade ich dich zum Steak essen ein", sagte er. Ich wünschte, ich könnte behaupten, dass es mir darum ging, meinem Team zur Meisterschaft und in die Playoffs zu helfen, aber die Wahrheit ist, dass ich nun für ein Steak spielte. Meine Motivation stieg. Das Ziel reichte zwar nicht aus für überragende Leistungen, aber allein die Tatsache, dass ich wieder ein Ziel vor Augen hatte, ließ das Feuer in meiner Seele neu erwachen. Mit neuer Begeisterung kam ich wieder in die Gänge und wartete auf meine Gelegenheit.

Spiel um Spiel verging, in dem ich nur wenig Zeit auf dem Feld verbrachte, und als in der Saison nur noch fünf Spiele zu spielen waren, kam mein Freund wieder auf mich zu und sagte: „Hey, Bill, ich weiß, du bist frustriert. Komm, wir ändern die Bedingungen unseres Deals. Wenn du im Rest der Saison *insgesamt* noch eine zweistellige Punktzahl holst, lade ich dich ins Steakhouse ein."

Ein neues Ziel. Neue Begeisterung. Ich betete darum, eingesetzt zu werden. Ich ging voller Erwartung zu jedem Wettkampf und glaubte, dass ich meinen Teil dazu beitragen konnte, dieses Essen zu bekommen. Drei weitere Spiele vergingen und mein Freund veränderte den Deal noch einmal: „Bill, wenn du überhaupt punktest, bekommst du das Steak."

Ich wusste, dass jede Chance auf einen Sieg oder Ruhm als Basketballspieler erloschen war. Ich würde nicht für ein Stipendium in Frage kommen. Mir würden in der Liga keine Ehren mehr zuteilwerden. Ich würde auch nicht mehr in die Riege der wertvollsten Spieler aufgenommen werden. Aber ich konnte immer noch etwas gewinnen, und wenn es nur ein Steak war. Im vorletzten Spiel des Jahres wechselte der Trainer mich nur für 12 Sekunden ein, nicht mal Zeit genug, um den Ball in die Hände zu bekommen. So hing also alles vom letzten Spiel ab.

Das Spiel lief nicht gut. Wir waren die ganze Zeit im Rückstand, und als nur noch anderthalb Minuten zu spielen waren, wurde klar, dass wir nicht gewinnen würden. Also wechselte der Trainer mich ein. Ich rannte wie eine Wilder über das Feld. Gemessen an dem Einsatz, den ich brachte, hätte man denken können, wir spielten gerade um eine wichtige Meisterschaft. Sechs Sekunden vor Schluss schnappte ich mir den Ball im Halbfeld und rannte auf den Korb zu. Alles schien wie in Zeitlupe abzulaufen. Ich konnte hören, wie die Menge mich anfeuerte. Ich konnte sehen, wie zwei Verteidiger mich verfolgten. Ich sprang und war mir des Balls, der für den Korbleger meines Lebens in meiner ausgestreckten Hand lag, aufs Intensivste bewusst. Ich konnte sehen, wie der Ball zwei Sekunden vor Schluss durch das Netz fiel, als sei es eine Szene in einem Film. Ich rannte die Seitenlinie hinunter, zeigte auf meine Freunde auf den Rängen und schrie voller Begeisterung. Wir hatten das Spiel mit 12 Punkten Rückstand verloren, aber ich benahm mich, als hätten wir gerade gewonnen.

Mein Korbleger rettete nicht die Saison und brachte uns auch keinen Platz in der Meisterschaft ein, aber ich lernte dadurch eine wichtige Lektion über Wettkämpfe. Wenn du ein klares Ziel vor Augen hast, dann bekommst du auch die Kraft zum Sieg. Nur ein einziges Mal las ich meinen Namen bei der Nennung eines Sportereignisses in der Zeitung. Die letzte Zeile in dem Bericht über dieses letzte Spiel lautete: „Bill Farrel gewann eine Wette, indem er die letzten beiden Punkte der Saison holte."

Lerne das Training zu lieben

Wir bereits erwähnt werden wir in Hebräer 12,1-3 dazu aufgerufen siegreich zu sein, indem wir unseren Blick auf Jesus richten, den Urheber unseres Glaubens, der den Lauf bereits vor uns gelaufen ist. In den Versen 4-6 werden wir dann deutlich daran erinnert, dass der größte Teil des Lebens aus Üben besteht. „Ihr habt im Kampf gegen die Sünde noch nicht bis aufs Blut widerstanden ... denn wen der Herr liebt, den züchtigt er." Jeder, der jemals irgendetwas von Wert zustande gebracht hat, hat enorm viel Zeit und Kraft auf die Vorbereitung verwendet. Bobby Knight, der berühmte und polarisierende Trainer der Basketballteams von Indiana und Texas Tech, prägte das jedem jungen Mann ein, der für ihn spielte: „Die meisten Menschen haben den Willen zu siegen, aber nur wenige haben den Willen, sich auch für den Sieg vorzubereiten."

Mein ganzes Leben lang habe ich Sportler beobachtet. Die wahre Geschichte ihrer Erfolge liegt in den Hunderten von Tagen, die sie Jahr für Jahr im Trainingsraum zugebracht haben, um stärker zu werden, in den zahllosen Stunden, die sie auf dem Spielfeld verbracht haben, um schneller zu werden, in den Tausenden von Meilen, die sie auf der Laufbahn zurückgelegt haben, um Ausdauer aufzubauen, und in der unglaublichen Zahl von Stunden, die sie mit Videos und Anweisungen zugebracht haben, um ihr Bewusstsein für den Ernstfall zu trainieren.

Jeder Champion hat die Notwendigkeit akzeptiert, dass er mehr Stunden beim Training zubringen muss, als er je auf dem Spielfeld wird verbringen können. Er weiß, dass seine Erfolge das Ergebnis von Trainingseinheit um Trainingseinheit, Workout um Workout, Videositzung um Videositzung sind. Dabei entdecken wir, wie wettkampfstark wir wirklich sind. Uns wurden die Fertigkeiten, Fähigkeiten und Begabungen anvertraut, die wir brauchen, um Gottes Plan für unser Leben zu erfüllen. Um den Plan aufgehen zu lassen, braucht es Treue von unserer Seite. Das vergleicht Paulus mit dem Training eines Sportlers: „Ich bezwinge meinen Leib und beherrsche ihn" (1. Korinther 9,27 – Schlachter).

Sich selbst überlassen neigt der Zustand unseres Körpers dazu sich zu verschlechtern und er kann nur durch intensive Aktivität in Form gehalten werden. Unser Verstand neigt zum selbstsüchtigen Denken und kann nur durch fleißiges Studium auf die Wahrheit fokussiert bleiben. Unsere Seelen neigen zu Stolz und Faulheit und können nur durch die beständige Erinnerung an Gottes Gnade motiviert bleiben. Unsere Wünsche neigen zu Genusssucht und Selbstzerstörung und können nur durch die Verantwortlichkeit gegenüber dem Heiligen Geist und anderen Christen unter Kontrolle gehalten werden. Wie also sieht ein Trainingsprogramm aus, das uns auf den Sieg vorbereitet? Es beginnt mit einer regelmäßigen Ernährung durch Gottes Wort. Es gibt zahlreiche Wege, die Bibel in sich aufzunehmen, und jeder von ihnen setzt Beständigkeit voraus, um die geistliche und intellektuelle Kapazität zu bewahren, die wir brauchen, um große Entscheidungen zu treffen. Römer 10,17 offenbart, dass ein Teil der Ernährung von Champions darin besteht, die Bibel zu *hören*: „Und doch kommt der Glaube durch das Hören dieser Botschaft" (Neues Leben). Du kannst das realisieren, indem du zuhörst, wenn andere das Wort Gottes lehren, eine Gemeinde besuchst, in der regelmäßig das Wort Gottes gepredigt wird, oder indem du eine Audio-Bibel hörst.

Psalm 119,11 sagt, dass *Auswendiglernen* ein wichtiger Teil unserer biblischen Ernährung ist. Ein Leben in Gerechtigkeit entwickelt sich, wenn wir Gottes Wort in unserem Herzen tragen, weil wir es unserem Gedächtnis anvertraut haben. Je älter wir werden, desto schwieriger wird es, aber es verliert nie an Bedeutung.

2. Timotheus 2,15 erinnert uns, die Bibel eifrig zu *studieren*, damit wir uns als rechtschaffene Arbeiter erweisen. Als die Bibel geschrieben wurde, verwendeten die Autoren die Umgangssprache ihrer Zeit, damit sie leicht verstanden werden konnten. Es waren eine andere Zeit und eine andere Kultur als unsere heute. Um die in der Bibel gelehrten Prinzipien für uns so zu erschließen, dass wir sie in unser Leben integrieren können, müssen wir die Wahrheit in Gottes Wort und das kulturelle Umfeld, in dem es geschrieben wurde, sorgfältig erforschen.

Der vierte Bestandteil unserer Ernährung besteht darin, die Bibel zu *lesen*. In 5. Mose 17,18-20 wird dem König von Israel aufgetragen, eine Abschrift von Gottes Wort bei sich zu tragen und sie „alle Tage seines Lebens zu lesen". 1. Thessalonicher 5,27 ist ein Beispiel aus dem Neuen Testament, das zeigt, wie wichtig das Lesen der Bibel als Teil unseres geistlichen Weges ist. „Ich beschwöre euch bei dem Herrn, dass der Brief allen Brüdern vorgelesen werde." Wenn du die Bibel regelmäßig liest, setzen sich für dich die Teile des Puzzles zusammen, du siehst, wie das Alte und das Neue Testament zusammenhängen und wie Gottes Prinzipien von Anfang bis Ende die gleichen sind.

Um das alles zusammenzubringen, fordert uns Psalm 1 auf, über Gottes Wort „Tag und Nacht" *nachzusinnen*. Nachsinnen bezeichnet den Prozess, bei dem wir wieder und wieder durchdenken, was wir gelernt haben. Je mehr du dich auf die Wahrheit konzentrierst, desto klarer wird sie für dich. Je mehr du damit ringst, wie das alles gelebt werden kann, desto besser gelingt es dir, biblisch zu leben. Die fünf Bestandteile deiner biblischen Ernährung sind also: *Hören, Studieren, Lesen, Auswendiglernen und Nachsinnen*.

Es reicht aber nicht aus, die Wahrheit nur in sich aufzunehmen. Hebräer 4,12 sagt uns, dass das Wort Gottes „lebendig und wirksam" ist, es ist ein „Richter der Gedanken und

Gesinnungen des Herzens". Wenn du die Bibel in dich auf-
nimmst, beginnt eine Reaktion in deiner Seele, die auch nach
außen wirken muss, sonst bekommst du geistliche Blähun-
gen. Wir müssen auf Gottes Wort hören und ihm gehorchen,
wenn wir darin eintauchen (Jakobus 1,22-25).

Die interaktive Natur der Bibel bringt mit sich, dass Verse
uns auf zwei Arten ganz besonders beeinflussen können. Es
gibt zum einen *Verse, durch die wir uns besser fühlen* im Hinblick auf uns selbst und unser Leben. Gott gebraucht diese
Verse, damit wir inmitten unserer Kämpfe nicht den Mut
verlieren. Er weiß, wie schwierig das Leben ist, und dass wir
oft müde und erschöpft werden. Dann erinnert er uns, dass
er immer bei uns ist, uns auf unserem Weg begleitet und immer dafür sorgt, dass „denen, die Gott lieben, alle Dinge
zum Guten mitwirken" (Römer 8,28). Manchmal bewirkt er
sogar, dass bestimmte Verse uns geradezu ins Auge sprin-
gen, damit unsere Herzen ermutigt werden.

Aber die Bibel enthält auch *Verse, die uns beunruhigen.*
Möglicherweise wirst du dann durch das, was du liest, verwirrt, irritiert oder aufgewühlt. Das kann daran liegen, dass
die betreffende Stelle auf einen Bereich deines Lebens hinweist, in dem Gott etwas ändern möchte. Vielleicht gibt es
eine Haltung, ein Verhalten oder eine Gewohnheit, die auf
Gottes Agenda für dich gerade zur Bearbeitung dran sind. Er
weiß, dass der richtige Zeitpunkt gekommen ist, und deshalb fängt er an, deine Seele aufzuwühlen, um dich auf darauf vorzubereiten, dass wieder eine verändernde Erfahrung
ansteht. Oft ignorieren wir diese Verse, weil sie unbequem
sind. Wir nehmen dann an, dass wir sie einfach nicht verstehen können oder dass Satan uns verwirren will, während in
Wirklichkeit Gott versucht, unsere Aufmerksamkeit auf den
nächsten Schritt im Wachstum unserer Persönlichkeit zu
lenken. Ein weiterer Grund, warum wir diese Verse oft ignorieren, liegt darin, dass uns nicht klar ist, was sie bedeuten.

Auch wenn die Stelle auf einen Bereich hinweist, in dem Wachstum nötig ist, spricht sie doch nicht konkret von der anstehenden Veränderung. Wenn Gott dich zum Beispiel stärken und abhärten will, wirst du eventuell durch Geschichten von Gericht und Konfrontation beunruhigt. Wenn Gott dich weicher machen will, findest du vielleicht Geschichten von Barmherzigkeit und Nähe irritierend.

Der Schlüssel liegt darin, deine Aufmerksamkeit auf jeden Vers zu richten, bei dem du eine Reaktion feststellst. Wenn du dich entschließt, das jedes Mal zu tun, wenn es dir bewusst wird, wird Jesus zu deinem Coach, der dein Training organisiert. Er lässt dich wissen, wann Veränderung angesagt ist. Er lässt dich wissen, wann du dich entspannen und an deinen Fortschritten freuen kannst. Er lässt dich wissen, wann es an der Zeit ist, das Training zu intensivieren und dich auf konsequenten Gehorsam zu konzentrieren. Er sagt dir, wenn eine schlechte Gewohnheit deine Effektivität hemmt, und er erklärt dir, was du verändern musst, um die Blockaden für deinen Erfolg zu beseitigen.

So hat zum Beispiel der Bericht von der Stillung des Sturms im Markusevangelium kürzlich eine tief gehende Wirkung auf mich gehabt. Zu meiner Überraschung haben die Worte Jesu „Warum seid ihr furchtsam? Habt ihr noch keinen Glauben?" (Markus 4,40) mich ermutigt. Ich weiß, diese beiden Fragen sind sehr herausfordernd. Aber da ich in einem Zuhause voller Furcht aufgewachsen war, jubelte ich darüber, dass ich nun sagen konnte: „Danke, Jesus, dass mein Leben als Erwachsener nicht von Furcht geprägt ist, wie es meine Kindheit war." Es erinnerte mich einmal mehr daran, dass seine Erlösung in meinem Leben real und wirksam ist.

Auf den Beginn des nächsten Kapitels im Markusevangelium reagierte ich hingegen ganz anders. Es beunruhigte mich, dass Jesus seine Jünger am Morgen nach einer der härtesten Nächte ihres Lebens in eine intensive Konfrontation mit einem von Dämonen besessenen Mann führte. Auch diese negative Reaktion überraschte mich. Ich liebe es, hart zu arbeiten, und ich liebe es, wenn sich in meinem Dienst Möglichkeiten auftun. Der Gedanke an ein Wunder auf See gefolgt von der Befreiung eines gequälten Mannes klingt wie eine großartige Sache. Warum also beunruhigte es mich?

Ich glaube nicht, dass ich darüber schon völlige Klarheit habe, aber eines ist für mich offensichtlich. Ich mag es nicht, wenn Entscheidungen, die mein Leben beeinflussen, über meinen Kopf hinweg getroffen werden. Verstandesmäßig ist mir klar, dass das ein Problem darstellt, wenn ich Jesus meinen Herrn nenne. Da er die Kontrolle über alles hat, kann er jede Entscheidung, die er für richtig hält, zu jeder Zeit treffen. Vom Kopf her möchte ich da schon mit ihm zusammenarbeiten, dennoch hab ich meine Schwierigkeiten damit zu akzeptieren, dass er das Recht hat, meine Pläne über den Haufen zu werfen.

Wenn ich im Leben bestehen will, dann muss ich auf die Botschaft hören, dass ich mich nicht zu fürchten brauche. Wenn ich aber auf höchstem Niveau bestehen will, dann muss ich auch mit ihm zusammenarbeiten, wenn er meine Pläne bestimmt.

Du bist dran

Notiere hier alle Verse, auf die du momentan eine Reaktion zeigst.

Verse, die mich ermutigt haben:

Verse, die mich beunruhigt haben:

Nur zum Spaß

Wenn du ein Kämpfer bist, findest du immer einen Weg.

Einmal konnte die Firma International Harvester keinen Stahl zu ihrer Fabrik in Melrose Park, Illinois, transportieren, weil die Gewerkschaft der LKW-Fahrer zum Streik aufgerufen hatte. Das Unternehmen konnte auch keine Fahrer einsetzen, die nicht in der Gewerkschaft organisiert waren, weil auf der Fernstraße Heckenschützen auf der Lauer lagen. Schließlich mietete das Unternehmen Schulbusse und verkleidete die Fahrer als Nonnen, belud die Busse mit Stahl und machte die Transporte. Schließlich würde niemand auf einen Schulbus schießen, der von einer Nonne gefahren wurde.[11]

Das Spiel beginnt.

Kapitel 4

Entscheide dich,
dir Ziele zu setzen

„Ein Mensch sollte sich seine Ziele so früh wie möglich stecken und all seine Kraft und sein Talent dafür einsetzen, sie zu erreichen. Mit genügend Anstrengung mag er sie erreichen. Oder er mag etwas finden, das sogar noch lohnender ist. Doch ganz gleich, wie das Ergebnis sein wird, er wird wissen, dass er lebendig war."
WALT DISNEY

Ein älterer Zimmermann plante, sich zur Ruhe zu setzen, und erzählte seinem Arbeitgeber von seinen Plänen, das Baugeschäft zu verlassen und sich seiner großen Familie zu widmen. Dem Bauunternehmer tat es leid, dass so ein guter Arbeiter gehen wollte, und er bat ihn, ihm als eine Art persönlichen Gefallen noch ein letztes Haus zu bauen.

Der Zimmermann sagte zu, aber mit der Zeit sah man, dass er mit seinem Herzen nicht bei der Sache war. Seine Arbeiten waren schlampig ausgeführt und er verwendete minderwertiges Material. Das war eine sehr unglückliche Art, eine Laufbahn voller Hingabe zu beenden. Als der Zimmermann mit seiner Arbeit fertig war, kam der Arbeitgeber, um sich das Haus anzusehen. Dann übergab er dem Zimmermann die Schlüssel und sagte: „Das ist Ihr Haus. Mein Abschiedsgeschenk an Sie." Der Zimmermann war schockiert. Wenn er nur gewusst hätte, dass er an seinem eigenen Haus baute, dann hätte er doch alles ganz anders gemacht.[12]

In Psalm 90,12 heißt es: „So lehre uns denn zählen unsere Tage, damit wir ein weises Herz erlangen!" Ziele helfen uns,

„unsere Tage zu zählen" und bestimmen, was als Nächstes in unserem Leben kommen soll. Dieses Kapitel wird den Druck von dir nehmen, wenn du meinst, dass du die Zukunft bereits kennen musst, um dir Ziele zu setzen; und es wird dich inspirieren, dich einfach nur darauf zu konzentrieren, das Offensichtliche zu tun, um in dem Abenteuer deines Herzens voranzukommen.

Die meisten von uns haben gute Absichten. Aber das Leben stellt seine Forderungen an uns und wir werden mit Alternativen und Entscheidungen geradezu überflutet, die uns leicht davon abbringen können, diese guten Absichten auch umzusetzen. Zwei Prozesse helfen uns, unsere Absichten Wirklichkeit werden zu lassen: *Prioritäten setzen* und *Ziele setzen*. Robert J. McKain sagt dazu: „Setze Prioritäten für deine Ziele. Ein wichtiger Bestandteil eines erfolgreichen Lebens ist die Fähigkeit, das Wichtigste an die erste Stelle zu setzen. Tatsächlich liegt der Grund, dass die meisten großen Ziele nicht erreicht werden, darin, dass wir unsere Zeit damit zubringen, weniger wichtige Dinge zuerst zu erledigen."

Was sind Prioritäten?

Prioritäten zu setzen, heißt zu bestimmen, was zuerst kommt. Es gibt zu viele Wahlmöglichkeiten im Leben, um zu allen Ja zu sagen. Daher brauchen wir ein System, mit dem wir bestimmen können, was wichtiger ist als anderes. Das ist eine Voraussetzung, um sich Ziele setzen zu können, denn wir können nicht entscheiden, worauf wir uns konzentrieren wollen, bevor wir nicht festlegen, was wirklich wichtig für uns ist.

Prioritäten sind großartige Freunde. Sie verleihen uns mehr Konzentration, mehr Energie, mehr Zuversicht in unseren Entscheidungen und größere Stabilität in unseren Gefühlen. Einer der großen Vorzüge von Prioritäten liegt darin, dass wir wissen, wozu wir Nein sagen wollen.

Wenn du über irgendeine Begabung verfügst, dann wird man dich bitten, für andere etwas zu tun. Und wenn sich erst einmal herumspricht, dass du bereit bist zu helfen, dann wirst du immer häufiger gefragt werden. Du möchtest die Menschen nicht enttäuschen, aber du möchtest dein Leben auch nicht auf Dinge verwenden, die dir trivial erscheinen. Prioritäten helfen dir zu erfassen, welche Dinge deine Aufmerksamkeit verdienen und welche du lieber anderen überlässt.

Was sind deine Prioritäten?

Um zu bestimmen, was deine Prioritäten sind, kannst du die Liste hier unten ausfüllen. Bewerte jeden Punkt mit A, B oder C. Gibst du einem Punkt ein A, dann heißt das, dass dieser Punkt sehr wichtig für dich ist. Du würdest an deinen A-Aktivitäten festhalten, auch wenn das bedeuten würde, dass du einen Punkt, der mit B oder C bezeichnet ist, weglassen müsstest. Eine B-Wertung bedeutet, dass dein Hauptaugenmerk nicht darauf liegt, aber es dennoch wichtig ist und du nicht das Gefühl hast, es einfach links liegen lassen zu können. Ein C bedeutet: Wenn es erledigt werden kann, ist das prima, und wenn nicht, ist das auch kein Problem. C sind jene Dinge, die du getrost weglassen kannst, wenn es einmal hektisch wird, oder die du weniger sorgfältig erledigen kannst, ohne dass dich das nervös macht.

_____ in guter körperlicher Verfassung sein

_____ eine schöne, saubere Wohnung/Haus haben

_____ enge Freundschaften pflegen

_____ beliebt und anerkannt sein

_____ als Familie Spaß zusammen haben (Ausflüge, Urlaub, Zeit zum Spielen)

_____ Erfolg im Beruf/in der Schule

_____ deine Talente zu voller Blüte bringen

_____ Dinge tun, die dir Spaß machen (Kino, Einkaufen, Computerspiele)

_____ Geld verdienen

_____ dich in deiner Gemeinde engagieren

_____ dich gesellschaftlich engagieren (Theatergruppen, Vereine, Sport)

_____ ein schönes Auto haben

_____ dich weiterbilden

_____ E-Mails verschicken und bekommen

_____ finanziell erfolgreich sein

_____ soziale Netzwerke (Facebook, Twitter, Blogs)

_____ moderne, angesagte Kleidung tragen

_____ Zeit alleine verbringen

_____ Zeit für dein Hobby haben

Nachdem du diese Liste ausgefüllt hast, zeige sie ein paar
Menschen, die dich sehr gut kennen. Bitte sie, die Liste
durchzusehen, und zwar aus zwei Gründen. Erstens können
sie so erfahren, was für dich wirklich wichtig ist, so dass sie
besser verstehen können, warum du tust, was du tust. Zweitens kannst du sie bitten, der Liste all das hinzuzufügen, was
ihnen aufgefallen ist und was du vielleicht übersehen hast,
denn „wo aber viele Ratgeber sind, findet sich Hilfe" (Sprüche 11,14 – Luther).

Bevor ich selbst diese Übung machte, hätte ich dir auf die
Frage nach meinen Prioritäten die Standardantwort gegeben. Das Wichtigste in meinem Leben ist meine Beziehung
zu Gott. An zweiter Stelle folgen meine Frau und dann meine Familie. Danach kommen meine Karriere und mein
Dienst und schließlich meine persönlichen Wünsche. Das
spiegelt in Teilen das wider, was mir wichtig ist, aber nachdem ich diese Liste durchgegangen war, wurde mir klar,
dass die Dinge, die mir im Leben wirklich wichtig sind, nicht
auf ein paar Punkte, die sich mit A, B, C usw. bezeichnen
lassen, reduziert werden können.

So wurde mir zum Beispiel deutlich, dass ich mental,
geistlich und gefühlsmäßig besser funktioniere, wenn ich regelmäßig Sport treibe. Ich bin mit Sport aufgewachsen und
die sportlichen Aktivitäten waren für mich in meiner Kindheit immer ein guter Weg, um den stressigen Situationen in
meiner Familie zu entfliehen. Für mich ist das Training so-
wohl sicherer Rückzugsort als auch Wettbewerb. Mir wurde
klar, dass sportliche Betätigung ein A ist, durch das alles in
meinem Leben besser wird, wenn ich diese aktiv und ausge-
wogen betreibe. Ich merkte auch, dass ein Teil meines Lebens sauber und sehr gut organisiert sein muss oder ich ver-
liere meinen Fokus. Das ist eine echte Herausforderung,
denn meine Familie ist ziemlich kreativ. Meine Frau und
meine Kinder schätzen kreative Betätigung und spontane

Gelegenheiten, was auch bedeutet, dass sie nicht so großen Wert darauf legen, dass die Dinge zu jeder Zeit an ihrem Ort liegen.

Nun möchte ich zwar nicht, dass es schwer wird mit mir zu leben, aber ich brauche in einem Teil meines Lebens doch eine gewisse Ordnung. Daher habe ich mit meiner Familie ein Abkommen geschlossen. Dazu gehört: Meine Garage ist meine Garage. Meine Werkzeuge sind gut sortiert und die wichtigsten hängen an einer Werkzeugwand. Meine Jungs dürfen die Garage benutzen, solange sie alles wieder an seinen Platz räumen, wenn sie fertig sind. Verstoßen sie gegen diese Vereinbarung, werden sie aus der Garage verbannt.

Der zweite Teil des Abkommens betrifft unser Wohnzimmer. Jeder in meiner Familie weiß, dass ich alles, was auf dem Boden des Wohnzimmers rumliegt, hinräumen kann, wo ich will. Manchmal bringe ich ihr Zeug in ihr Zimmer und manchmal auch in den Schuppen. Einmal habe ich den ganzen Kram sogar in Müllsäcke gesteckt. Ich sagte ihnen: „Ihr habt drei Tage zu entscheiden, was ihr aus den Säcken in der Garage behalten wollt. Alles, was nach drei Tagen noch drin ist, wird weggegeben." Sie glaubten wohl nicht, dass ich das wahr machen würde. Jetzt hoffe ich, dass noch jemand Freude an den Schuhen und dem Basketball hat.

Du bist dran

Was ist dir wirklich wichtig, das sich nicht auf einer typischen Prioritätenliste findet?

Mach es dir zum Ziel, dir Ziele zu setzen

Ziele setzen ist eine Fertigkeit, die jeder erlernen kann. Wenn wir ans Ziele setzen denken, dann stellen wir uns darunter gerne etwas für Geschäftsleute vor, die besonders erfolgreich sein wollen. Das ist aber gar nicht der Fall. Ziele setzen ist etwas für jeden Mann. Nach meiner Erfahrung sind die folgenden einige der Ausflüchte, die Männer finden, um sich keine Ziele zu setzen:

- Ich kann nicht wissen, was die Zukunft bringt, also nehme ich einfach das, was mir der Tag bringt.

- Ich glaube nicht, dass wir versuchen sollten, unser ganzes Leben zu planen. Das ist Gottes Aufgabe.

- Ich halte es für anmaßend, sich Ziele zu setzen. Das kommt mir vor, als würde ich Gott sagen, was er zu tun hat.

- Ich bekomme davon Kopfschmerzen.

- Ich brauche mir keine Ziele zu setzen. Meine Frau sagt mir, was ich zu tun habe.

- Ich habe in meinem Beruf keine Führungsverantwortung. Mein Chef setzt die Ziele, für die wir alle arbeiten.

Im Gegensatz zu diesen Ausflüchten erklärt Sprüche 16,9 „Das Herz des Menschen plant seinen Weg". Es gehört zum Menschsein dazu, zu planen, wo es hingehen soll. Und jeder von uns kann das tun, weil Ziele setzen einfach nur den Prozess bezeichnet, mit dem wir wählen, was als Nächstes kommt. Wir alle sind in irgendeine Richtung unterwegs.

Diese Richtung ist entweder bewusst gewählt oder zufällig. Du musst gar nicht wissen, was in fünf Jahren oder auch nur in fünf Tagen geschehen wird. Deine Aufgabe ist herauszufinden, was als Nächstes kommen soll, und dem dann mit deinem ganzen Herzen zu folgen.

In diesem Unternehmen ist Gott ein aktiver Partner. Die zweite Hälfte von Sprüche 16,9 lautet nämlich, „aber der Herr lenkt seinen Schritt". Während wir dem nachgehen, was in unserem Leben als Nächstes dran ist, leitet Jesus unsere Schritte in die Richtung, die am besten für uns ist. Wenn wir uns nicht bewegen, bekommen wir die Anweisung: „Setz dich in Bewegung. Erforsche dein Herz und wähle eine Richtung, ich werde dann deine Schritte bestimmen." Das können wir mit großer Zuversicht tun, denn Gott ist in unserem Leben voll engagiert. Das gleiche Prinzip wird in Sprüche 19,21 wiederholt: „Viele Gedanken sind im Herzen eines Mannes; aber der Ratschluss des Herrn, er kommt zustande." Wir haben die Freiheit, Pläne zu machen, weil Gott uns so geschaffen hat, und er hat versprochen, dass am Ende sein Ratschluss zustande kommt.

Ich kann dir mit großer Gewissheit sagen, dass Gott einen Plan für dein Leben hat. Er hat dich für diesen Zeitpunkt in der Geschichte geschaffen, weil es genau der Platz ist, an dem du sein sollst. Er hat dich mit Gaben und Talenten ausgestattet, weil er einen Auftrag hat, der durch dich erfüllt werden soll. Er kann dir nicht seinen gesamten Plan auf einmal erklären, weil er zu groß und zu kompliziert ist, um ihn in einem Schwung zu erfassen. So entfaltet er seinen Plan für dich Schritt für Schritt. Während das Ziel klarer wird, gewinnst du die Zuversicht, um Verpflichtungen einzugehen. Während du dein Ziel verfolgst, wächst du als Mann. Wenn du dem Ziel nahe kommst, wird sich eine neue Richtung auftun, die dich auf den nächsten Schritt in Gottes Plan für dein Leben führt. Das Drehbuch wird wieder und wieder durchgegangen, während Gott dich durch dein Abenteuer führt. Wir beteiligen uns an diesem Prozess, indem wir Ziele setzen, die uns helfen herauszufinden, was als Nächstes kommt. In meinem zweiten Studienjahr auf dem College hatte ich das starke Empfinden, dass Gott mich in den Dienst berief. Ich leitete zwei meiner Mitstudenten in der Jüngerschaft an und diese Aufgabe gefiel mir ausgesprochen gut. Eines Tages sagte ich zu mir selbst, *das möchte ich für den Rest meines Lebens machen.* Daher setzte ich mir ein Ziel: „Nach meinem Abschluss werde ich Mitarbeiter bei Campus für Christus und arbeite mit Studenten an unserer Hochschule." Ich war davon überzeugt, dass das Gottes Plan für mein Leben war, daher begann ich, Trainingskonferenzen dieser Organisation zu besuchen. Auf diesen Konferenzen entwickelte sich die Beziehung zu meiner Frau Pam. Als wir, kurz bevor unser drittes Jahr am College begann, heirateten, ging ich immer noch davon aus, dass wir nach unserem Abschluss gemeinsam bei Campus für Christus arbeiten würden. Dann wurde der Dienst an unserer Hochschule aufgelöst.

Alle aktiven Mitarbeiter beschlossen daraufhin, in ein und dieselbe Gemeinde zu gehen und zu versuchen, dort mit der Jugendgruppe der Gemeinde etwas Ähnliches aufzubauen. Das war mein Einstieg in den Gemeindedienst und ich liebte alles, was danach passierte. Ich sah, wie Teenager wichtige Entscheidungen trafen, nachdem sie entdeckt hatten, in welche Richtung sie gehen wollten. Darum setzte ich mir ein neues Ziel für mein Leben: „Ich möchte Jugendpastor werden. Bis 40 werde ich mit Teenagern arbeiten, dann werde ich mich noch mal neu orientieren."

Ich konzentrierte mich darauf meine Ausbildung abzuschließen und bekam dann einen Job in genau dieser Gemeinde, um mit jugendlichen Schülern und mit Studenten zu arbeiten. Der Dienst wuchs und viele dieser Studenten sind heute erfolgreiche Leiter in ihren Gemeinden. Nach acht

Jahren Jugendarbeit bemerkte ich jedoch, wie meine Gebete sich veränderten. Ich begann mit Gott über alle Bereiche der Gemeinde zu reden, vom Anbetungsgottesdienst, über die Männergruppe und das Leiterschaftstraining bis zum Kinderdienst. Eines Tages im Gebet kreuzte ein deutlicher Gedanke mein Bewusstsein: *„Tu was oder halt den Mund. Bill, wenn du denkst, du weißt, wie man eine Gemeinde leitet, dann geh hin und leite eine Gemeinde."* Boah, jetzt war ich verblüfft. Also setzte ich mir ein neues Ziel: „Auf unbestimmte Zeit möchte ich Prediger und Pastor sein."

1988 zog ich dann mit meiner Familie nach San Diego, um Pastor einer Gemeinde zu werden, in der ich fünfzehn Jahre predigte, diente und leitete. Als ich zwei Jahre dort war, bat ich Jim Conway mein Mentor zu werden, damit ich nicht aus Unerfahrenheit Fehler machte. Wir trafen uns zwei Jahre lang regelmäßig, bis er eines Tages sagte: „Sally und ich würden gern mit dir und Pam zusammen ein Buch schreiben, wenn ihr dazu bereit wärt." Ich hatte niemals zuvor daran gedacht, ein Buch zu schreiben. Es war mir nie in den Sinn gekommen, war nie Teil meiner Gebete und schon gar kein Traum von mir gewesen. Doch als Jim das sagte, wusste ich sofort, dass das ein Teil von Gottes Plan für mich war. So setzte ich mir ein neues Ziel: „Ich werde dieses Buch mit Jim und Sally zusammen schreiben und dann sehen, was passiert."

Das Buch wurde 1994 veröffentlicht und danach bekamen eines Tages wir einen Anruf.

„Hallo, ist dort Bill Farrel?!"

„Ja, am Apparat."

„Der Bill von Bill und Pam Farrel?"

„Genau der."

„Sprechen Sie beide auch auf Konferenzen zum Thema Ehe? Unsere Gemeinde plant eine Wochenendfreizeit und wir suchen noch ein Paar als Redner. Machen Sie so was?"

Pam und ich sahen einander an und ich erwiderte: „Sicher machen wir so was." Wir hatten nie darüber gesprochen, so etwas zu tun, oder auch nur davon geträumt, dass es einmal zu unserem Dienst gehören könnte, aber die Gelegenheit war deutlich, und so setzten wir uns ein neues Ziel: „Während ich weiter Pastor der Gemeinde bleibe, werden wir einen Teil unserer Zeit auf den Reisedienst verwenden, so dass wir noch mehr Menschen als bisher dienen können."

Ich ging davon aus, dass das meinen Lebensrhythmus für den Rest meiner aktiven Zeit bestimmen würde, und für die nächsten 14 Jahre schien das auch so zu sein. Dann wurden wir 2007 zweimal für die Sendung *Focus on the Family* interviewt und gaben einen Videokurs bei LifeWay Christian Resources heraus. Die Anfragen für Vorträge wurden immer zahlreicher. Wir mussten eine Entscheidung treffen und ich setzte mir ein neues Ziel: „Wir werden uns vollzeitig auf den Vortrags- und Literaturdienst konzentrieren, um damit so vielen Menschen wie möglich zu helfen, in ihren wichtigsten Beziehungen zu wachsen." Zu keinem Zeitpunkt in meinem Leben bis dahin hätte ich das als Gottes Plan erkannt, aber während es sich entwickelte, war jeder Schritt so deutlich, dass es unmöglich war, sich zu irren. Das bewirken Ziele in der Partnerschaft mit Gott für dich. Wenn du einfach das Nächstliegende tust, werden Gottes Absichten sich durchsetzen.

Geh einen Schritt

Wenn du lernst, das Nächstliegende zu tun, bewahrt dich das vor einem rein vom Zufall bestimmten Leben, wie es anscheinend die meisten Männer führen. Sie reagieren nur auf das, was geschieht, dann reagieren sie auf das Nächste und dann reagieren sie wieder, ohne einen Gedanken darauf zu verwenden, in welche Richtung sie eigentlich gehen sollten. Wenn du so lebst, kann ganz zufällig auch alles gut laufen, aber mit größter Wahrscheinlichkeit werden dich die zufälligen Resultate deines Lebens nicht zufriedenstellen.

Die einfachste Art, die ich kenne, um mit dem Setzen von Zielen anzufangen, besteht darin, einen SCHRITT (englisch: STEP) zu tun. Vier entscheidende Bereiche werden dir helfen, dein Leben zu strukturieren, wenn du ständig darauf achtest, was in diesen Bereichen als Nächstes dran ist. Die vier Bereiche sind:

Spirituelles (geistliches) Wachstum

Team

Energie

Produktivität

Dein spirituelles (geistliches) Wachstum

Wenn du Jesus als deinen persönlichen Erlöser kennst, ist dein Körper ein Tempel des Heiligen Geistes (1. Korinther 6,19). Er lebt in dir und seine Kraft steht dir zur Verfügung, um dir bei deinen Herausforderungen zu helfen, deine Beziehungen zu bereichern und dir die nötige Weisheit für Entscheidungen zu geben. Das ist eine Kraft, die es wert ist, bewahrt zu werden, und sie ist in eine Beziehung eingebunden, die gepflegt werden kann. Wenn du dir vornimmst, was du als Nächstes tun willst, um geistlich zu wachsen, dann planst du, wie du von dem profitieren kannst, was Gott dir zu geben hat.

Es beginnt mit den geistlichen Übungen. Denke zunächst über die folgenden Fragen nach, um dir Ziele für dein geistliches Wachstum zu setzen.

- Was möchtest du als Nächstes in der Bibel lesen?

- Was möchtest du als Nächstes in der Bibel studieren?

- Wie möchtest du auf dem Gebiet des Gebets wachsen?

- Möchtest du wegen einer Entscheidung, die in deinem Leben ansteht, fasten?

- Gibt es eine Predigtreihe, die du dir gerne anhören möchtest?

Wenn du dir über diese klassischen geistlichen Übungen Gedanken gemacht hast, kannst du auch noch über andere, unkonventionellere Methoden nachdenken, die für dich funktionieren. Manche Männer beten zum Beispiel gerne beim Wandern. Andere beten beim Training. Manche Männer nehmen sich gerne persönliche Auszeiten, in denen sie sich von den Menschen und allen Aktivitäten zurückziehen, um Zeit mit alleine Gott zu verbringen. Wieder andere führen ein Tagebuch, um ihre Gedanken zu fokussieren. Vielleicht möchtest du dir als Ziel setzen, etwas zu tun, das nicht typischerweise zu den geistlichen Übungen gehört, dir aber helfen wird, mit Jesus in Verbindung zu treten.

Zwei geistliche Aktivitäten haben sich für mich als besonders hilfreich erwiesen. Die erste ist die Gewohnheit, Jesus zu bitten, mich im Gebet zu leiten. Ich suche mir dann einen ruhigen Ort und sage zu ihm: „Okay, du zuerst." Dann gehe ich davon aus, dass jeder Gedanke, der mir danach in den Sinn kommt, etwas ist, wofür ich beten soll. Dabei denke ich nicht darüber nach, ob diese Gedanken positiv oder negativ, gut oder schlecht sind. Ich gehe einfach davon aus, dass Jesus alles am besten weiß, und vertraue ihm, dass er die Themen anspricht, die gerade am wichtigsten sind. Damit mache ich weiter, bis mein Verstand zur Ruhe kommt. An dem Punkt mache ich dann entweder mit meinen eigenen Bitten weiter oder lasse es für diesen Tag genug sein.

Die zweite Aktivität besteht darin, mir Predigten oder christliche Musik anzuhören, während ich im Garten arbeite. Mit den Händen im Dreck zu arbeiten, während ich meinen Verstand mit Wahrheit fülle, hilft mir irgendwie, Jesus näher zu kommen und Klarheit in mein Leben zu bringen. Diese beiden Methoden habe ich bislang in keiner der typischen Abhandlungen über geistliche Übungen gefunden, aber sie helfen mir, klarer zu denken und meinem geistlichen Wachstum eine Richtung zu geben.

Dein Team

Es gibt Menschen in deinem Leben, die außerordentlich wichtig für deinen Erfolg und dein Wohlergehen sind. Diese Beziehungen erfordern besondere Aufmerksamkeit und bewusste Anstrengungen. Du musst mit diesen Leuten Zeit verbringen, gemeinsame Aktivitäten planen und nach Wegen suchen, mit ihnen in Verbindung zu bleiben, damit die Beziehungen gedeihen können. Hier sind ein paar Bereiche deines persönlichen Teams, an denen du vielleicht arbeiten solltest:

FAMILIE
- ■ Wie viel Zeit will ich darauf verwenden, mit jedem Mitglied meiner Familie zu sprechen?

- Was möchte ich in diesem Jahr zusammen mit meiner Familie unternehmen?

- Frage ich sie regelmäßig, was sie gerade machen und wie es ihnen geht?

- Begegne ich jedem Mitglied meiner Familie mit Respekt?

- Weiß ich, wie ich jedes Mitglied meiner Familie motivieren kann?

FREUNDE
- Strebe ich nach dem, was am besten für sie ist?

- Ermutige und unterstütze ich sie?

- Suche ich mir Freunde, die darauf achten, was am besten für mich ist?

- Habe ich einen Plan, wie ich mit ihnen in Verbindung bleiben kann?

- Organisiere ich gemeinsame Aktivitäten oder nehme ich an solchen teil?

MENTOR(EN)
Ein Mentor ist „ein älterer – kluger und wohlwollender – Berater".[13] Der beste Mentor ist:

- Jemand, der gut in dem ist, worin du gerne gut sein möchtest.

- Jemand, der älter ist als du.

- Jemand, in dessen Gegenwart du dich wohlfühlst.

- Jemand, der mehr Lebenserfahrung hat als du.

- Jemand, der ein gesundes und produktives Leben führt.

- Jemand, den du als Vorbild ansehen würdest.

- Jemand, dem du zutraust, dich in die richtige Richtung zu lenken, wenn du vom Kurs abkommst.

- Jemand, dem gegenüber du bereit bist, dich zu verantworten.

- Jemand, dem gegenüber du ehrlich sein kannst, unabhängig davon, ob dir etwas gelungen ist oder ob du es vermasselt hast.

- Jemand, dem du dich in jeder Lage anvertrauen kannst.

Hast du einen Mentor in deinem Leben? Wenn nicht, solltest du dir vielleicht einen Mann suchen, dem du zutraust dir zu helfen, in einem bestimmten Bereich deines Lebens Fortschritte zu machen. Höchstwahrscheinlich wirst du in deinem Leben viele Mentoren haben. Du brauchst nicht unbedingt einen weiteren Vater, aber es gibt Männer in deiner Umgebung, die dir helfen können, schneller Fortschritte zu machen, als du es alleine könntest.

Deine Energie

Für alles, was du tust, musst du Energie aufwenden. Wenn du über mehr Energie verfügst, als du zur Bewältigung deiner Aufgaben brauchst, wird dein Leben relativ leicht und dein Stressniveau niedrig sein. Übersteigen deine Aufgaben das Maß an Energie, über das du verfügst, dann wirst du dich erschöpft fühlen und Stress wird dich wie dichter Nebel einhüllen. Deine Aufgaben kannst du nicht einfach beiseiteschieben, daher ist es entscheidend, bewusst etwas zu tun, damit dein Energieniveau so hoch wie möglich bleibt. Dazu musst du in die Bereiche deines Lebens investieren, die dir wichtig sind, wie zum Beispiel:

- Ausbildung

- emotionales Gleichgewicht

- Gesundheit

- soziale Kontakte

- Finanzen

- andere _____

Zu den Aktivitäten, die für dich wichtig sind, gehören vielleicht auch:

- Hobbys

- Sport

- Lesen

■ Zeit am Computer

■ Fernsehen

■ Musik hören

■ Einkaufen gehen

■ an den Strand gehen

■ andere _____

Für mich sind Fitness-Training und Romane lesen die beiden Bereiche, die meinem Leben am meisten Energie verleihen. Wenn diese beiden Aktivitäten regelmäßig genügend Raum in meinem Leben bekommen, dann habe ich normalerweise auch genug Energie für alles, was ich sonst noch tun muss. Vernachlässige ich diese beiden, kommt mir der Rest des Lebens anstrengender vor. Darum ist es für mich sinnvoll, immer einen Plan zu haben, was ich mir als Nächstes im Training vornehme und was ich in meiner Freizeit lese. Für dich kann es natürlich auch eine der folgenden Aktivitäten sein (oder etwas ganz anderes):

■ regelmäßig essen

■ acht Stunden pro Nacht schlafen

■ jeden Tag mit bestimmten Freunden sprechen

■ regelmäßige sportliche Übungen

■ an sportlichen Wettbewerben teilnehmen

■ ein Musikinstrument spielen

■ andere _____

Deine Produktivität

An Produktivität denken die meisten von uns, wenn es um Ziele geht. Jeder von uns steht vor der Aufgabe, seinen Lebensunterhalt zu verdienen, seine Familie zu versorgen und einen produktiven Beitrag zum Leben zu leisten. Daher ist es klug, zu überlegen, was du in deinem Beruf, deiner Aus- und Weiterbildung und im Hinblick auf deinen Einfluss auf andere als Nächstes tun willst.

■ Sofern du zur Schule gehst, welche Noten möchtest du in diesem Halbjahr erreichen?

■ Welche Art von Arbeit möchtest du machen?

■ Welche Position willst du auf deinem Gebiet erreichen?

■ Welche Fortschritte möchtest du in deiner beruflichen Laufbahn machen?

■ Welche Menschen möchtest du persönlich positiv beeinflussen?

■ Wie möchtest du deine Fähigkeiten, deine Zeit und dein Vermögen für die Gesellschaft einsetzen?

Wir alle wurden durch den Zusammenbruch von Tiger Woods deutlich daran erinnert, warum es so wichtig ist, unsere Ziele in allen vier Bereichen ins Gleichgewicht zu bringen. Seine sportlichen und damit beruflichen Erfolge sind Legende und er wird wahrscheinlich als der größte Golfer aller Zeiten in die Geschichte eingehen. Seine Auszeichnungen sind beeindruckend und haben dazu beigetragen, dass er finanziell für alle Zeiten ausgesorgt hat. Sein Privatleben hat sich jedoch als Desaster herausgestellt. Nachdem er Zehntausende von Dollar für außereheliche Sex ausgegeben hatte, verlor er den Respekt der Öffentlichkeit; seine Ehe wurde schwer beschädigt, die Beziehung zu seinen Kindern ist sehr belastet und die meisten seiner Sponsoren sind auf Distanz gegangen.

Nach all seinen großartigen Erfolgen und dem, was über ihn gesagt wurde, werden die meisten Menschen sich wahrscheinlich am ehesten an die Worte des schwedischen Golfers Jesper Parvenik erinnern, des Mannes, der ihn damals mit seiner Frau zusammengebracht hatte: „Wir haben gedacht, dass er ein besserer Typ sei, als er wirklich ist."[14] Wäre Tiger Woods mit seinem Privatleben genauso bewusst umgegangen wie mit seiner Karriere, würden wir ihn wahrscheinlich heute noch bewundern.

Fang an

Phil McGraw gibt einen großartigen Rat, wenn es um Ziele geht: „Erkenne dein Ziel, mach einen Plan und dann drück ab." Für die meisten Menschen wird es das Beste sein, sich auf jedem Gebiet auf nur ein Ziel zu konzentrieren. Dabei wird dir jeder Fortschritt, den du machst, zum Wachstum verhelfen. Dieses Wachstum wird dann auch wieder andere Bereiche deines Lebens stärken. So wird jedes Gebiet, auf dem du an dir arbeitest, zu persönlichem Wachstum führen. Dieses Wachstum wird einen Einfluss entfalten, der über das eine Ziel, das du dir gesetzt hast, hinausgeht. Wenn du bisher noch keine Erfahrung damit hast, dir Ziele zu setzen, dann solltest vielleicht mit kleineren, eher kurzfristigen Zielen anfangen, denn kurzfristige Ziele sind leichter zu erreichen. Wenn du dann die ersten Ergebnisse siehst, wird deine Motivation steigen und du wirst bereit sein für längerfristige Ziele. Mit der Zeit wird Ziele setzen zu einem festen Bestandteil deines Lebens werden. Ralph Waldo Emerson sagte: „Alles, was du immer wieder tust, wird leichter. Nicht, dass sich die Natur der Sache verändert hätte, aber deine Fähigkeit sie zu tun ist gewachsen." Um das Ziele setzen zu einer ständigen Gewohnheit zu machen, brauchst du eine Strategie.

Wähle Ziele, die deinen Prioritäten entsprechen. Geh zurück zu der Liste, der Dinge, die dir wichtig sind (Seite 99, 100), wenn du dir Ziele setzt. Frag dich selbst: „Helfen meine Ziele mir, die wichtigsten Dinge in meinem Leben zu erreichen?" Es nützt dir nichts, Ziele in Lebensbereichen zu setzen, die dir nicht viel bedeuten. Vielleicht kannst du dir selbst noch einreden, sie seien wichtig, aber es wird dir an Leidenschaft und Antrieb fehlen, um sie zu erreichen. Aktiviere die offensive Kraft, die Gott in deine Seele gelegt hat, und widme deine größten Anstrengungen deinen wichtigsten Unternehmungen.

Sei konkret, wenn du deine Ziele formulierst. Ziele funktionieren am besten, wenn sie messbar sind. Sind sie zu vage oder zu allgemein gefasst, kannst du nicht feststellen, ob du Fortschritte gemacht hast. Die effektivsten Ziele sind ganz konkret. Sich zu entscheiden, jeden Tag ein Kapitel aus Matthäus und ein Kapitel aus den Sprüchen zu lesen ist besser, als zu sagen: „Ich möchte diesen Monat mehr in der Bibel lesen." Zu entscheiden: „Ich werde jeden Dienstagabend eine Stunde mit meiner Frau über alles reden, was ihr auf dem Herzen liegt" ist besser, als zu sagen: „Ich muss mit meiner Frau mehr Geduld haben, wenn sie redet." Mich zu entscheiden, jeden Morgen vor der Arbeit 30 Minuten Fitness-Training zu machen ist besser, als zu sagen: „Ich muss wieder in Form kommen." Vage Aussagen sprechen zwar von guten Absichten, aber sie tragen wenig dazu bei, die Handlungen hervorzubringen, die Veränderung schaffen. Eine konkrete Verpflichtung auf ein konkretes Ziel ist eine starke Kraft für echte Veränderung.

Organisiere dein Leben so, dass diese Ziele erreicht werden können. Gib dich nicht damit zufrieden, dass deine Ziele nur ein paar Worte auf dem Papier sind. Gib ihnen Füße und lass sie laufen. Frag dich von Zeit zu Zeit, ob du deine Zeit und Kraft strategisch für die richtigen Dinge einsetzt, um deine Ziele zu erreichen, ohne abgelenkt zu werden. Nimm dir jeden Abend, bevor du zu Bett gehst, ein paar Minuten, um deine Ziele zu überdenken, und frag dich: „Was kann ich morgen tun, um das anzugehen, was als Nächstes in meinem Leben dran ist?" Überprüf einmal im Monat deine Fortschritte, indem du dich fragst: „Welche Fortschritte habe ich in diesem Monat gemacht? Womit kann ich mich selbst für die Fortschritte, die ich gemacht habe, belohnen?"

Widme dich von ganzem Herzen diesen Zielen. Oft erfordert es harte Arbeit, deine Ziele zu erreichen. Du musst bereit sein, alles dafür Nötige zu geben. Manchmal bedeutet das auch die Bereitschaft, andere Dinge zu opfern, wenn du auf ein Ziel hinarbeitest. Du wirst müde werden, du wirst intellektuell, körperlich, emotional und geistlich an deine Grenzen gehen, aber es wird dir Erfüllung bringen, wenn du merkst, dass dein Ziel die Mühe wert ist.

Korrigiere deine Ziele, wenn das offensichtlich sinnvoll ist. Manchmal treten Situationen ein, die dich dazu zwingen, deine Ziele neu zu bewerten. Es ist ganz in Ordnung, deine Ziele zu ändern wenn es nötig ist, denn es sind *deine* Ziele. Das Leben verändert sich, während Gott dich auf dem Weg führt, den er für dich vorgesehen hat. Denk daran, er gibt dir immer das, was du als Nächstes brauchst und normalerweise nicht den gesamten Plan auf einmal. Ziele setzen besteht zu einem großen Teil aus streichen und neu festlegen. Vielleicht erreichst du ein Ziel, nur um herauszufinden, dass es dich auf ein neues und ganz anderes Ziel hinführt. Lass dich dadurch nicht entmutigen. Durch diesen Prozess lernst du wichtige Lektionen, die dich auf den nächsten Abschnitt deines Abenteuers vorbereiten.

Du bist dran

Der nächste Schritt (STEP), den ich in meinem Leben machen werde, ist:

Im Bereich spirituelles (geistliches) Wachstum:
Hier stehen Bereiche geistlichen Wachstums, an denen du vielleicht arbeiten möchtest (wähle einen aus):

- ❑ Bibellesen

- ❑ Bibelstudium

- ❑ Bibelverse auswendiglernen

- ❑ Gebet

- ❑ Seminare/Freizeiten

- ❑ Medien (Podcasts, Radio, Video, Fernsehen)

- ❑ Gemeindebesuch

- ❑ Bücher

- ❑ Hauskreise

Im Bereich Team:
Bereiche deines persönlichen Teams, an denen du vielleicht arbeiten möchtest:

❑ Ziele mit meiner Ehefrau/Familie

Gemeinsame Zeit (täglich, wöchentlich, monatlich, vierteljährlich, Ferien)

Schulung (Seminare/Freizeiten, Bücher, persönliche Beratung, Kurse)

❑ Ziele mit meinen Mentoren

Muss ich mir einen suchen?

Lebensbereiche, auf die ich mich konzentrieren will:

Kandidaten:

❑ Ziele mit meinen Freunden

Gemeinsame Zeit
(täglich, wöchentlich, monatlich, vierteljährlich)

Aktivitäten:

Im Bereich Energie:
Wege für mich, Energie zu gewinnen:

Persönliches Wachstum

❑ Seminare/Freizeiten

❑ Bücher

❑ Persönliche Beratung/Seelsorge

❑ Kurse/online oder Medien

❑ Kleingruppen

❑ Hobbys

❑ Gesundheit

Im Bereich Produktivität:
Um zu bestimmen, welches Produktivitätsziel du dir setzen möchtest, beantworte dir selbst diese Fragen:

Was möchtest du in deinem Beruf als Nächstes erreichen?

Was möchtest du in deinem Dienst als Nächstes erreichen?

Auf wen möchtest du als Nächstes positiven Einfluss nehmen?

Berufliches Ziel (Beförderung, finanzielle Ziele, neue Beziehungen knüpfen)

Ziel für den Dienst (mehr Zeit widmen, weniger Zeit widmen, einen Dienstbereich finden, in Leiterschaft ausbilden lassen, jemand anderem helfen, das Gleiche zu tun wie du)

Mach es dir ab heute zur Gewohnheit, dir Ziele zu setzen, so dass du niemals sagen musst: „Hätte ich nur gewusst, dass ich an meinem eigenen Haus arbeite, dann hätte ich das ganz anders gemacht."

Nur zum Spaß

Manchmal werden strategische Pläne einfach falsch verstanden. Der Arzt erklärt dem Patienten: „Sie haben aber ein ganz schönes Übergewicht. Dagegen müssen Sie etwas tun. Schauen Sie mal, wenn man ihr Gewicht mit ihrer Größe vergleicht, müssten Sie 2 Meter 10 groß sein."

Einen Monat später kommt der Patient wieder zum Arzt. Der Arzt schüttelt den Kopf: „Das wird ja immer schlimmer mit Ihnen! Sie haben ja noch mehr zugenommen."

Der Patient antwortet verzweifelt: „Ich weiß ja, für mein Gewicht müsste ich 2 Meter 10 groß sein. Aber ich kann essen und essen was ich will – ich werde einfach nicht größer!"

Kapitel 5

Entscheide dich,
etwas zu tun

Untätigkeit führt zu Zweifel und Angst. Handeln führt zu Selbst-
vertrauen und Courage. Wenn du die Angst überwältigen willst, sitz
nicht zu Hause rum und denk darüber nach. Geh raus und leg los!
DALE CARNEGIE

Nachdem er seine erste Saison an der Highschool Football gespielt hatte, erzählte mein jüngster Sohn Caleb mir begeistert.

„Ich möchte am College Football spielen. Ich würde so gern an einer Schule spielen, die in der Division I spielt, aber ich wäre auch mit der Division I-AA oder II zufrieden. Ich will einfach spielen."

Ich war von seinem Wunsch und seiner scheinbaren Ent-schlossenheit beeindruckt. Jeden Tag sprach er davon. Jeden Tag träumte er davon. Und jeden Tag saß er zu Hause und tat nichts dafür.

Schließlich hatte ich genug von dem Gerede. Ich unter-brach ihn eines Tages und sagte: „Caleb, ich denke, du hast dir da ein großartiges Ziel gesetzt, aber du tust auch nicht annähernd genug dafür, um es zu erreichen. Wenn du Foot-ball auf Collegeniveau spielen willst, dann musst du an we-nigstens vier Tagen in der Woche im Trainingsraum sein. Du musst mehr laufen, mehr Trainingseinheiten ablegen, stär-ker werden. Das College ist nicht die Highschool. Dort brauchst du eine Menge mehr Entschlossenheit und Können. Also fang endlich an, dich auf das sportliche Niveau am Col-lege vorzubereiten oder hör auf, darüber zu reden."

Er starrte mich mit einem Blick an, der sagte: „Ich bin ertappt." Er gab keine Erklärungen ab und versuchte auch nicht, mit mir darüber zu diskutieren. Er ging einfach aus meinem Arbeitszimmer und fing an etwas zu tun. Er nahm die Herausforderung ernst, unterzog sich einem intensiven Trainingsprogramm und spielte in der Abschlussklasse der Highschool eine exzellente Saison. Während ich dieses Buch schreibe, bereitet er sich auf die zweite Saison am College vor. Er hat es geschafft, weil er etwas dafür getan hat.

Lauf in deiner eigenen Geschwindigkeit

Es ist unmöglich, ein entscheidungsfreudiger Mann und nicht zugleich auch sehr beschäftigt zu sein. Ich meine nicht jene Art von Beschäftigtsein, das dich dazu bringt, dein Leben Jahr für Jahr immer mehr zu beschleunigen, weil immer mehr zu tun ist. Ich meine die zielgerichtete Beschäftigung, die zu einem produktiven, effektiven Leben führt. Doch wie findest du heraus, wie beschäftigt du sein solltest? Wie findest du die gesunde Mitte zwischen *unter deinen Möglichkeiten bleiben* und *Burnout*?

Es fängt damit an, dass du deine eigene Geschwindigkeit findest. Jeder Mann hat eine Geschwindigkeit, mit der er am besten funktioniert, und er kann äußerst effektiv sein, wenn er sich entschließt, in seiner eigenen Geschwindigkeit zu leben. Ich mag die folgenden fünf Metaphern für die möglichen Geschwindigkeiten, in denen ein Mann leben kann: Muscle-Car (Serienwagen mit stärkerem Motor)[15], Sportwagen, Sattelschlepper, Paketwagen und Traktor.

Das Muscle-Car

Muscle-Cars beschreiben den Mann, der hohe Geschwindigkeit bei hoher Konzentration mag. Er stürmt gern voran und
sucht immer nach Gründen, aufs Gaspedal zu treten. Er liebt
schnelle Entscheidungen und große Gelegenheiten und ist
am glücklichsten, wenn er etwas vor sich hat, das seine Aufmerksamkeit und seinen ganzen Einsatz fordert. Er wird
schnell unruhig und oft hört man ihn sagen: „Auf geht's!" Er
würde eher etwas versuchen, das schief gehen kann, als he-
rumzusitzen und zu viel darüber nachzudenken, was passieren könnte.

Muscle-Car-Männer neigen zu großen Gesten. Sie haben
wahrscheinlich überragenden Erfolg im Leben gehabt und
höchstwahrscheinlich haben sie auch schon auf dramatische
Weise versagt, denn was immer sie tun, es ist etwas Großes.
Ihr größter Pluspunkt ist, dass sie nicht nach rechts oder
links schauen. Sie bleiben mit Klarheit und Entschlossenheit
auf das Ziel fokussiert. Sie kennen kaum Angst, denn die
Richtung ihres Lebens ist klar, unkompliziert und unbehin-
dert.

Ich hatte das Vorrecht, ein paar solcher Männer auf meinem Weg kennenzulernen. Dr. David Jeremiah ist ganz bestimmt so ein Muscle-Car. Ich durfte als Mitarbeiter der
Shadow Mountain Community Church für drei Jahre unter
seiner Leitung arbeiten und er bat mich damals zu untersu-
chen, auf welchem Weg unsere Kleingruppen am besten
wachsen konnten. Nachdem ich mit vielen Menschen in der
Gemeinde und später auch mit Mitarbeitern ähnlicher Dienste in anderen Gemeinden gesprochen hatte, kam ich zu dem
Schluss, dass eine predigtbasierte Kleingruppenarbeit genau
das war, was diese Gemeinde brauchte. Dr. Jeremiah ist einer
der begabtesten und bedeutendsten Bibellehrer unserer Zeit,
daher war es irgendwie logisch, dass Kleingruppen in seiner

Gemeinde am besten funktionieren würden, wenn er den Lehrteil übernahm. Nachdem er sich meinen Plan angesehen hatte, fragte er mich: „Würdest du das leiten?"

Seinen Führungsstil zu beobachten war eine faszinierende Schulung für mich. Shadow Mountain Ministries ist eine sehr wirkungsvolle Gemeinde. Da ist zunächst eine Gemeinde mit durchschnittlich 5.000 Gottesdienstbesuchern am Wochenende. Mit 20 % der Spenden unterstützt diese Gemeinde die Weltmission. Sie unterhält zwei Grundschulen, eine Junior Highschool und eine Highschool. Auf demselben Campus befinden sich auch das San Diego Christian College und das Southern California Seminary. Darüber hinaus sendet Turning Point Ministries die Predigten von Dr. Jeremiah auf 1.300 Radiostationen weltweit und bringt wöchentliche Fernsehsendungen in den Vereinigten Staaten, Kanada, Großbritannien, Europa, Australien und Neuseeland.

Ich werde nie vergessen, wie Dr. Jeremiah eines Tages im Gottesdienst verkündete: „Ich weiß, was in diesem Jahr unser großes Projekt als Gemeinde sein wird. Wir werden an einem einzigen Tag jedem Haushalt in unserer Stadt eine Bibel überreichen. Das Geld für den Druck der Bibeln wurde bereits gespendet. Um die Aufgabe durchzuführen, brauchen wir 1.500 Leute, die an einem Samstag zusammenkommen, um die Bibeln in die Haushalte zu bringen. Wenn du einer dieser 1.500 sein möchtest, kannst du dich heute Morgen dafür einschreiben." Er trat an dem Tag aufs Gas und wir haben es durchgezogen. Jeder Haushalt in unserer Stadt bekam ein Exemplar von Gottes Wort überreicht und man erzählte sich noch Monate später die Geschichten von Freude und Ablehnung, Ermutigung und Stärkung.

John ist ein weiterer meiner Muscle-Car-Freunde. Er arbeitet äußerst erfolgreich im Finanzsystem. Einmal sagte er mir: „Wovon ich was verstehe, ist Geld verdienen. Ich habe nicht die Geduld mich hinzusetzen und Menschen zuzuhören, also unterstütze ich lieber christliche Organisationen und helfe den Mitarbeitern, die diese Gabe haben, ihre Arbeit zu machen."

Zwei Erfahrungen haben dazu geführt, dass John in großen Dimensionen denkt. Erstens hat er in eine Beziehung zu Jesus gefunden, die ihm ein stabiles Fundament für seine Kraft gibt. Zweitens hat er zwei Brüder durch Drogen verloren. Seine Brüder waren begabte und großherzige junge Männer, die in der Welt der Drogen untergegangen sind und deren Träume und Hoffnungen lange vor ihrer Zeit ausgelöscht wurden. John liebte seine Brüder und war entschlossen, dass ihr Tod nicht umsonst gewesen sein sollte. Um ihr Andenken zu ehren und andere zu inspirieren, ein erfülltes Leben ohne Drogen zu leben, gründete er die Sundt Memorial Foundation. Das wichtigste Projekt dieser Stiftung ist die DVD-Serie „Natural High" (deutsch: „Natürlich high"), auf der Zeugnisse von Stars und Altersgenossen enthalten sind, die Teenager dazu auffordern, ihr eigenes natürliches High zu finden, und zwar ohne Drogen. Die Stiftung hat vier verschiedene DVDs produziert und ihr Ziel ist es, dass jede Schule in den USA eine solche DVD bekommt. Die jüngste DVD, *Natural High 4*, wurde im September 2009 an mehr als 90.000 Schulen geschickt und die Pädagogen haben sich verpflichtet, diese inspirierende Botschaft 1,1 Millionen Schülern zu zeigen.[16] Johns Gabe und Spezialität ist es, solche großen Aktionen zustande zu bringen, und die Welt profitiert davon.

Wenn du der Muscle-Car-Typ bist, dann lebst du mit höherer Geschwindigkeit und verfolgst größere Ziele als die meisten. Das kann aber auch dazu führen, dass du mit anderen, die sich langsamer und mit größerer Vorsicht bewegen, leicht ungeduldig wirst. Andere weisen dich auf die Gefahren auf dem Weg hin, aber du spielst die Hindernisse herunter, weil du es gewohnt bist, geradewegs auf den Erfolg zuzusteuern. Du wirst davon profitieren, wenn du auf Ratgeber hörst, die anders ans Leben herangehen als du, aber am Ende wirst du trotzdem immer auf der Überholspur sein.

Der Sportwagen

Einige von euch bewegen sich mehr wie Sportwagen. Diese Fahrzeuge machen Spaß, sind wendig und sie bevorzugen Straßen, die viele Kurven und schnelle Übergänge haben. Du lebst für die Überraschung, die hinter der nächsten Biegung auf dich wartet. Neue Gelegenheiten, neue Erfahrungen und neue Entdeckungen machen das Leben interessant. Ohne diese spontanen Bereicherungen wird das Leben für dich schnell langweilig und frustrierend. Anders als das Muscle-Car willst du nicht einfach nur schnell in eine bestimmte Richtung vorankommen. Du liebst Abwechslung und Entdeckungen. Dein Interesse an neuen Möglichkeiten lässt dich fast so schnell fahren wie das Muscle-Car, aber auf einer völlig anderen Straße.

Mein Freund Steve fährt mit Sportwagengeschwindigkeit. Er ist unberechenbar, spontan und immer in Bewegung. Er ist einer der inspirierendsten Männer, die ich kenne, und verfügt über eine unvergleichliche Fähigkeit, Menschen dazu zu bringen, Dinge zu tun, die sie normalerweise nicht tun würden. Ich liebe es, mit Steve abzuhängen, weil wir so viel Spaß zusammen haben.

Er und ich leiteten einmal eine Fahrradtour mit ungefähr 50 Jugendlichen entlang der kalifornischen Küste. Wir waren den größten Teil des Tages gefahren und machten es uns nun in der Gemeinde gemütlich, bei der wir unsere Übernachtung eingeplant hatten. Plötzlich platzte Steve heraus: „Jeder nimmt sein Handtuch und seinen Schlafsack und dann raus zum Bus."

„Was haben wir denn vor?", fragten ihn ein paar von uns.

„Wir wollen ein bisschen Spaß haben. Auf geht's."

Also machten wir uns auf den Weg zum Bus. Ohne genauere Erklärung schnappte sich jeder sein Handtuch und seinen Schlafsack und wir bestiegen den Bus. Dann fuhren wir an den Strand und alle stiegen wieder aus, um den Sonnenuntergang zu beobachten.

Das war zumindest der Plan gewesen. Aber es blies ein ziemlich scharfer Wind und es war kalt. Wir konnten gar nicht einfach am Strand sitzen und zusehen, wie die Sonne unterging, weil uns dauernd Sand in die Augen wehte. So kauerten wir uns schließlich in unsere Schlafsäcke eingewickelt hinter einige kleine Dünen und lugten hin und wieder hinaus, um einen kurzen Blick auf den Sonnenuntergang zu werfen. Es war schrecklich und wundervoll zugleich. Kein umsichtiger Mensch wäre auf so eine Idee gekommen. Kein vernünftig planender Mann hätte uns zu so etwas aufgefordert. Steve hat's einfach gemacht und noch heute ist es für uns eine großartige Erinnerung, über die wir dann und wann reden.

Es ist inspirierend, einem Sportwagen zu folgen. Steve war ein erfolgreicher Jugendpastor und ein einflussreicher Coach, und sein abenteuerlustiges Herz ließ ihn und seine Frau sogar in einigen Ländern Missionsarbeit leisten, die auf der „Liste der gefährlichsten Länder" des US-Außenministeriums stehen. Schließlich haben sie auch ein Kind aus einem dieser Länder adoptiert. Teenager aus 30 Jahrgängen waren Steve dankbar für seinen Einfluss auf ihr Leben, denn durch ihn entdeckten sie ein Potenzial in sich, das sie nie vermutet hätten.

Bei anderen Gelegenheiten kann es auch ganz schön irritierend sein, einem Sportwagen zu folgen. Steve geht sozusagen regelmäßig der Sprit aus. Er ändert seine Pläne, ohne andere, die davon betroffen sind, zu unterrichten. Er erklärt anderen nicht, was und warum er etwas tut, denn er ist sich ja selbst nicht sicher, was hinter der nächsten Kurve auf ihn wartet. Wir alle haben schon versucht, ihn ein wenig herunterzubremsen, aber wir haben herausgefunden, dass wir ihn gar nicht mehr so gern mochten, wenn er nicht um die Kurven schlitterte und nach neuen Abenteuern suchte.

Der Sattelschlepper

Manche Männer wirken eher wie ein Sattelschlepper. Sie kommen langsam in Fahrt und brauchen lange, um wieder zum Stehen zu kommen. Kurskorrekturen müssen sorgfältig bedacht werden und sie nehmen sich Zeit, ihre Route zu planen. Wenn Sattelschlepper erst einmal in Bewegung sind, dann fahren sie weite Strecken mit konstanter Geschwindigkeit ohne große Abweichungen. Ihr Tempo ist eher langsam und gleichmäßig. Sie bewegen sich nicht so schnell wie Muscle-Cars oder Sportwagen, aber sie können große Mengen an Verantwortung tragen und sie schreiten zuverlässig voran, bis die Arbeit getan ist. Sie wirken weder spektakulär noch flink, aber sie sorgen dafür, dass der Rest von uns ordentlich funktionieren kann. Diese Männer sind das Rückgrat unserer Gesellschaft, unserer Organisationen und unserer Gemeinden.

Mein Freund Peter ist ein solcher Mann. Er hat als Buchhalter und Controller gearbeitet und ist nun Finanzvorstand seiner Firma. Er liebt es, hinter den Kulissen zu arbeiten und hat keinerlei Verlangen, im Rampenlicht oder in der ersten Reihe zu stehen. Er kommt jeden Tag pünktlich zur Arbeit. Er macht Überstunden, wenn es nötig ist, aber er scheint nie von seiner Arbeit gestresst zu sein. Er lächelt, wenn er dich begrüßt, und scheint nie in Eile zu sein, selbst wenn Berge von Arbeit auf seinem Schreibtisch liegen. Vereinbarte Fristen hält er zuverlässig ein und er erstellt Berichte, die einfach und leicht zu verstehen sind, obwohl sie eine komplexe Zusammenstellung von Informationen enthalten.

Ich kann mich an nichts Besonderes erinnern, was Peter je gesagt hat, aber ich habe einen riesigen Respekt vor ihm. Er ist nicht spektakulär und er verlangt nicht nach Aufmerksamkeit. Aber er ist zuverlässig, beständig, unkompliziert im Umgang und bedächtig. Wenn ich mit ihm zusammen bin, weiß ich immer, was ich zu erwarten habe. Und ich bin immer wieder erstaunt, was er jede Woche schafft, obwohl es gar nicht so aussieht, als würde er besonders hart arbeiten. Er scheint immer in der Lage zu sein, eine kurze Pause einzulegen, wenn ich in sein Büro komme, um sich mit mir zu unterhalten. Er tut einfach das Richtige auf die richtige Weise, darum ist er so zuverlässig, vertrauenswürdig und beständig.

Der Paketwagen

Der Paketwagen-Mann trägt ein Schild auf dem Rücken mit der Aufschrift „Hält häufig an". Er ist stark an Menschen interessiert und sein Leben wird ständig von Gesprächen und Projekten unterbrochen, um anderen zu helfen. Jeder freut sich, wenn er kommt, weil er jedem das Gefühl gibt, wichtig zu sein. Er ist aufmerksam und ermutigend. Er geht mit Energie an die Sachen heran und hält dann an, um zu helfen. Er verpflichtet sich mit Begeisterung zu etwas und kommt wieder zum Stillstand, weil jemand, der ihm nahe steht, seine Hilfe braucht. Am Ende kehrt er wieder zu seiner Aufgabe zurück und legitimiert seine Verzögerung damit, dass er auf dem Weg jemandem helfen musste.

Damit du nicht denkst, diese Art sei etwas Schlechtes: Es scheint, dass Jesus oft mit dieser Geschwindigkeit unterwegs war. Sicherlich kann man den Erlöser nicht auf eine einzige Geschwindigkeit festlegen, aber diese hat offensichtlich zu seinem Leben gehört.

In Johannes 4,6 lesen wir: „Jesus nun, ermüdet von der Reise (durch Samaria), setzte sich ohne weiteres an die Quelle nieder." Dort verwickelte er die Frau aus Samaria in die wichtigste Unterhaltung ihres Lebens. In Johannes 5 ist Jesus in Jerusalem und feiert eines der jüdischen Feste, als er einem Mann begegnet, der „achtunddreißig Jahre mit seiner Krankheit behaftet war" (Vers 5). Jesus unterbrach das, was er gerade tat, um diesen Mann zu heilen. Einige Zeit später, „als er vorüberging, sah er einen Menschen, blind von Geburt" (Johannes 9,1). Er nahm sich die Zeit, diesem Mann das Augenlicht wiederzugeben, was die Auseinandersetzung mit den anderen religiösen Führern seiner Zeit weiter anfachte.

Der Traktor

Traktoren sind unglaublich nützlich, aber sie sind langsam. Wenn du versuchst, einen Traktor zu schnell zu fahren, bringst du alles durcheinander. Traktoren pflügen den Boden, graben Furchen, pflanzen Samen und bringen die Ernte ein. Sie bewegen Schnee, bewegen Dreck, bewegen Steine und bewegen Bauern. Traktoren fahren keine scharfen Kurven und sie bekommen nie einen Bußgeldbescheid wegen Geschwindigkeitsüberschreitung. Sie nehmen sich eine Auszeit, wenn das Wetter schlecht ist, und sie sitzen in Scheunen, bis sie gebraucht werden. Sie neigen dazu, sich auf eine Geschwindigkeit festzulegen und mit dieser Geschwindigkeit arbeiten sie dann den ganzen Tag. Wir nehmen sie als selbstverständlich hin, aber sie erledigen einige der wichtigsten Arbeiten auf unserem Planeten.

Mein Vater ist so ein Traktor. Er ist von Natur aus der zufriedenste Mann, den ich kenne. Er hat früher als Maschinenbauingenieur in der Raumfahrtindustrie gearbeitet und ging jeden Tag um die gleiche Zeit zur Arbeit und kam um die gleiche Zeit wieder nach Hause. Nicht *einmal* in seinem ganzen Leben hat er sein Haus umgebaut. Nie hat er an einem Auto irgendetwas verändert. Und er träumte auch keine großen Träume für sich selbst. Er tat einfach ruhig seine Arbeit. Wenn man mit ihm spricht, würde man nie auf den Gedanken kommen, dass er daran mitgewirkt hat, Menschen auf den Mond zu bringen.

Wenn es Zeit war sich zu entspannen, konnte er lange Zeit einfach nur dasitzen und fernsehen. Als er mit 48 einen Schlaganfall erlitt, fügte er sich, ohne zu klagen, in ein Leben mit weniger Möglichkeiten. Mit 65 setzte er sich zur Ruhe und begab sich in die Welt der ferngesteuerten Modellflugzeuge. Er baute Flugzeuge, half bei Wettbewerben und arbeitete im Vorstand des örtlichen Vereins. Als sein Augenlicht ihn mit 67 zu verlassen begann, steckte er auch das gelassen weg und war damit zufrieden, die meiste Zeit an seinem Computer zu verbringen.

Er ist einer der intelligentesten Männer, die ich kenne, und ich bin jedes Mal erstaunt, wenn ich mit ihm über aktuelle Ereignisse spreche. Auch war er für mich immer das beste Vorbild für Integrität, denn er hält alle seine Versprechen und Verpflichtungen hundertprozentig ein. Er macht einfach nicht viele Versprechen und geht nicht viele Verpflichtungen ein, denn Traktoren bewegen sich nicht so schnell.

Alles, was ich euch Traktor-Typen da draußen sagen kann, ist Folgendes: Als letztes Jahr an Weihnachten 60 Zentimeter Neuschnee auf dem Parkplatz vor dem Gebäude lagen, in dem unsere Wohnung ist, hielt ich weder nach einem Muscle-Car oder Sportwagen noch nach einem Paketwagen oder gar Sattelschlepper Ausschau, um uns aus dieser Lage zu befreien. Worauf ich wartete, war ein Traktor.

Du bist dran

Welches dieser fünf Fahrzeuge beschreibt am besten die Geschwindigkeit, mit der du durchs Leben gehen möchtest? Sei ruhig mutig in deiner Einschätzung. Du wurdest genau so geschaffen, weil das zu Gottes Plan für dein Leben gehört.

- Das Muscle-Car

- Der Sportwagen

- Der Sattelschlepper

- Der Paketwagen

- Der Traktor

Welche Korrekturen musst du vornehmen, damit du besser in der Lage bist, mit dieser Geschwindigkeit zu leben?

Finde deine Grenzen

Noch aus einem weiteren Grund ist es gut, sich zu einem aktiven Leben zu entschließen. Es hilft dir, die Grenzen deines Einflusses und deiner Wirksamkeit zu finden. Ganz offensichtlich hat jeder von uns sein individuelles Potenzial und wir können nicht alle auf dem gleichen Niveau von Produktivität, Einfluss und Autorität leben. Aber jeder von uns kann wahrscheinlich mehr erreichen, als es gegenwärtig der

Fall ist. Wenn du jede wache Stunde an jedem Tag deines Lebens in deiner optimalen Geschwindigkeit unterwegs sein könntest, dann würdest du so viel aus deinem Leben machen können, wie nur irgend möglich ist.

Doch keiner von uns lebt so. Wenn du entschlossen bist, dein persönliches Tempo zu finden und mit der für dich passenden Geschwindigkeit zu leben, dann wirst du ständig Korrekturen vornehmen, während du dich in der Nähe deiner Grenzen herumtreibst. Auf der Suche nach deiner Geschwindigkeit wirst du beschleunigen. Damit wirst du die Geschwindigkeit, die für dich am besten ist, vermutlich überschreiten, was zu Stress und Ermüdung führen wird. Als Reaktion darauf wirst du Geschwindigkeit rausnehmen, um wieder ins Gleichgewicht zu kommen. Während du auf die Bremse trittst, wirst du zu langsam, wodurch sich ein Gefühl der Enttäuschung einstellt, was ebenfalls zu Ermüdung führt. Also beschleunigst du wieder und der Zyklus beginnt von vorn.

Diese Suche nach den persönlichen Grenzen der Effektivität war die natürliche Haltung des Apostels Paulus.

- „Ich jage ihm aber nach ... dem, was vorn ist" (Philipper 3,12-13).

- „So wie ihr in allem überreich seid ... so möget ihr auch in diesem Gnadenwerk überströmend sein" (2. Korinther 8,7).

- „Dass ihr darin noch reichlicher zunehmt" (1. Thessalonicher 4,1).

- „Bewirkt euer Heil mit Furcht und Zittern" (Philipper 2,12).

■ „Ich zerschlage meinen Leib und knechte ihn" (1. Korinther 9,27).

Paulus wollte wissen, wozu er maximal fähig war, und er wollte mit der Geschwindigkeit leben, in der er am effektivsten sein konnte. Und genauso leben die meisten dynamischen Männer.

Einer der Schätze, die ich in meinem Büro aufbewahre, ist ein Football mit den Unterschriften der Washington Redskins. Die bekanntesten Namen darauf sind die von Darrell Green (Defensive Back und für eine Weile der schnellste Mann im Football) und Ken Harvey (Linebacker und viermal Mitglied des All-Star-Teams der NFL). Ich traf diese Männer in einer Gemeinde in der Gegend von Washington DC, wo Pam und ich auf zwei Konferenzen zum Thema Ehe sprachen. Ken war unser persönlicher Assistent, er sorgte dafür, dass es uns an nichts fehlte und fuhr uns von Ort zu Ort.

Das Erste, was mir an Ken auffiel, war seine beeindruckende körperliche Erscheinung. Seine Arme waren wie Vorschlaghammer, seine Schultern wie Berggipfel und man konnte sehen, wie sich jeder Muskel spannte, wenn er sich bewegte. Er hatte eine erfolgreiche Karriere als Profisportler hinter sich und sein Geld gut angelegt, so dass er es für den Rest seines Lebens auch langsam hätte angehen lassen können, wenn er gewollt hätte. Aber Ken gehört zu einer anderen Art von Männern.

Bei der Konferenz fragte uns Ken am Samstagmorgen, ob wir später am Tag etwas Zeit mit ihm verbringen wollten, was wir nur zu gerne taten. Als wir uns trafen, erzählte Ken: „Ich wollte mit euch reden, weil ich echt gerne Geschichten für Kinder schreibe, und ich von euch wissen möchte, ob ihr denkt, dass meine Geschichten gut genug sind für eine Veröffentlichung. Ich habe euch ein paar der Bücher mitgebracht, an denen ich bisher gearbeitet habe. Vielleicht könnt ihr euch die mal anschauen und mir ein paar Tipps geben."

Zuerst musste ich lachen. Ich konnte mir einfach nicht vorstellen, wie Kinder sich auf den Schoß dieses starken Mannes kuscheln, wenn er ihnen eine Geschichte vorliest. Meine zweite Reaktion war Bewunderung. Hier suchte ein Mann nach seiner Geschwindigkeit. Er wusste, dass er nicht einfach mit dem Leben aufhören konnte. Viele Jahre waren der Sport und der Wettkampf sein Leben gewesen. Er war es gewohnt, produktiv, aktiv und konzentriert zu sein. Er hatte es verstanden, seiner Leidenschaft für ein Spiel, das er liebte, zu folgen. Jetzt erkannte er, dass er Kinder liebte und dass er Kindergeschichten liebte, warum also sollte er seinen Traum nicht weiter verfolgen? Er war mit seinem Leben nicht unzufrieden; er wollte einfach nur in Bewegung bleiben. Er wollte all seine Jahre in Fülle auskosten, nicht nur die 11 Jahre, die er in der NFL gespielt hatte.

Rick ist ein anderer Freund, den ich sehr bewundere. Er ist ein Traktor, der aber auch ein dynamisches Leben führt. Er ist einer der treuesten und verlässlichsten Männer, die ich kenne, auch wenn er nicht sehr beeindruckend wirkt, wenn man ihm zum ersten Mal begegnet. Er und seine Frau haben zwei eigene Kinder großgezogen und dann hatten sie den Eindruck, dass Gott wollte, dass sie Pflegekinder aufnehmen. Sie nahmen ein Mädchen in Pflege, das aussah, als wäre es eines ihrer eigenen. Sie schlossen es sehr ins Herz, daher adoptierten sie es. Dann nahmen sie zwei weitere Mädchen auf, die ganz anders aussahen als ihre eigenen. Rick und seine Frau schlossen auch diese beiden Mädchen so sehr ins Herz, dass sie sie adoptierten. Schließlich nahmen sie noch den kleinen Jungen einer drogensüchtigen Mutter in Pflege und schlossen ihn genauso ins Herz. Inzwischen haben sie mehr adoptierte als eigene Kinder, aber Rick liebt sie alle gleich. Ich wäre nie auf den Gedanken gekommen, dass

Rick die Energie, das Mitgefühl oder den Antrieb hätte, um so viele Kinder aufzuziehen, aber er streckte sich nach seiner Grenze aus. Es hat sich gezeigt, dass diese viel weiter gesteckt war, als ich oder irgendjemand, der Rick kennt, je gedacht hätte.

Dann ist da noch Big John. Als ich als Pastor für die Kleingruppen verantwortlich war, sagte ich zu mir selbst: *„Der Mann hat ein großes Herz. Ich wette, er wäre ein großartiger Kleingruppenleiter."* Ich ermutigte ihn, eine Gruppe zu beginnen und versprach ihm, ihm am Anfang zu helfen.

„Ich weiß nicht, Bill", sagte er. „Ich werde darüber beten, aber ich konnte mich selbst nie in so einer Rolle sehen."

Ich gab ihm ein paar Wochen, um darüber nachzudenken, dann ging ich wieder auf ihn zu. Die gleiche Reaktion. „Ich werde weiter beten, aber ich bin mir einfach nicht sicher."

„Ich bin mir aber sicher, John", sagte ich zu ihm. „Ich bin mir sogar richtig sicher, dass du das wirklich gut machen würdest."

Ich wusste, dass er das machen sollte, aber ich konnte auch sehen, dass es ihm dazu an Selbstvertrauen fehlte. Er war Maler und Anstreicher und hatte den größten Teil seines Lebens in diesem Beruf gearbeitet. Wenn er mit seinen Händen arbeiten konnte, dann war er sich seiner Sache sicher, aber er konnte nicht sehen, dass er irgendwie in der Lage wäre zu lehren, zu leiten oder den Menschen seelsorgerlich zu dienen. Das konnte ich aber einfach nicht akzeptieren. Ich war überzeugt, dass er diese Aufgabe übernehmen sollte, daher beschloss ich, ihn so lange zu bedrängen, bis er entweder eine Gruppe begann oder mir klar sagte, dass ich aufhören sollte ihn darauf anzusprechen.

Ich weiß nicht, ob er die Gruppe schließlich begann, damit ich aufhörte, ihn damit zu belästigen, oder weil er in seinem Herzen zu einer neuen Überzeugung gekommen war, aber schon der Beginn war bemerkenswert. Dreizehn Männer kamen zu dem ersten Treffen am frühen Morgen. Schnell entstand zwischen ihnen und John eine vertrauensvolle Beziehung und dann öffnete sich einer der Männer ganz unerwartet bei diesem ersten Treffen. Darauf versammelten sich die anderen Männer um ihn und beteten für ihn.

John war verblüfft. Nach dem Treffen kam er direkt in mein Büro und sagte: „Du glaubst nicht, was eben passiert ist. Wir waren 'ne ziemlich große Gruppe. Du hättest sehen sollen, was Gott getan hat. Einer der Männer kam plötzlich mit ein paar wirklich ernsten Sachen heraus. Statt ihn zu kritisieren oder sich über ihn lustig zu machen, haben sich die anderen Männer einfach um ihn herumgestellt und für ihn gebetet. Du weißt, dass Männer normalerweise nicht gerne laut in der Öffentlichkeit beten, aber sie haben für ihn gebetet. Danke, dass du mich gedrängt hast, das zu machen."

Seitdem hat John keine Woche ausgelassen. Die Gruppe ist weiter gewachsen, so dass John inzwischen das Leben von 25 Männern mitprägt. Die meisten dieser Männer kommen aus ziemlich harten Verhältnissen, aber dort in der Gruppe wachsen sie gemeinsam und finden Hoffnung, Kraft, Weisheit und einen Fokus. Sie haben die Gruppe *Schrottplatz* genannt, weil sie glauben, dass Gott sie alle vom Schrotthaufen aufgesammelt, wieder instand gesetzt, poliert und in Männer verwandelt hat, die ein starkes Leben leben können. Wenn du ein bisschen Zeit mit John verbringst, hörst du ihn mit Sicherheit irgendwann sagen: „Hey, Gott macht keinen Schrott. Erklär mir nicht, dass er mit deinem Leben nicht fertig werden kann."

Ich liebe es, in der Gegenwart von Männern zu sein, die wissen wollen, wo die Grenzen ihrer Energie, ihres Einflusses und ihres Potenzials liegen.

Nimm dir Zeit,
in deiner eigenen Geschwindigkeit zu laufen

Als mein jüngster Sohn dabei war aufs College zu wechseln, erklärte ich ihm, dass sein Leben von nun an weniger in vorgegebenen Strukturen verlaufen würde, so dass er selbst mehr Verantwortung für seine Lebensplanung tragen würde. Ich bat ihn, einen Zeitplan aufzustellen, um herauszufinden, wie viel Zeit ihm nach seiner Einschätzung zum Arbeiten zur Verfügung stehen würde.

Er kam wieder zu mir und sagte: „Okay, Dad, ich hab mir meinen Terminplan mal angesehen und ich denke nicht, dass ich neben der Schule und dem Football noch viel Zeit für etwas anderes haben werde."

„Lass es uns mal zusammen durchgehen", sagte ich. „Wie viel Zeit brauchst du für die Schule?"

„Naja, ich hab 12 Unterrichtseinheiten plus Football."

Ich erklärte ihm, dass auf dem College normalerweise drei Stunden je Unterrichtseinheit angesetzt werden. Eine Stunde Unterricht in der Klasse und zwei Stunden für Hausarbeit und eigenes Studium. „Das heißt, fürs Studium brauchst du ungefähr 36 Stunden pro Woche. Wie viel Zeit, denkst du, brauchst du ungefähr für Football?"

Er dachte kurz nach und sagte dann: „Mit Fitness-Training, Spiel-Training und den Spielen schätze ich: so ungefähr 20 Stunden pro Woche."

„Das ist gut", sagte ich. „Was machst du mit den anderen 100 Stunden?"

Er zog die Augenbrauen hoch. „Was meinst du?"

„Naja, du hast 168 Stunden pro Woche, die du organisieren musst. Gerade hast du mir erklärt, wie du 56 Stunden zu verwenden gedenkst. Da bleiben dir noch 112 Stunden, mit denen du etwas anfangen kannst. Was willst du mit all diesen Stunden machen?"

Das war für ihn wirklich erhellend, ihm wurde bewusst, dass ihm mehr Zeit zur Verfügung stand, als er gedacht hatte. Wir alle haben 168 Stunden pro Woche, mit denen wir etwas anfangen können. Wir bekommen keine zusätzlichen Stunden, wenn wir unsere Sache gut machen, und uns werden auch keine Stunden abgezogen, wenn wir eine enttäuschende Woche erleben. In jeder Woche in jedem Monat in jedem Jahr deines Lebens hast du 168 Stunden, die du organisieren musst. Es hat keinen Sinn, irgendeine dieser Stunden zu verschwenden, indem du sie dir durch die Finger gleiten lässt.

Unsere Zeit ist uns anvertraut worden und wir müssen uns entscheiden, wie wir diesen Schatz einsetzen wollen. In dieser Zeit müssen wir eine Reihe von Aktivitäten zwingend unterbringen.

- *Schlafen.* Wir alle müssen schlafen, auch wenn wir unterschiedlich viel Schlaf benötigen. Bei einem gesundheitsbewussten Lebensstil liegt der Durchschnitt bei sieben Stunden pro Tag.

- *Zubereitung der Mahlzeiten und Essen.* Um ein gesundes Essen zuzubereiten, braucht man Zeit. Wenn du dich gut ernährst, fühlst du dich besser und verfügst über mehr Energie. Gehst du mit diesem Bereich nicht sorgsam genug um, dann nimmst du Nahrung zu dir, die dich lethargisch und langsam macht.

- *Körperpflege.* Du kannst Menschen nicht positiv mitprägen, wenn diese sich nicht gern in deiner Nähe aufhalten.

- *Persönliches Wachstum und Entwicklung.* Das Leben wird mit jedem Jahr komplexer, also müssen wir jedes Jahr weiter wachsen.

- *Arbeit.* Dein Beruf kann sehr leicht zu viel Zeit beanspruchen, aber es ist trotzdem dein Vorrecht und deine Verantwortung, dafür zu sorgen, dass deine Familie alles hat, was sie braucht.

- *Zeit mit Familie und Freunden.* Deine Frau und deine Kinder brauchen Zeit, die du mit ihnen verbringst. Gott hat dich in ihr Leben gestellt, damit du ihnen hilfst zu wachsen und gute Entscheidungen zu treffen. Auch deine Freundschaften brauchen Zeit, damit sie gedeihen. Diese Beziehungen sind immer hungrig und werden so viel Zeit in Anspruch nehmen, wie du ihnen geben kannst. Es hängt von dir ab, zu entscheiden, wie viel deiner Zeit du in diese wichtigen Beziehungen investieren kannst.

- *Gesellschaftliches Engagement.* Jesus sagt, der Pfad zur Größe besteht darin, anderen zu dienen. Um mit deinem Leben so viele Spuren wie möglich zu hinterlassen, solltest du dich irgendwo engagieren: in der Gemeinde, der Kindergruppe oder irgendeiner anderen gemeinnützigen Einrichtung.

- *Unterbrechungen.* Das Leben ist voller Unterbrechungen und Störungen, da es voller Probleme ist, die gelöst werden wollen. Aber auch die moderne Technik füllt unser Leben mit Geräten, die Unterbrechungen verursachen.

- *Hausarbeiten, Instandhaltung von Haus und anderem Besitz.* Leider neigt alles in deinem Leben dazu zu zerfallen, von Unkraut überwuchert zu werden, dreckig zu werden und sich abzunutzen.

- *Zeit zum Entspannen und Kräfte sammeln.* Du bist keine Maschine. Du bist ein Mann, der auch mal eine Auszeit und eine gute Mahlzeit braucht, um deine Batterien für die nächste Runde wieder aufzuladen.

Schaffe dir ein System

Wenn du deine Zeit organisieren willst, musst du ein System finden, das für dich funktioniert. Es sind viele Möglichkeiten dazu auf dem Markt, aber die effektiven unter ihnen haben alle ein paar Gemeinsamkeiten. Gute Systeme bieten dir die Möglichkeit, deinen Terminplan schriftlich festzuhalten. Niemand von uns verfügt über ein so gutes Gedächtnis, dass er alle Verpflichtungen im Kopf behalten könnte. Mein ganzes Leben lang habe ich Männer sagen hören: „Ich brauche mir meine Termine nicht aufzuschreiben. Ich hab sie alle genau hier." Und dabei zeigen sie auf ihre Stirn. Diese Männer haben ihren Terminplan entweder übermäßig schlank und leer gehalten und bleiben demnach unter ihren Möglichkeiten, oder sie sind nicht gut darin, ihre Zeit zu verwalten.

Du kannst deine Termine auf deinem Computer oder in deinem Handy organisieren. Vielleicht trägst du auch lieber einen Kalender mit dir rum, in den du hineinschreiben kannst, oder du behilfst dir einfach nur mit einer To-Do-Liste. Eventuell kaufst du dir ein fertiges System oder du entschließt dich, dein eigenes, ganz individuelles System zu entwickeln. Doch wie immer du dich auch entscheidest, nimm ein System, das du dann auch verwendest.

Mach es dir zur Gewohnheit

Wenn du ein System für dich ausgewählt hast, dann mach es dir zur Gewohnheit, auch regelmäßig damit zu arbeiten. Als Erstes markiere in deinem Kalender die feststehenden und unverrückbaren Termine. Arbeitest du zum Beispiel für ein Unternehmen, das von dir erwartet, während festgelegter Stunden im Betrieb anwesend zu sein, dann ist das unverrückbar. Du musst pünktlich dort sein (oder früher) und du musst bleiben, bis du wieder gehen darfst. Vielleicht hast du auch feste Zeiten zum Essen mit deiner Familie oder einen Stundenplan in der Schule oder Uni oder einen Übungsplan für Sport oder Musik. Halte diese schriftlich fest, bevor du dich mit den kreativen Möglichkeiten deiner Aktivitäten befasst, damit es dir zur Gewohnheit wird, Routineangelegenheiten auch routinemäßig zu behandeln.

Leg jede Woche eine Zeit fest, in der du deinen Terminplan für die folgende Woche erstellst. Das kann am Sonntagnachmittag, Mittwochabend, Samstagmorgen oder zu irgendeinem anderen Zeitpunkt der Woche sein. Der Sinn dieser Zeit besteht darin, deine Woche einmal aus der Vogelperspektive zu betrachten. Schreib die konkreten Termine, Verabredungen und Verpflichtungen auf, die bereits feststehen. Wenn man das jede Woche macht, wird Zeitplanung zu einer einfachen Angelegenheit, so dass du keine unnötige Energie dafür aufwenden musst, dein Leben zu organisieren.

Wähl schließlich noch eine Zeit, an der du jeden Tag deine Terminplanung für den kommenden Tag überprüfst. Wenn du das konsequent jeden Tag machst, wirst du jeweils nur ein paar Minuten dafür benötigen. Diese Zeit wirst du leicht wieder reinholen, weil du bedeutend effizienter durch deinen Tag gehen wirst.

Du bist dran

Bevor du deinen Terminplan niederschreiben kannst, musst du deine Zeit einteilen. Trage in die Tabelle unten die Zeit ein, die du für die genannten Aktivitäten jeweils brauchst. In die leeren Felder schreib Aktivitäten, die für dein Leben typisch sind.

Aktivität	benötigte Zeit/Woche
Schlaf	
Mahlzeiten zubereiten und essen	
Körperpflege	
Persönliches Wachstum und Entwicklung	
Arbeit	
Zeit mit Familie und Freunden	
Gesellschaftliches Engagement	
Unterbrechungen	
Hausarbeit, Instandhaltung von Haus und anderem Besitz	
Zeit für Entspannung und Kräfte sammeln	
Gesamt:	168 Stunden

Nur zum Spaß

Manchmal ist es ganz offensichtlich, dass man tätig werden muss.

Ein Geistlicher geht eine Landstraße entlang und sieht einen jungen Bauern, der mit einer Ladung Heu kämpft, die ihm vom Wagen gefallen ist.

„Dir scheint warm zu sein, mein Sohn", sagt der Geistliche. „Warum ruhst du dich nicht einen Moment aus und dann helfe ich dir."

„Nein danke", sagt der junge Mann. „Mein Vater wäre damit nicht einverstanden."

„Jetzt sei nicht dumm", sagt der Priester. „Jeder hat das Recht auf eine Pause. Komm und nimm einen Schluck Wasser."

Wieder protestiert der junge Mann und sagt, dass sein Vater wütend werden würde. Da verliert der Geistliche die Geduld und sagt: „Dein Vater muss ja ein richtiger Sklaventreiber sein. Sag mir, wo ich ihn finden kann, und ich werde ihm mal richtig die Meinung sagen."

„Nun", erwidert der junge Bauer, „er liegt unter dem Heuhaufen."[17]

Kapitel 6

Entscheide dich, besser zu sein

Unvermögen ist nicht tödlich,
das Unvermögen sich zu ändern hingegen möglicherweise schon.
JOHN WOODEN

B ei unseren Bemühungen um Erfolg ist es am besten, uns ehrlich einzugestehen, dass wir besser werden müssen. Tust du das nicht, gehst du das Risiko ein, Dinge zu tun, die nicht mehr deinem Alter entsprechen. Stell dir mal die Reaktionen von Arbeitgebern vor, wenn sie in Bewerbungsschreiben Aussagen wie die folgenden lesen.

- „Ich hatte die alleinige Verantwortung für zwei in Insolvenz gegangene Finanzinstitute."

- „Ich wurde völlig paranoid, vertraute absolut nichts und niemandem mehr."

- „Eigentlich möchte ich Meteorologe werden. Aber da ich das nicht gelernt habe, denke ich, ich sollte es mal an der Börse versuchen."

- „Ich schiebe die Dinge immer auf, besonders wenn es sich um unangenehme Aufgaben handelt."

- „Erfahrung im Herunterwirtschaften der gesamten Geschäftstätigkeit für ein Filialunternehmen im Mittleren Westen."

- „Bitte schließen Sie aus meinen 14 bisherigen Beschäftigungen nicht fälschlicherweise, dass ich nirgendwo lange bleiben möchte. Ich habe keinen dieser Jobs selbst gekündigt."

- „Der Grund, warum ich meine letzte Beschäftigung aufgegeben habe: Man bestand darauf, dass alle Mitarbeiter jeden Morgen um 8:45 Uhr an ihrem Arbeitsplatz erschienen. Unter diesen Bedingungen konnte ich nicht arbeiten."

- „Das Unternehmen hat mich zum Sündenbock gemacht – genau wie meine drei Arbeitgeber zuvor."

- „Referenzen: keine. Ich habe einen Pfad der Zerstörung hinter mir zurückgelassen."[18]

Man braucht nicht zu erwähnen, dass keiner dieser Leute eine Stelle bekam.

So eine Erfahrung willst du sicher nicht machen, daher „wachset aber in der Gnade und Erkenntnis unseres Herrn und Heilandes Jesus Christus!" (2. Petrus 3,18). Das ist der Schlachtruf im Leben eines Mannes. Wir müssen nicht vollkommen oder fehlerlos sein. Wir müssen nur besser werden. Wir sind dazu geschaffen, jedes einzelne Jahr unseres Lebens Fortschritte zu machen. Wir sind so gestaltet, dass wir in der Weisheit, in unseren Fertigkeiten, in unserem geistlichen Vermögen und in unserer Fähigkeit Entscheidungen zu treffen ständig wachsen. Wir alle sind fehlerhafte Persönlichkeiten mit großem Potenzial, daher ist Verbesserung jederzeit möglich.

Man kann darüber diskutieren, ob Adam auch vor dem Sündenfall wachsen musste. Dass er es jedoch nach dem Sündenfall musste, steht außer Zweifel. Wir sehen ihn, nachdem er und Eva von der Frucht gegessen haben, wie er sich vor Gott versteckt. Also ehrlich, er versteckt sich vor Gott?! Wer hat ihm denn diese Idee in den Kopf gesetzt? Wie kam er nur auf den Gedanken, dass das überhaupt möglich sein könnte?

2007 wurde ich Großvater und ich liebe es, mit meiner Enkeltochter zu spielen. Sie heißt Eden und so werde ich, wenn ich mit ihr Verstecken spiele, immer an das erste Versteckspiel im Garten Eden erinnert. Sie stellt sich dann zum Beispiel hinter den Mülleimer in der Küche und tut so, als sei sie unsichtbar. Oder sie zieht sich ein Handtuch über den Kopf und denkt, ich könnte sie nicht sehen. Wir lachen und schreien vor Freude, wenn sie dann schließlich aus ihrem Versteck kommt. Ein wunderschönes Spiel für ein Kindergartenkind. Wenn ein erwachsener Mann das gleiche Spiel mit Gott spielt, ist das weniger beeindruckend. Doch das ist genau das, was Adam tat.

Seitdem Adam sich entschloss, gegen Gottes klare Anweisungen zu rebellieren, wurde jeder Mensch mit der Notwendigkeit geboren zu wachsen (neben der größeren Notwendigkeit, Gottes Vergebung zu erfahren, aber das ist ein Thema für eine andere Gelegenheit). Diejenigen, die beständig wachsen, erleben in jeder Phase ihres Lebens ein gewisses Maß an Erfolg. Diejenigen, die nicht wachsen, werden jedoch eines Tages aufwachen und merken, dass sie den Anforderungen des Lebens nicht mehr gewachsen sind. Diese Männer haben oft spektakuläre Momente zu Beginn ihres Lebens, wenn das Energieniveau noch hoch ist und es nur wenige Beschränkungen gibt. Mit fortschreitendem Lebensalter reichen ihre Fähigkeiten aber immer weniger für die Herausforderungen des Lebens. Trotz all ihrer Anstrengungen entgehen ihnen Gelegenheiten, scheitern ihre Ehen, verlieren sie die Hoffnung oder die Selbstkontrolle, weil sie vom Leben überwältigt werden. Einige dieser Männer erkennen

dann die Notwendigkeit zu wachsen und versuchen verzweifelt aufzuholen, aber das scheint inmitten der Anforderungen, die Familie, Beruf und persönliche Bedürfnisse an
sie stellen, fast unmöglich.

Das muss nicht deine Geschichte sein. Es ist unmöglich,
während unserer Zeit auf Erden jemals perfekt zu sein, aber
jeder von uns kann in einem Jahr besser sein als heute. Und
in zwei Jahren können wir besser sein als in einem Jahr. Je
besser du wirst, desto leichter erscheint dir das Leben. Nicht,
dass das Leben weniger anspruchsvoll geworden wäre oder
dass dir aufgrund deiner Anstrengungen ein Freifahrtschein
erteilt worden wäre. Es ist nur so, dass deine Fähigkeiten, mit
den Herausforderungen des Lebens fertig zu werden, nun
besser entwickelt sind.

Die Gesetze persönlichen Wachstums

Wie also geschieht Wachstum? Wie arrangierst du dein Leben so, dass du auf einem kontinuierlichen Pfad der Verbesserung bleibst? Die Dynamik persönlichen Wachstums
hängt von der Anwendung von vier Prinzipien ab.

*Wachstumsregel Nr. 1: Du entscheidest dich, auf bestimmte Rat-
schläge in deinem Leben zu hören.* Wir leben in einer Welt mit
einer Überfülle an Information und mit unbegrenzten Möglichkeiten sich Rat zu holen. Während du mit diesem Meer
des Wissens in Interaktion trittst, wählst du einen Filter für
das, was du an dein Bewusstsein heranlässt, der von deiner
Lebensphilosophie abhängig ist. Vielleicht entscheidest du
dich, Informationen ganz willkürlich zu selektieren, weil du
glaubst, dass du am besten selbst beurteilen kannst, was für
dich gut und brauchbar ist und was nicht. Vielleicht wählst
du dir aber auch einen Mentor, der für dich die Informatio-

nen filtert. Das kann ein realer Mentor sein, mit dem du dich treffen und austauschen kannst, oder auch ein virtueller Mentor, der dir durch Bücher oder über das Internet hilft. Du kannst auch in der Blogosphäre oder in sozialen Netzwerken herumhängen, wo jeder seine Meinung dem öffentlichen Verzehr preisgibt. Oder du suchst dir einen religiösen Führer oder ein religiöses System, das deinem Leben Richtung gibt.

Mein Rat an dich ist: Filtere alles Gelesene und Gehörte durch die Wahrheit der Bibel. Das Wort Gottes ist „Gott-gehaucht". Das bedeutet, dass Gott selbst diese Informationen an menschliche Schreiber weitergegeben hat, die diese Wahrheiten ihren jeweiligen Persönlichkeiten entsprechend aufgezeichnet haben. Daher sind die Prinzipien der Bibel wahr, verlässlich und zeitlos.

Ganz gleich, wofür du dich entscheidest, du wirst immer auf den Rat von irgendjemandem hören. Wenn dieser Rat auf Wahrheit beruht, dann wird dein Leben auf einen gesunden, produktiven und verlässlichen Weg geführt. Beruht dieser Rat nicht auf Wahrheit, dann wird dein Leben sich in eine manipulierende, selbstzerstörerische oder verwirrende Reise verwandeln, die dich von deinem Potenzial fernhält und für eine Menge Turbulenzen in deinem Alltag sorgt. Der Rat, auf den du hörst, bildet das Fundament für dein Leben. Ausgehend von diesem Rat wirst du Beziehungen bewerten, deinen Berufsweg festlegen, deine Haltungen herausbilden und Verpflichtungen eingehen.

Es erstaunt mich immer wieder, wie viele Menschen sich nie die Zeit nehmen, in Ruhe zu prüfen, ob der Rat, auf den sie Tag für Tag hören, wahr und verlässlich, und ob er es wert ist, ihm zu folgen. Viele Menschen scheinen damit zufrieden zu sein, einfach dem Rat zu folgen, bei dem sie sich am wohlsten fühlen, unabhängig davon, ob der nun praktikabel ist oder nicht. Jesus aber fordert jeden Mann auf, sein

Haus auf einen Felsen zu bauen, der jedem Sturm standhalten kann, statt auf Sand zu bauen, der zusammenfällt und weggewaschen wird, wenn das Leben mal eine härtere Gangart einlegt (Lukas 6,47-49).

Wachstumsregel Nr. 2: Auf Grundlage dieser Ratschläge wirst du Entscheidungen treffen. Du holst dir Rat ein, weil du Entscheidungen treffen musst. Jeden Tag wirst du mit Hunderten Wahlmöglichkeiten konfrontiert. Viele davon sind kleinere Entscheidungen, wie zum Beispiel was du anziehen, was du essen, welche Sorte Zahnpasta du kaufen oder welches Handy du besitzen sollst. Das sind keine lebensverändernden Entscheidungen, aber sie müssen regelmäßig getroffen werden. Einige deiner Entscheidungen haben aber weitreichende Folgen. Wenn wirst du heiraten? Welchen Beruf wirst du ergreifen? Wie wirst du deine Kinder erziehen? Mit welchen Freunden wirst du deine Zeit verbringen? Wen wirst du wählen? Wo wirst du leben? Die Liste ließe sich noch verlängern. Dein Leben ist voller Wahlmöglichkeiten und jede Entscheidung beeinflusst deinen weiteren Lebensweg. Daher sollte man das Sprichwort *„Du formst deine Entscheidungen und deine Entscheidungen formen dich"* immer im Auge behalten.

Damit geben wir dem Wachstum in unserem Leben eine Richtung. Für die Notwendigkeit, Entscheidungen auf Grundlage der Ratschläge zu treffen, auf die wir gehört haben, kenne ich kein treffenderes Beispiel als die folgende Stelle aus Josua 24.

„So fürchtet nun den Herrn und dient ihm in Aufrichtigkeit und Treue! Und tut die Götter weg, denen eure Väter jenseits des Stroms und in Ägypten gedient haben, und dient dem Herrn! Ist es aber übel in euren Augen, dem Herrn zu dienen, dann *erwählt* euch heute, wem ihr dienen wollt: entweder den Göttern, denen eure Väter gedient haben, als sie noch jenseits des Stroms waren, oder den Göttern der Amoriter, in deren Land ihr wohnt! Ich aber und mein Haus, wir wollen dem HERRN dienen!" (Josua 24,14-15).

Zuerst gibt Josua den Rat: „So fürchtet nun den HERRN und dient ihm in Aufrichtigkeit und Treue! Und tut die Götter weg, denen eure Väter jenseits des Stroms und in Ägypten gedient haben, und dient dem HERRN!" (Vers 14). Und als Nächstes fordert er das Volk Israel auf, eine Wahl zu treffen: „Ist es aber übel in euren Augen, dem HERRN zu dienen, dann erwählt euch heute, wem ihr dienen wollt: entweder den Göttern, denen eure Väter gedient haben, als sie noch jenseits des Stroms waren, oder den Göttern der Amoriter, in deren Land ihr wohnt!" (Vers 15). Im Grunde sagt Josua hier Folgendes: „Ihr habt gehört, was Gott euch zu sagen hat. Aber ihr seid auch mit den Ratschlägen der Ägypter und den Ratschlägen eurer Väter, die anderen Göttern gedient haben, aufgewachsen. Jetzt ist es an der Zeit, euch zu entscheiden." Zum Schluss teilt Josua dann noch ganz öffentlich mit, welche Entscheidung er getroffen hat: „Ich aber und mein Haus, wir wollen dem Herrn dienen!" (Vers 15). Josua sagt allen anderen: „Ich habe die mir zur Verfügung stehenden Informationsquellen geprüft und ich habe mich entschieden, auf Gottes Wahrheit zu hören und die Entscheidungen in meinem Leben von dem abhängig zu machen, was ich von ihm lerne. Jetzt seid ihr dran. Wie entscheidet ihr euch?"

An diesem Punkt trifft der Kulturkampf auf dein Leben. Wir leben in einer Welt, die voller Stolz ist und danach strebt, sich selbst genug zu sein. Die Menschen wollen in dem Glauben leben, dass sie es selbst am besten wissen und keinen Input von außen brauchen. Daher ist der moderne Mensch auf einem Kreuzzug, um Gott aus dem täglichen Leben zu verbannen. Mit aller Macht hat der Mensch versucht zu beweisen, dass wir nicht geschaffen wurden und damit auch keinem Schöpfer gegenüber verantwortlich sind. Mit großem Aufwand haben Menschen den Mord an ungeborenen Babys legalisiert, um zu beweisen, dass wir unsere eigenen moralischen Maßstäbe setzen können. Mit stolzer Brust haben wir verkündet, dass wir für die Zerstörung unserer Umwelt verantwortlich sind und dass wir auch die Macht haben, sie wieder zu retten. Ohne Rücksicht auf zukünftige Generationen haben wir Schulden angehäuft und wir haben die Ehe neu definiert, so dass sie unserer Absicht dient, uns selbst von jeder ewigen Verantwortlichkeit zu befreien. Man kann nur zu dem Schluss kommen, dass der Mensch glaubt, unser Leben sei ein Zufall und dass alles das Ergebnis zufälliger und willkürlicher Entwicklungen über einen langen Zeitraum ist. Wer widerspricht, wird kritisiert und ausgelacht.

Dies macht immer deutlicher, wie notwendig es ist, sich zu entscheiden. Du kannst entweder den beliebigen Ratschlägen zuhören, die auf der begrenzten Perspektive anderer Menschen beruhen, oder du kannst auf die zeitlosen Wahrheiten hören, die vom Schöpfer des Lebens ausgehen. Hörst du auf willkürlichen Rat, dann wirst du von der modernen Gesellschaft in die Arme genommen und man wird dir für deine „Toleranz" applaudieren. Hörst du auf die zeitlosen Wahrheiten, dann wird man dich schwach, engstirnig und altmodisch nennen. Ich aber und mein Haus, wir wollen dem Herrn dienen, weil ich nicht bereit bin, meine ewige Zukunft von willkürlichen Schlussfolgerungen fehlbarer Menschen abhängig zu machen.

Wachstumsregel Nr. 3: Deine Entscheidungen beeinflussen deine Gefühle, die wiederum deinen Vorhaben entweder Energie geben oder nehmen. Das ist kein Thema, über das wir Männer gerne reden, aber die Wahrheit ist, wir sind alle emotional. Kannst du dir ein Leben ohne deine Gefühle vorstellen? Kannst du dir vorstellen, einen lustigen Film zu sehen, ohne zu lachen, einen Wettkampf zu gewinnen, ohne begeistert zu sein, oder bei der Geburt deines Kindes zuzusehen, ohne von Freude überwältigt zu werden? Kannst du dir vorstellen, dich nie zu verlieben, niemals die Ermutigung durch einen Freund zu spüren oder immer mit monotoner Stimme zu sprechen? Kannst du dir vorstellen, jeder Situation ohne Gefühlsregung zu begegnen, niemals Furcht oder Siegesfreude zu kennen?

So ein Mann zu sein wäre ein elender Zustand. Ich bin nicht dafür, dass Männer ihre Gefühle immer nach außen tragen und dauernd sagen: „Lass mich dir erklären, wie ich mich fühle." Ich möchte nur, dass wir begreifen, dass Gott uns die emotionale Energie gegeben hat, um unser Leben damit zu befeuern und unsere Effektivität zu erhöhen.

Durch Entscheidungen machen wir uns unsere emotionale Kraft zunutze, weil unsere Gefühle unseren Entscheidungen folgen. Triffst du gesunde Entscheidungen, die mit dem harmonieren, wie Gott das Leben eingerichtet hat, dann wirst du auch den Chancen in deinem Leben mit einer positiven Gefühlsreaktion begegnen, die deine Energie steigert, welche du dann wiederum einsetzen kannst, um deine Träume zu verfolgen. Triffst du andererseits Entscheidungen, die chaotisch sind und Gottes Wegen entgegenlaufen, dann werden auch deine Gefühle ins Chaos geraten und dir schließlich die Energie rauben, die du darauf hättest verwenden können, deine Träume voranzubringen.

Wachstumsregel Nr. 4: Dein Energieniveau bestimmt, wie effektiv deine Anstrengungen sein werden. Der Rat, auf den du hörst, die Entscheidungen, die du triffst, und die Energie, die dir zur Verfügung steht, haben einen weitreichenden Einfluss auf dich. Wenn diese alle in guter Ordnung und auf Gottes Willen für dein Leben ausgerichtet sind, dann wächst damit deine Energie exponentiell. Steht jedoch einer dieser drei Bereiche im Gegensatz zu Gottes Willen, wirst du ständig mit dir selbst zu kämpfen haben, um vorwärtszukommen. Wachstum wird für dich dann schwerer als nötig sein, das Leben anstrengender als es sollte, und deine Effektivität geringer als möglich.

Gefühle sind wie der Motor, der die Kraft erzeugt, um dein Auto zu bewegen, aber sie haben keine Ahnung vom Lenken. Ohne Lenkrad und Bremsen würde der Motor regelmäßig ein Desaster verursachen. Aber ohne Motor sind auch Bremsen und Lenkrad nutzlos. Deine Entscheidungen befeuern deine emotionale Energie, um dich in Bewegung zu setzen. Die Wahrheit lenkt dein Leben auf effektive Weise und deine gesunde Beurteilung liefert die Bremskraft, die dir hilft, mit der richtigen Geschwindigkeit zur richtigen Zeit durch die Kurven deines Lebens zu fahren. Wenn eine dieser Komponenten nicht richtig funktioniert, dann betrifft das dein ganzes Leben.

An Weisheit zunehmen

Zwei wichtige Wachstumsbereiche helfen uns, das Potenzial unseres Lebens zu nutzen. Der erste ist *Weisheit*. Weisheit ist eines der wertvollsten Besitztümer, die wir während unseres Abenteuers auf Erden je erlangen werden.

Denn Weisheit ist besser als Korallen, und alle Kleinode kommen ihr nicht gleich an Wert. (Sprüche 8,11)

Doch wer auf mich (die Weisheit) hört, wird sicher wohnen, kann ruhig sein vor des Unglücks Schrecken. (Sprüche 1,33)

Die Furcht des Herrn ist der Weisheit Anfang: eine gute Einsicht für alle, die sie ausüben. Sein Ruhm besteht ewig. (Psalm 111,10)

Da es einen Anfang der Weisheit gibt, muss es auch Fortschritte in der Weisheit geben. Wir können an Weisheit, Einsicht und Verständnis für das Leben zunehmen. Wie also erstellt man einen Plan, um Wachstum auf dem Gebiet der Weisheit zu generieren? Kurz gesagt erwirbst du Weisheit, indem du Fragen stellst. Je mehr du über das Leben lernst, desto deutlicher wird dir, dass du nicht viel weißt, woraus wiederum das Bedürfnis entsteht, noch mehr zu lernen. Daher ist die Entschlossenheit Fragen zu stellen eines der Zeichen von Reife.

Die Frage nach der Bestimmung. Der Schreiber des Jakobusbriefs sagt uns: „Wenn aber jemand von euch Weisheit mangelt, so bitte er Gott, der allen willig gibt und keine Vorwürfe macht, und sie wird ihm gegeben werden" (Jakobus 1,5). Im Kontext dieser Verheißung wird uns noch einmal bestätigt, dass diejenigen, die Gottes Willen suchen, zahlreichen Anfechtungen auf dem Weg ausgesetzt sein werden. Diese Anfechtungen sind wie die Schwierigkeiten, denen sich ein Sportler gegenübersieht. Er spürt Schmerz, erleidet Rückschläge und strapaziert seinen Körper auf dem Weg zum Sieg. Die Leute auf den Rängen haben zwar viele Meinungen zum Spiel, aber die Mühen, die damit verbunden sind ein Wettkämpfer zu sein, bleiben ihnen erspart.

Jakobus schrieb an Leute, die ihr Herz Jesus gegeben hatten. Sie hatten dem Evangelium von Christus geglaubt und wurden durch eine lebenswichtige Begegnung mit dem Heiligen Geist von Neuem geboren. Ihnen wurden die Sünden vergeben, sie empfingen ewiges Leben und wurden vom Gericht befreit. Daraus sollte logischerweise folgen, dass Gottes Segen auf ihrem Leben ruhte. Stattdessen wurden sie über das ganze Römische Reich zerstreut. Viele von ihnen wurden aus ihren Häusern und ihrer Heimat vertrieben, viele mussten ihren Beruf aufgeben und einige verloren wegen ihres Glaubens sogar geliebte Menschen. Sie waren überrascht, denn das Leben war nun härter als je zuvor. Logischerweise fragten sie da: „Warum? Warum geschieht das? Warum jetzt? Warum wird das Leben dieses anderen immer besser und meins immer schlechter? Warum muss ich so leiden, nachdem ich meinem Erlöser begegnet bin?" Diese Fragen nach dem Warum können leicht aufkommen, denn das Leben kann aus unserer begrenzten Perspektive wirklich sehr verwirrend sein. Jakobus rät daher: „Wann immer du nach dem Warum fragen willst, bitte um Weisheit."

Wenn du Gott um Weisheit bittest, kannst du das mit großer Zuversicht tun, denn er gibt sie „willig und macht keine Vorwürfe". Gott geht großzügig mit der Weisheit um und gibt gewöhnlich mehr als notwendig. Er will, dass wir Erfolg haben, und ist bereit, uns alle Weisheit zu geben, die wir brauchen, und noch etwas oben drauf, damit wir wachsen können. Er weiß, dass wir die Antworten auf all unsere Warum-Fragen nicht aus uns selbst hervorbringen können, darum verspricht er, uns Weisheit zu geben. Wir können vielleicht nicht verstehen, warum wir diese Situation gerade erleben, aber wir können immer erfahren, was der nächste Schritt ist, der zu Wachstum und Effektivität führt.

„Er macht keine Vorwürfe": Das bedeutet, dass Gott sich nie beschwert, wenn du um Weisheit bittest. Er wird dir niemals sagen: „Mit der Weisheit, die ich dir letztens gegeben habe, hast du nichts angefangen. Warum sollte ich dir schon wieder welche geben?" Er wird niemals ausrufen: „Dieser Mann hat nur 10 Prozent der Weisheit, die ich ihm gegeben habe, genutzt. Kann mir irgendjemand sagen, warum ich ihm noch mehr geben sollte?" Gott reagiert nie mit Zorn, Enttäuschung oder Frustration, wenn wir um Weisheit bitten. Er sagt einfach Ja und gibt uns dann so viel, wie wir tragen können.

Die Frage nach dem Ablauf. Weisheit ist die Fähigkeit zu wissen *wie.* Wenn du weise bist, dann verstehst du es, Wahr-

heit auf konkrete Situationen anzuwenden. Wenn du weise
bist, dann kannst du eine Unterhaltung so führen, dass die
Menschen diese mit einer klaren Richtung und gehobener
Motivation verlassen. Wenn du weise bist, dann weißt du ein
Projekt so zu steuern, dass es nach Plan und mit den vorgegebenen Ressourcen an Zeit und Geld zu Ende geführt werden kann. Weisheit fragt daher ständig: *„Wie? Wie kriege ich
das hin? Wie kann ich das angehen? Wie kann ich biblische Prinzipien auf diese Situation anwenden?"*

In der Bibel wird uns unvergängliche Wahrheit in Form
von Prinzipien vermittelt, die dann auf konkrete Situationen
in unserer Welt angewendet werden können, statt in starren
Regeln, die dann buchstabengetreu umgesetzt werden müssen. Um uns als vollwertige Partner zu beteiligen, hat Gott
viel von dem *Wie* des Lebens uns überlassen. Ich will ein
paar Beispiele geben, um zu erklären, wie das funktioniert:

In Hebräer 10,24 heißt es: „Lasst uns aufeinander Acht
haben, um uns zur Liebe und zu guten Werken anzureizen."
Das Ziel ist klar. Wir sollen herausfinden, wie wir einander
motivieren können, so dass Liebe und gute Werke unser Leben bestimmen. Andere sollen uns ansehen und sagen können: „Dieser Mann weiß, wie man liebt, und dieser Mann tut
anderen gut." Wir haben den Auftrag einander zu motivieren, aber es wird uns nicht gesagt, wie wir das tun sollen
(siehe Kapitel 7, Entscheide dich, zu lieben).

Jakobus 1,19 sagt uns, wir sollen „schnell zum Hören,
langsam zum Reden, langsam zum Zorn" sein. Mit anderen
Worten, wir sollen gute Zuhörer sein. Wir sollen weniger reden und wir sollen uns davor hüten, verärgert zu reagieren,
weil das beim Zuhören stört. Auch hier ist das Ziel klar: Wir
sind aufgefordert, den Prozess des Zuhörens zu beherrschen,
aber uns wird nicht gesagt, wie genau wir gute Zuhörer werden. Matthäus 28,19 beschreibt Gottes Plan für uns: „Macht
alle Nationen zu Jüngern." Wir wissen, Jünger sind entschlos-

sene Nachfolger Jesu, und wir wissen, dass „zu Jüngern machen" einschließt, sie zu taufen und sie zu lehren (Verse 19-20), aber die Methode, mit der dies erreicht werden soll, wird nicht näher ausgeführt. Ich glaube, das liegt daran, dass die Methode für jede Generation neu angepasst werden muss. Petrus, Jakobus und Johannes wären nie auf den Gedanken gekommen, dass es einmal so etwas wie das Internet mit zahlreichen Online-Bibeln geben würde. Nathanael, Matthäus und Andreas hätten sich nicht vorstellen können, dass es einmal gedruckte Jüngerschaftshandbücher in Hunderten von Sprachen geben würde. Das Ziel hat sich nicht verändert, aber wir haben heute Methoden zur Verfügung, die frühere Generationen für unmöglich gehalten hätten und die kommende Generationen als altmodisch ansehen werden.

Männer, die an Weisheit zunehmen wollen, fragen ständig: „Wie?" Männer, die damit zufrieden sind, unreif zu bleiben, zitieren einfach nur Bibelverse und hoffen, dass andere schon für sich selbst herausfinden werden, wie diese ins Leben zu übertragen sind. Sie weisen in eine Richtung, ohne klare Anweisungen zu geben, und wiederholen sich nur noch lauter, wenn sie nicht verstanden werden. Sie werfen anderen vor, aufmüpfig oder dumm zu sein, statt zuzugeben, dass sie selbst nicht genau wissen, was sie da tun.

Wenn du dich selbst in so einer negativen Bindung befindest, dann frag: „Wie?" Gott ist zwar mehr an deiner Effektivität interessiert als du selbst, aber er ist auch geduldig. Er wird warten, bis du mit dem ernsthaften Wunsch zu lernen zu ihm kommst. Bitte halte dir vor Augen, dass du Gott mit keiner dieser Fragen manipulieren kannst. Du kannst zu ihm nicht sagen: „O. k., ich spiele nach den Regeln. Ich frage, also musst du jetzt auch reagieren." Er durchschaut das sofort und wird diese Gelegenheit nutzen, dein Herz zu formen, so dass du zu einem Nachfolger wirst, der sich stärker bemüht.

Wenn du allerdings fragst, weil du wirklich mit ihm zusammenarbeiten willst, um anderen zu helfen, sieht die Sache ganz anders aus. Er sucht nach Männern, die sich mit ihm zusammentun wollen. Er sucht diejenigen, die ihn ernsthaft suchen. Er hat versprochen: „Und sucht ihr mich, so werdet ihr mich finden, ja, fragt ihr mit eurem ganzen Herzen nach mir" (Jeremia 29,13).

Die Frage nach dem Ausblick. Jede Aktion in unserem Leben verursacht eine weitreichende, langfristige Reaktion. „Was ein Mensch sät, das wird er auch ernten" (Galater 6,7). Weisheit umfasst die Möglichkeit, ein gutes Stück vorauszusehen und zu erkennen, wie die Entscheidungen von heute die Umstände von morgen beeinflussen werden. Männer, die nach Weisheit streben, bitten Gott um diese Art von Ausblick. Sie stellen ständig Fragen, die die weiteren Aussichten betreffen:

- Wie werden meine Handlungen von heute meine Möglichkeiten im kommenden Jahr beeinflussen, meine Kinder im kommenden Jahrzehnt und meine Enkel in der nächsten Generation?

- Wie beeinflussen meine heutigen Entscheidungen die Möglichkeiten meiner Firma bei zukünftigen Verhandlungen?

- Wie wird das Leben meiner Freunde durch das, was ich heute tue, positiv beeinflusst?

Das ist meiner Meinung nach der faszinierendste Aspekt weiser Männer. Ich werde am stärksten von Männern inspiriert, die in sich die Fähigkeit kultiviert haben, in der Geschichte weit vorauszublicken und die weitreichenden Konsequenzen ihrer heutigen Taten zu erkennen.

Bill Bolthouse ist einer dieser Männer. Ich begegnete Bill zum ersten Mal in den 1980ern, als ich als Jugendpastor in einer Gemeinde in Mittelkalifornien arbeitete. Ich hatte zu der Zeit keine Ahnung, dass er der Eigentümer eines der größten Karotten produzierenden Betriebe der Welt war. Nachdem ich das aber herausgefunden hatte, fing ich an, mir Notizen darüber zu machen wie Mr. Bolthouse Bolthouse Farms führte.

Er verpflichtet sich selbst zu absoluter Ehrlichkeit in all seinen Verhandlungen, weil er glaubt, dass alles, was man heute sagt, Teil des zukünftigen Geschäfts wird. Er erklärte mir, dass man ein perfektes Gedächtnis braucht, um sich an alle seine Lügen zu erinnern, dass man sich aber an die Wahrheit immer erinnern kann.

Sein Unternehmen war 24 Stunden am Tag damit beschäftigt, Karotten und ihre Nebenprodukte zu erzeugen, und er wusste, dass er nicht rund um die Uhr dabei anwesend sein konnte. Also umgab er sich mit Menschen, die seine Werte teilten, weil er wusste, dass sie genau das tun würden, was auch er getan hätte. Bill gab für jede seiner Schichten einmal im Jahr ein Festessen, um ihnen für ihre Arbeit zu danken und um über seinen persönlichen Glauben an Christus zu sprechen. Daher wusste jeder, warum Ehrlichkeit, Integrität, Hingabe und ungeteilte Konzentration die Werte seines Unternehmens waren. Er verlangte nicht, dass alle seine Angestellten dasselbe glaubten wie er, aber er wusste, wie viel Klarheit es einem Unternehmen gibt, wenn jeder weiß, warum die Firmenleitung das tut, was sie tut.

Heute beschäftigt Bolthouse Farms im Jahresdurchschnitt mehr als 2.400 Mitarbeiter und verschickt jeden Monat mehr als 35.000 Tonnen Karottenprodukte.[19] Als Teil ihrer Unternehmensphilosophie zitieren sie 1. Korinther 3,6: „Ich habe gepflanzt ... begossen, Gott aber hat das Wachstum gegeben."

Bill gründete auch eine Stiftung, die mit ähnlicher Klarheit arbeitet. 2005 verkaufte er seine Anteile an Bolthouse Farms und gründete die Bolthouse Foundation, „um den Herrn Jesus Christus durch Unterstützung mildtätiger und religiöser Organisationen, deren Dienst, Ziele und Prinzipien denen des evangelikalen Christentums entsprechen, zu verherrlichen".[20] Die Stiftung hat schon viele Gemeinden und zahlreiche Organisationen überall auf der Welt unterstützt, weil Bill die Weisheit hatte, dafür zu sorgen, dass seine Arbeit Langzeitwirkung hat.

Die kurzsichtige Spirale

Bedauerlicherweise fehlt vielen Männern diese Perspektive. Sie scheinen nicht in der Lage zu sein zu beurteilen, wie ihr Handeln in dieser Woche den Lauf ihres Lebens verändern wird. Am deutlichsten wird das heutzutage im Bereich der Pornografie. Zunächst wollen wir uns mal der Tatsache stellen, dass da ein Angriff gegen uns läuft. Als ich aufwuchs, mussten Männer schon echte Umwege machen, um sich irgendeiner Form von Pornografie auszusetzen. Ich hätte damals in ein spezielles Geschäft oder einen Klub gehen müssen. Dort hätte ich etwas kaufen und mit nach Hause nehmen müssen, um Zugang zu sexuell freizügigen Darstellungen zu bekommen.

Heute ist das anders. Es gibt eine milliardenschwere Branche, die durch unsere Computer auf uns abzielt.[21] Sie sucht den Weg zu uns, will unsere Aufmerksamkeit fesseln und unsere Seelen verschmutzen. Der Angriff läuft, und du und ich, wir sind die Ziele. Es ist erstaunlich, wie viele Männer sich dieses Krieges gar nicht bewusst sind. Männer scheinen nur allzu bereit zu sein, sich selbst zu betrügen, und geben sich mit einer halbherzigen Erwiderung auf einen heftigen Angriff zufrieden. Hast du auch schon mal versucht, dein Verhalten mit Entschuldigungen wie diesen zu rechtfertigen?

- Ein bisschen Beschäftigung damit wird schon nicht schaden.

- Ich kann damit umgehen.

- Ich muss doch wissen, womit andere Männer zu kämpfen haben.

- Ich weiß, dass es falsch ist, aber ich bin sicher, Gott wird mir vergeben.

- Ich habe einfach zu viel Stress und das hilft mir, mich besser zu fühlen.

- Es schadet doch niemandem.

- Ich habe dadurch keine Veränderung in meinem Leben festgestellt.

Im Grunde wissen wir es alle besser. Wir alle wissen, dass Pornografie ein armseliger Ersatz für eine intime Beziehung mit unserer Ehefrau ist. Wir alle wissen, dass wir über unsere Augen stimuliert werden und dass es unmöglich ist, gleichzeitig auf Gott oder eine gesunde Beziehung fokussiert zu bleiben, wenn wir uns diese nicht jugendfreien Sachen anschauen. Wir alle wissen, dass Pornografie eine abnehmende Wirkung zeigt. Je länger du dieser Art von Inhalten ausgesetzt bist, desto länger brauchst du, um die gleiche Reaktion in deinem Körper und deinem Bewusstsein hervorzurufen. Vom Kopf her wissen wir das alle, aber vielen von uns scheint das Verständnis zu fehlen, dass unsere Beschäftigung mit solchen Sachen letztlich uns und alles, was uns wichtig ist, ruinieren wird.

Falls du damit zu kämpfen hast, will ich dir den besten Rat geben, den ich kenne, wie du das wieder unter Kontrolle bringen kannst, so dass es nicht mehr dein Leben bestimmt.

Gib zu, dass es ein Problem für dich ist. Der männliche Sexualtrieb ist zugleich schrecklich lästig und ganz wundervoll. Wenn wir die darin enthaltene Energie auf eine gesunde, liebevolle Beziehung konzentrieren, ist er außerordentlich wertvoll. Richtet er sich aber nur auf die eigene Befriedigung und die Befreiung von Stresssymptomen, dann ist er außerordentlich anstrengend. Eine ruhige Seite gibt es nicht an deinem Sexualtrieb. Er ist entweder ein wunderbarer Freund oder ein fordernder Gegner. Wenn er sich der dunklen Seite zuwendet, musst du es ans Licht bringen.

Suche den Austausch mit Freunden, denen du vertraust. Ich kann dir versichern, dass du nicht allein bist in diesem Kampf. Andere Männer, die du kennst, kämpfen ebenfalls damit und schämen sich, das zuzugeben. Wenn du bereit bist, offen von deinen Kämpfen zu sprechen, dann kannst du Freunde finden, die ebenfalls bereit sind, offen von ihren Kämpfen zu sprechen. Aber sei nicht naiv. Nicht jeder Mann möchte diese Art von Freundschaft. Du musst beten und solche Freunde bewusst suchen. Wenn du sie einmal gefunden hast, dann triff dich regelmäßig mit ihnen. Lest zusammen die gleichen Bücher, studiert die Bibel gemeinsam und betet zusammen. Stellt einander diese schwere Frage: „Wie kommst du mit der Pornografie zurecht? Wie sieht es in deinen Gedanken aus? Hast du dich diese Woche mit irgendetwas beschäftigt, das deine Beziehung zu Gott, deiner Frau oder deinen Kindern beeinträchtigt?" Gerade wenn die Schlacht am härtesten ist, kämpfen Soldaten Schulter an Schulter.

Lass Jesus in deine Versuchung hinein. Versuchungen wollen uns immer dazu bringen, dass wir uns vor Gott verstecken. Wenn du Jesus aber einlädst, mitten in deine Versuchung hineinzukommen, dann wird der Erfahrung das Geheimnisvolle genommen und der Teil der Versuchung, der uns dazu verleiten will, uns zu verstecken, löst sich auf. Ich habe gemerkt, dass mich das in eine bedeutend bessere Position bringt, denn nun kämpfen Jesus und ich zusammen und ich versuche nicht länger, es alleine zu schaffen. Es ist gar nicht so einfach, unmoralische Gedanken in dir zu bewegen, wenn du Jesus erst mal eingeladen hast, dabei zu sein.

Denke oft darüber nach, dass du ein Mensch bist, der ausgesondert wurde. Die Bibel sagt, dass wir als Gläubige durch das erlösende Werk, das Christus am Kreuz vollbracht hat, heilig gemacht wurden. Das heißt, wir wurden für Gott ausgesondert, um ihm zu dienen und ihn zu loben. Nun repräsentieren wir Jesus hier auf Erden. Wir sind nicht deshalb heilig, weil unser Verhalten so perfekt ist, sondern weil wir der Tempel des Heiligen Geistes und Botschafter des Evangeliums sind. Wenn wir unser Leben aus diesem Blickwinkel betrachten, dann werden wir jede Anstrengung unternehmen, unser Leben sauber und frei von Verunreinigungen zu halten.

Begrenze deine ungenutzte Zeit. Jeder von uns braucht Auszeiten, um sich vom Stress zu erholen und in Herz und Verstand neue Kraft für den nächsten Kampf zu sammeln. Doch die meisten von uns haben mehr solcher Auszeiten, als wir wirklich brauchen. Die effektivsten Männer, die ich kenne, planen auch ihre Auszeiten bewusst. Sie schreiben ihre Arbeitszeiten, ihre persönlichen Verpflichtungen, Verabredungen mit ihrer Frau und Unternehmungen mit ihren Kindern in ihren Kalender. Aber auch ihre Freizeitaktivitäten schreiben sie auf. Sie wollen sicherstellen, dass sie in ihrer freien Zeit Dinge tun, die ihr Leben ins Gleichgewicht bringen, und damit wollen sie auch dafür sorgen, dass sie nicht nur herumsitzen und sich fragen, was sie als Nächstes tun könnten.

Finde einen Traum, der groß genug ist, dass du bereit bist, dafür die richtigen Entscheidungen zu treffen. Als er 18 wurde, habe ich meinen ältesten Sohn gefragt: „Was machen wir als Eltern richtig gut?" Seine erste Reaktion war: „Ihr gabt mir einen Traum, der groß genug ist, dafür Opfer zu bringen. Ihr habt mir geholfen, etwas zu finden, für das es sich zu leben lohnt und das mein Herz fasziniert."

Wenn du einen Traum, eine Leidenschaft, eine Berufung hast, die dein Herz gefangen nehmen, dann denkst du zweimal nach, ehe du etwas tust, das alles, was du liebst, ruinieren könnte. Wenn du dir ein großes Abenteuer suchst, hat das nicht nur mit Spaß zu tun; es schützt auch dein Herz.

Wachsen in den Fertigkeiten des Lebens

Das zweite Gebiet, auf dem Wachstum notwendig ist, sind die Fertigkeiten des Lebens. In 2. Petrus 3,18 finden wir eine allgemeine Anweisung zu wachsen, während einige Details dazu in 2. Petrus 1,5-9 angesprochen werden. Petrus erinnert uns alle daran, dass wir im Wachstum leben sollen.

Die Haltung des Wachstums

Der Ausdruck „setzt allen Eifer daran" (2. Petrus 1,5 – Einheitsübersetzung) trägt die Vorstellung von großem Einsatz in sich. „Wir sollen in diese Beziehung zusätzlich zu dem, was Gott getan hat, jeden Funken Entschlossenheit einbringen, den wir aufbringen können."[22] Wenn du wachsen willst, dann musst du mit der Haltung leben: „Ich kann das, was ich mache, immer noch ein bisschen besser machen, ich kann immer noch etwas dazulernen, ich kann immer noch etwas kompetenter werden und immer noch ein klein wenig mehr Fortschritte machen."

Wir wollen die Selbsterforschung nicht so übertreiben, dass wir unzufrieden werden. Aber wir wollen doch mit der Erwartung leben, dass es immer noch etwas zu erforschen, zu entdecken und zu bewältigen gibt. Wachstum bedeutet die Haltung, dass ich dran bleiben werde, bis ich die beste Version von mir geworden bin, die ich nur sein kann. Wachstum sagt: „Ich will sehen, wie nahe ich meinem Potenzial kommen kann."

Petrus fährt fort mit der Aufforderung: „Reicht mit eurem Glauben die Tugend dar" (2. Petrus 1,5 – Einheitsübersetzung). Wenn ich das so beiläufig lese, finde ich es nicht sehr inspirierend. „Sei tugendhaft", mit anderen Worten: „Sei gut". Ich weiß ja, dass das wichtig ist, aber einfach nur gut zu sein war nie ein starker Antrieb in meinem Leben. Daher beschloss ich, mir das genauer anzusehen.

Das Wort, das Petrus hier verwendet, spricht im Grunde gar nicht vom Gutsein. Petrus will uns Männern hier nicht sagen, dass wir unsere Sachen in Ordnung bringen und ordentlich leben sollen. Das Wort, das er verwendet, bezeichnet *moralische Kraft*. „Im Altertum meinte dieses Wort die gottgegebene Kraft oder Fähigkeit, heroische Taten zu vollbringen."[23] Das können militärische Operationen, sportliche Leistungen oder künstlerische Werke sein oder auch Unternehmungen, bei denen Menschen befreit oder inspiriert werden, sich nach neuen Höhen auszustrecken. Jetzt kommen wir zum Punkt. Beim Wachstum geht es nicht darum, einfach nett zu sein, gute Männer, mit denen leicht auszukommen ist. Wir wachsen, weil wir etwas Heroisches, Heldenhaftes tun wollen. Wir werden stärker, klüger, geschickter, weil wir etwas tun wollen, das zählt und andere dazu bewegt, ein Leben voller Größe zu leben.

Die Kunst der Mehrung

Wenn du dich einmal entschlossen hast, ein heldenhaftes, bedeutsames Leben zu führen, ist es an der Zeit, deine Fähigkeiten zu entwickeln. Petrus nennt uns die Schritte, wenn er uns anweist, „Erkenntnis ... Selbstbeherrschung ... Ausdauer" damit zu verbinden (2. Petrus 1,5-6 – Einheitsübersetzung). Eine der wunderbaren Wahrheiten über das Leben ist, dass Fähigkeiten auf Wachstum angelegt sind. Entweder verfeinerst du deine Fähigkeiten, bis sie dir zur zweiten Natur geworden sind, oder du siehst zu, wie deine Fähigkeiten verkümmern. Sie bleiben nie auf dem gleichen Stand. Mit einer negativen Einstellung wirst du dich selbst davon überzeugen, dass es gar keinen Sinn hat, es überhaupt zu versuchen, weil du ohnehin verlieren wirst, was du hast. Aber ich kann mir keinen vernünftigen Grund vorstellen, warum du so denken solltest. Mit einer heroischen Einstellung glaubst du, dass deine Fähigkeiten mit jedem Jahr immer besser werden, weil du an ihnen arbeiten wirst.

Deine Fähigkeiten auszuweiten ist ein Kunstwerk. Es ist keine Formel, die du anwendest und dann roboterhaft wiederholst. Fähigkeiten entwickeln sich, weil du die richtigen Zutaten in sie investierst, und am Ende wirst du dich wundern, weil dir die Dinge leichter und mit mehr Kreativität von der Hand gehen.

Du bist dran

Bevor wir darüber reden, wie du deine Fähigkeiten verbessern kannst, wähle bitte eine Fähigkeit aus, an der du in diesem Jahr arbeiten möchtest. Frag dich selbst: „Was mache ich wirklich gerne? Worin will ich in diesem Jahr noch besser werden, so dass mein Einfluss zunimmt? Was würde ich ger-

ne beherrschen, so dass ich mehr Freude daran habe?"
Schreibe deine Antwort in den freien Raum hier unten:

Der erste Schritt, um in dieser bestimmten Fähigkeit besser
zu werden, besteht darin, dir *Wissen anzueignen*. Wenn du
besser werden willst, musst du Informationen über diesen
Lebensbereich sammeln. Zum Glück gibt es eine Menge
Wege, wie du das tun kannst. Du kannst Bücher und Zeit-
schriften lesen. Du kannst dich auf Internetseiten informie-
ren, an Blogs teilnehmen und dich an Internetforen beteiligen. Du kannst Mentoren und andere befragen, die in der
Fertigkeit, die du beherrschen willst, erfahren sind. Der
Schlüssel ist, sich hineinzustürzen. Es spielt keine Rolle, wie
viel du bereits über das Thema weißt. Du kannst dich auf
jedem Level hineinstürzen und mehr Wissen erwerben.

Das erste Mal, wenn du eine neue Idee hörst, scheint sie
dir undurchsichtig und verwirrend. Beim zweiten Mal ist sie
vielleicht immer noch verwirrend, aber sie fängt an, dir auf
seltsame Weise vertraut vorzukommen. Wenn du dich weiterhin Informationen zu diesem Thema aussetzt, bewegst du
dich vom Erkennen über die Neugier zum Verstehen.

Wie bereits erwähnt macht es mir Spaß, aus meinem
Haus einen immer gemütlicheren Ort mit persönlicher Note

zu machen. Daher habe ich immer renovierungsbedürftige Häuser gekauft. Ich kann mich noch gut daran erinnern, wie mir ein Freund zum ersten Mal erklärte, wie ein Drei-Wege-Lichtschalter zu installieren ist. Dieser Freund hätte ebenso gut Suaheli sprechen können, so wenig Sinn ergaben seine Worte für mich. Ich weiß noch, wie ich ihn fragte: „Warum nennt man das einen Drei-Wege-Schalter, wenn er nur in zwei Positionen funktioniert?" Ich erinnere mich nicht mehr an die Antwort, aber ich bin sicher, dass er mir irgendwas erzählte, was für ihn absolut Sinn machte. Ich konnte anderen Freunden diese Situation nicht einmal nacherzählen, weil ich von dem, was dieser Mann sagte, kein einziges Wort verstand. Ich wollte es aber wissen, weil ich gerne an meinem Haus arbeite.

Also sah ich ihm zu, als er diese Schalter für mich verkabelte. Dann bat ich ihn, mir Bescheid zu geben, wenn er solche Schalter mal für jemand anderen installierte, damit ich ihm noch mal dabei zusehen konnte. Dann zog ich in ein anderes Haus und fand einen Grund, auch dort einen Drei-Wege-Stromkreis zu installieren. Diesmal kaufte ich mir ein kleines Buch, in dem erklärt wurde, wie man einen anlegt.

Ich tat mein Bestes, vermasselte die Installation und rief meinen Freund an, um mein Projekt wieder in Ordnung zu bringen. Und dann sah ich ihm dabei zu, wie er mein Chaos korrigierte.

Dann zog ich nach San Diego und kaufte wieder ein Haus, das mir die Gelegenheit bot, einen dieser witzigen Stromkreise dort zu installieren. Diesmal ging ich ins Internet und druckte mir Anleitungen aus, wie diese Stromkreise funktionieren. Aus irgendeinem Grund machte es diesmal klick. Ich legte den Stromkreis an, drehte eine Glühbirne rein, drückte den Schalter und gratulierte mir selbst zu dem Licht, das ich meiner Familie gebracht hatte.

Du kannst dir meine Reaktion vorstellen, als mein Sohn mich, nachdem er sein erstes Haus gekauft hatte, anrief und mir erzählte, dass er nicht verstand, warum der zweiteilige Lichtschalter in seinem Haus nicht funktionierte. Er hatte etwas daran umgebaut und den Stromkreis dann falsch verdrahtet. Ich zog meine Zeichnungen von Drei-Wege-Stromkreisen aus der Schublade, besprach die Sache mit ihm am Telefon und löste das Problem. Wow, war ich verblüfft, dass ich nun übers Telefon etwas erklären konnte, das ich früher selbst dann nicht verstanden hatte, wenn ich es vor Augen hatte. Ich lachte, als mein Sohn sagte: „Boah, das war echt schräg, aber ich bin froh, dass es funktioniert."

Der zweite Schritt zur Entwicklung deiner Fähigkeiten ist *Übung*. Petrus fordert uns auf, Selbstbeherrschung mit dem Glauben zu verbinden. Das ist die Herrschaft, die du durch Training über deinen Verstand, deinen Körper und deinen Willen erlangst. Das Gute an Fähigkeiten ist ja, dass du in ihnen immer besser wirst, je öfter du sie ausübst. Zu jeder Fertigkeit gibt es eine Technik, mit der sie am besten funktioniert, und während du an deiner Technik arbeitest, wirst du immer besser, ganz gleich, um welche Fertigkeit es sich handelt.

Wir neigen dazu, unter Fertigkeiten etwas zu verstehen, was wir mit unserem Körper machen können, so wie Jagen, Fischen, Holzbearbeitung, Autos reparieren, Sport und Computerkenntnisse. Unsere Fertigkeiten sind aber nicht auf solche Aktivitäten beschränkt. Kommunikation, Gebet, Bibelstudium, Management, Visionen entwickeln, Ziele setzen und Entscheidungen treffen sind alles Fertigkeiten, die angestrebt, geübt und perfektioniert werden können. Das sind keine geheimnisvollen Talente, über die einige wenige Männer verfügen, während die anderen bei der Verteilung übers Ohr gehauen wurden. Diese Fertigkeiten kann jeder von uns entwickeln. Das Problem ist nur, dass viele dieser Bereiche uns einschüchtern oder uns peinlich sind. Das geben wir nicht gern zu, daher meiden wir diese Bereiche in der Hoffnung, daran vorbeizukommen, ohne besser werden zu müssen. Das ist natürlich dumm, darum ist es sinnvoll, sich damit zu beschäftigen, sich der möglichen Peinlichkeit zu stellen und an diesen Fertigkeiten zu arbeiten.

Ich sehe das jedes Mal, wenn ich auf Konferenzen zum Thema Ehe spreche. Regelmäßig amüsiere ich mich über die Aussagen, die ich auf fast jeder Konferenz von Männern höre:

- „Wir müssen doch nicht unbedingt mit anderen Leuten reden, oder?"

- „Du verlangst doch nicht von mir, dass ich meine Gefühle und so was mit anderen Paaren teile, oder?"

- „Sag mir, dass ich nicht aufstehen und irgendwas sagen muss, oder ich fahre sofort nach Hause."

- „Kannst du mir eine Männerkarte geben, auf der die Antworten auf die Fragen stehen, über die meine Frau und ich an diesem Wochenende sprechen sollen? So könnte ich mich vorbereiten."

Diese Aussagen weisen darauf hin, dass die meisten Männer ihre Kommunikationsfähigkeit nicht besonders gut entwickelt haben. Sie nehmen an, dass sie einfach nicht gut reden können, weil sie erkennen, dass es eine erlernte Fähigkeit ist. Und wenn du zum ersten Mal an dieser Fähigkeit arbeitest, kann das tatsächlich fürchterlich sein. Beim nächsten Mal ist es dann nur noch ungemütlich. Irgendwo auf dem Weg wird es dir in Fleisch und Blut übergehen, wenn du immer weiter übst.

Der dritte Schritt bei der Entwicklung von Fertigkeiten besteht darin, *einen Grund zu finden, warum sie sich verfestigen sollen.* Da Fertigkeiten immer in der Entwicklung sind und entweder wachsen oder abnehmen, werden diejenigen Fertigkeiten in deinem Leben Bestand haben, nach denen du ein inneres Bedürfnis entwickelst. Deshalb gibt Petrus uns den Klebstoff zum Projekt *Fertigkeiten entwickeln*, indem er uns auffordert, das alles mit „Frömmigkeit ... Brüderlichkeit und Liebe" zu verbinden (2. Petrus 1,6-7 – Einheitsübersetzung). Jede Fähigkeit in deinem Leben, die aus deiner Ergebenheit an Gott und deiner Hingabe an andere Menschen motiviert ist, wird ein Leben lang anhalten und eine erstaunliche Wirkung entfalten. Als Jesus gebeten wurde, das größte Gebot zu beschreiben, sagte er: Alles, was Gott in deinem Leben von dir will, kannst du dadurch erreichen, dass du Gott liebst und andere so liebst wie dich selbst (Matthäus 22,36-40).

„Vertraue auf den Herrn mit deinem ganzen Herzen ... dann ebnet er selbst deine Pfade" (Sprüche 3,5-6). Jesus einzuladen, sich deiner Fähigkeiten anzunehmen, ist wie ein Turbo für dein Wachstum; der Prozess läuft viel kraftvoller ab, als du es aus eigener Kraft je könntest.

Du bist dran

■ Was wirst du dieses Jahr tun, um mehr Informationen über die Fähigkeit zu bekommen, in der du besser werden willst?

■ Was wirst du tun, um diese Fähigkeit zu trainieren?

■ Übergib das Wachstum dieser Fähigkeit Gott im Gebet und bitte ihn, dem Prozess seine Kraft hinzuzufügen.

Nur zum Spaß

Eine SR-71 flog über Südkalifornien und drang in den Luftraum von Los Angeles ein. Der Tower von Los Angeles erhielt eine Freigabeanfrage für eine Flughöhe von 60.000 Fuß (ca. 20.000 Meter). Der ungläubige Fluglotse fragte mit einigem Missfallen in der Stimme: „Wie wollen Sie denn auf 60.000 Fuß hinaufkommen?" Der Pilot erwiderte: „Wir wollen nicht da hinauf, wir wollen auf 60.000 Fuß runter." Er bekam die Freigabe.[24]

Kapitel 7

Entscheide dich,
zu lieben

„Mach es nicht zu kompliziert. Wenn du es zu kompliziert machst,
dann vergisst du das Offensichtliche."
AL MCGUIRE

Angela Schmid erzählt eine Geschichte, die zeigt, welche Herausforderung es ist, andere zu lieben. „Unser vier Jahre alter Sohn Ben hatte einen schrecklichen Husten, hohes Fieber und musste sich übergeben. So rasten wir mit ihm zur Notaufnahme. Der Doktor untersuchte ihn und fragte Ben dann, was ihn am meisten quälte. Nachdem er einen Moment nachgedacht hatte, sagte Ben krächzend: ‚Ich schätze, meine kleine Schwester.' "

Das größte Gebot, das Jesus uns als Männern gegeben hat, ist das Gebot zu lieben: „Ein neues Gebot gebe ich euch, dass ihr einander liebt, damit, wie ich euch geliebt habe, auch ihr einander liebt" (Johannes 13,34). Und Petrus greift den Tenor dieser Aussage in seinem ersten Brief auf: „Da ihr eure Seelen durch den Gehorsam gegen die Wahrheit zur ungeheuchelten Bruderliebe gereinigt habt, so liebt einander anhaltend, aus reinem Herzen" (1. Petrus 1,22).

Wenn du so bist wie ich, dann hattest du mit diesem Gebot zumindest ein wenig zu kämpfen. Zunächst scheint es ein bisschen zu weich, um auf Männer anziehend zu wirken. Aber unser Erlöser hat uns zu einem Leben der Liebe in Kühnheit und ohne Zurückhaltung berufen. Was also bedeutet es, einander zu lieben? Und wie können wir das tun, ohne dabei weniger männlich zu sein?

Schau dir die, die du liebst, genau an

Ich glaube, wir finden den Schlüssel zu einem Leben der Lie-be in Philipper 2,3-4: „Tut nichts aus Eigennutz oder um eit-ler Ehre willen, sondern in Demut achte einer den andern höher als sich selbst, und ein jeder sehe nicht auf das Seine, sondern auch auf das, was dem andern dient" (Luther).

Lieben bedeutet darauf zu achten, was denen, an denen dir etwas liegt, zum Besten dient. Du kannst dich aber nicht um die Interessen anderer kümmern, wenn du gar nicht weißt, was diese Interessen sind. Daher bedeutet ein Leben der Liebe, dass wir uns die anderen genau ansehen. Wir müssen versuchen zu verstehen, wer sie sind, Gelegenheit schaffen, damit sie mit dem, was sie sind, erfolgreich sein können, und sie in dem, wer sie sind, mit Gnade behandeln.

Alle Menschen, die du in deinem Leben liebst, sind an-ders als du. Daher kannst du sie nicht einfach natürlich und instinktiv lieben. Du musst lernen, was es mit ihnen auf sich hat. Du kannst nicht einfach das übernehmen, was für dich funktioniert, und erwarten, dass es auch für sie hilf-reich ist.

Es kommt auf das Geschlecht an

Und Gott schuf den Menschen nach seinem Bild, nach dem Bild Gottes schuf er ihn; als Mann und Frau schuf er sie. (1. Mose 1,27)

Gott hat Männer und Frauen unterschiedlich geschaffen, da-mit er einer Welt, die ihn unbedingt kennen muss, zeigen kann, wie er ist. Statt unsere Unterschiede wertzuachten, ha-ben wir jedoch viel zu viel Zeit darauf verschwendet, uns übereinander zu beschweren und unsere Beziehungen zu manipulieren. Wie viele von uns können die Bemühungen des Mannes in der folgenden Geschichte nachvollziehen?

Nach einer gründlichen medizinischen Untersuchung sagt ein Mann: „Sagen Sie es mir nur geradeheraus, Doktor, was ist wirklich mit mir los?"

„Ohne Umschweife?"

„Ja."

„Nun, es gibt überhaupt nichts, das bei Ihnen nicht in Ordnung wäre, außer der Tatsache, dass Sie schlichtweg faul sind."

„Ooookaaaaay", meint der Patient gedehnt, „und können Sie mir das jetzt noch mal mit medizinischen Fachausdrücken sagen, damit ich es meiner Frau erklären kann?"

Wir verstehen schnell, wenn es um das Wesen Mann geht. Wir sind an die Wirkungen von Testosteron auf unsere Körper, unser Denken und unsere Haltungen gewöhnt. Wir haben vielleicht nie versucht, es in Worte zu fassen, aber instinktiv verstehen wir, wodurch wir uns gut fühlen und was uns frustriert.

Weit schwieriger ist es da, zu erfassen, wie die weibliche Hälfte unserer Rasse funktioniert. Wir haben keinerlei Erfahrung damit, wie Östrogen das Leben beeinflusst. Wir verstehen nichts vom Menstruationszyklus, den Gefühlsschwankungen oder dem Sicherheitsbedürfnis, welches das Leben von Frauen bestimmt. Wir haben keinen Instinkt dafür, wodurch sie sich besser fühlen oder was sie frustriert. Der starke Wunsch, auf diesem Gebiet ständig dazuzulernen, erhöht erheblich deine Chancen, zu den Frauen, die dir wichtig sind, eine gute Beziehung aufzubauen.

Ich möchte nun einige der Vorzüge jedes Geschlechts zusammenfassen, indem ich sie dem jeweils anderen Geschlecht gegenüberstelle.

Männliche Wesen sind so geschaltet,
dass sie die Dinge einfach halten.

Unsere Gehirne sind so gebaut, dass wir unsere Aufmerksamkeit aufteilen können. In unserem Buch „Männer sind wie Waffeln – Frauen sind wie Spaghetti"[25] vergleichen Pam und ich die Art, wie wir Männer Probleme angehen, mit der Oberfläche einer Waffel. Es gibt eine Reihe kleiner Kästchen, die durch Wände getrennt sind. Wir stecken eine Lebensfrage in das erste Kästchen, die zweite Frage in das zweite Kästchen und so weiter. Dann befassen wir uns mit einer Frage nach der anderen. Daher suchen wir ständig nach der einfachsten Antwort auf das, was wir gerade vor uns haben. Das heißt nicht, dass wir komplexe Zusammenhänge nicht mögen; wir schauen einfach nur nach der einfachsten Lösung für alles, was gelöst werden muss.

Ich war in einer Unterredung mit einer Gruppe Männer und wir sprachen darüber, was man braucht, um im Dienst erfolgreich zu sein. Einer der Männer sagte: „Mir ist aufgefallen, dass nicht viele Generalisten erfolgreich sind. Männer, die sich darauf konzentrieren, Spezialist auf einem Gebiet zu sein, die versuchen, auf einem einzigen Gebiet richtig gut zu sein, haben in der Regel mehr Erfolg." Das ist eine typisch männliche Sicht auf den Berufsweg. Wir wollen unsere Bestrebungen auf ein oder zwei Dinge reduzieren, und in denen wollen wir dann richtig gut sein. Wir neigen zur Frustration, wenn wir mit zu vielen Dingen gleichzeitig jonglieren müssen, während des Tages zu oft die Richtung ändern müssen und zu vielen Unterbrechungen ausgesetzt sind. Wir wollen wissen, was von uns erwartet wird, und dann die Freiheit haben, das Ziel auf unsere Weise zu erreichen.

Auch unser Liebesleben wollen wir so einfach wie möglich halten. Wir wollen unser Interesse an der Frau, die wir lieben, zum Ausdruck bringen und dann wollen wir, dass unsere Bemühungen zum Erfolg führen. Darum werden wir so frustriert, wenn Frauen plötzlich die Regeln ändern. Wir lieben Aussagen wie: *„Jedes Problem kann mit Blumen oder etwas Klebeband gelöst werden."* Wenn Blumen sie beim letzten Mal glücklich gemacht haben, dann wollen wir, dass das immer so funktioniert. Wenn wir sie zum Essen ausgeführt haben und sie sich dabei wie eine echte Lady gefühlt hat, dann wollen wir, dass das bei jeder folgenden Gelegenheit genauso funktioniert. Wir suchen ständig nach der Formel, mit der sich ihr Herz gewinnen lässt, und wir hassen es, wenn das Rezept nicht aufgeht. Vom Verstand her wissen wir durchaus, dass es so einfach nicht ist, aber wir wollen es trotzdem so haben. Ich habe den Eindruck, dass die meisten Männer längst aufgehört haben, ihre Frauen zu umwerben. Es scheint zu schwer, zu kompliziert, und ihre Frauen scheinen entschlossen zu sein, immer unzufrieden zu bleiben, also versuchen die Männer es gar nicht mehr.

Auch unsere Gespräche wollen wir so einfach wie möglich halten. Wir wollen herausfinden, worum es in der Diskussion geht, und dann beim Thema bleiben. Dann wollen wir das Problem lösen und anschließend vielleicht weitergehen zum nächsten oder die weitere Unterhaltung auf morgen vertagen.

Wir reden gern über Themen, die uns einfach erscheinen. Wenn wir gute Angler sind, dann reden wir gern übers Angeln. Wenn wir gut mit Computern umgehen können, reden wir gern über Computer. Wenn wir bibelfest sind, reden wir gern über die Bibel. Nur wenige von uns reden gern über Beziehungen, denn die scheinen uns zu kompliziert. Wir sehen, wie die Frauen in unserem Leben sich darüber unterhalten, wer sich mit wem trifft, wer sich über wen geärgert hat, warum diese Person dieses oder die andere Person jenes getan hat, und wir fragen uns, warum das irgendjemand interessieren könnte.

Wir fühlen uns zu den Hobbys hingezogen, die uns einfach erscheinen. Wenn du geschickt im Umgang mit Autos bist, dann wirst du Autos wahrscheinlich auch mögen und bist motiviert, eine Menge Zeit mit Autos zu verbringen. Wenn du eine natürliche Begabung für Musik hast, dann wird dich das motivieren, so lange wie nötig zu üben. Wenn du einen geraden Golfball schlagen kannst, dann wird es dir leicht fallen, den ganzen Samstag (oder irgendeinen anderen Tag) auf dem Golfplatz zu verbringen. Wenn du allerdings so gut Golf spielst wie ich, dann würde dir ein ganzer Tag auf dem Court wahrscheinlich mehr wie eine Qual und weniger wie eine Erholung vorkommen. (Ich bezeichne mein Golfspiel gerne als spektakulär. Es ist entweder spektakulär gut oder spektakulär schlecht, und das wechselt mit beinahe jedem Schlag.)

Wenn du deine Söhne oder deine männlichen Freunde zu etwas motivieren willst, dann solltest du die Dinge so einfach wie möglich halten.

Weibliche Wesen sind so geschaltet,
dass sie die Dinge besser machen.
In 1. Mose 1,25 heißt es: „Gott sah, dass es (die Erschaffung des Lebens) gut war". In Vers 31 heißt es: „Gott sah alles, was er gemacht hatte, und siehe, es war sehr gut". Was ist also zwischen Vers 25 und Vers 31 passiert, dass der Zustand sich von *gut* in *sehr gut* verwandelte? Es war die Erschaffung zweier menschlicher Wesen als Höhepunkt von Gottes Handwerkskunst. 1. Mose 2,18-25 erzählt uns dann ein wenig genauer, wie allein Adam war und wie sehr er eine geeignete Hilfe brauchte; und auch davon, wie Gott aus einer Rippe Adams eine Frau bildete. Als Adam Eva zum ersten Mal sah, fing er an zu singen (1. Mose 2,23).

Diese endlich ist Gebein von meinem Gebein und Fleisch von
meinem Fleisch; diese soll Männin heißen, denn vom Mann ist
sie genommen.

Das nächste Mal, wenn du beim Anblick deiner Frau in Ge-
sang ausbrechen möchtest, denke daran, dass es dir geht wie
Adam. Eva tauchte an einem Ort auf, der durch und durch
gut war, und sie machte ihn durch ihre Gegenwart noch besser. Und damit begann das unermüdliche Bestreben in den
Herzen der Frauen, Dinge besser zu machen.

Dafür sind sie auch bestens ausgerüstet, denn ihre Gehirne sind verkabelt, um ihr Denken miteinander zu ver-
flechten. Sie gehen das Leben mehr wie ein Teller Spaghetti
an. Jede Nudel auf dem Teller steht für eine Frage in ihrem
Leben. Jede Nudel berührt jede andere Nudel, so ist auch
jede Frage, jeder Gedanke und jedes Gefühl mit jeder anderen Frage, jedem anderen Gedanken und Gefühl verbunden.
Daher verarbeiten Frauen Informationen auf eine ganz andere und weit komplexere Weise, als Männer das tun. So können die meisten Frauen auch besser mehrere Aufgaben
gleichzeitig erledigen als die meisten Männer. Sie sehen die
Verbindungen im Leben, das versetzt sie in die Lage, an mehr
als einer Frage zur gleichen Zeit zu arbeiten.

In fast jedem Lebensbereich ist die Herangehensweise einer Frau komplizierter, denn alles kann noch besser gemacht
werden. Eine Frau kann immer noch besser aussehen, auch
wenn sie schon umwerfend schön ist. Sie kann immer noch
besser dekorieren, auch wenn das ganze Haus schon perfekt
durchgestylt ist.

Sie kann immer noch besser organisieren, ganz gleich ob
ihr System nun effizient oder unberechenbar ist. Sie kann ihren Kindern immer noch mehr beibringen, ihren Freunden
mehr helfen, den Menschen mehr dienen oder sie glücklicher machen.

Ein junger Mann fragte mich kürzlich: „Warum weigern sich Frauen eigentlich, auch mal zufrieden zu sein?" Das liegt an der bohrenden, unerbittlichen Erkenntnis, dass sie noch mehr hätten tun können, weil die Dinge immer noch besser werden können. Bevor du zu hart über die Frauen in deinem Leben urteilst, halte dir vor Augen, dass dein Sexualtrieb ebenfalls eine bohrende, unerbittliche Tatsache ist, die für dich genauso viel Komplikationen und Frustrationen mit sich bringt, wie ihr Antrieb, die Dinge besser zu machen.

Beziehungen werden komplizierter, weil Frauen wissen, dass diese Beziehungen immer noch besser sein können. Es gibt immer etwas, woran man arbeiten kann, das man besser machen kann, das man besser verstehen kann. Als Reaktion darauf werden Frauen ihre Beziehungen entweder ständig erforschen oder davon frustriert werden und sich zurückziehen.

Kürzlich trafen Pam und ich uns mit einigen befreundeten Paaren. Die Männer saßen vor dem Fernseher, schauten sich ein Footballspiel und sprachen über Football. Alles, was wir zu diesem Zeitpunkt in unserer Welt brauchten, war Football. Der komplizierteste Punkt in unserer Unterhaltung kam, als einer der Männer mich fragte, ob ich mir in Gedanken schon mal ein ideales Footballteam zusammengestellt hätte. Als ich ihm sagte, dass ich das nicht hatte, fing er an, sein Team zu beschreiben und von seiner Hoffnung zu sprechen, dass sein Quarterback einen guten Tag haben würde.

Die Frauen erlebten unser Treffen völlig anders. Sie sprachen über ihre Freunde, ihre Kinder, ihre Träume, ihre Enttäuschungen, ihr Make-up, ihre Pläne für Weihnachten, die bevorstehenden Hochzeiten ihrer Kinder und über die Kinder ihrer Freunde. Oft sprachen mehrere Frauen gleichzeitig, aber niemand schien in der Unterhaltung den Faden zu verlieren. Hättest du einen von uns Männern gefragt, worüber die Frauen sich unterhielten, hätten wir nur gesagt: „Keine

Ahnung." Hättest du die Frauen gefragt, worüber die Männer sprachen, hätten sie wahrscheinlich die Augen verdreht und irgendeinen Kommentar zu dem Football-Spiel im Fernsehen abgegeben.

Wir Männer können leicht zu dem Schluss kommen, dass die kompliziertere Haltung, welche die Frauen zum Leben einnehmen, falsch oder unreif ist. Das liegt daran, dass wir nicht wissen, wie diese Haltung ist. Für uns haben Gespräche einen strategischen Zweck, für sie sind sie erholsam. Wir möchten einen klar fokussierten Blick auf unsere Projekte haben, während sie in ihre Betrachtung alle nur in Frage kommenden Aspekte und Menschen einbeziehen. Wir vereinfachen die Dinge gern, um sie besser handhabbar zu machen, während sie die Dinge gerne erforschen, um sie interessanter zu machen.

Daher sagt die Bibel uns, „nehmt einander an" (Römer 15,7 – Luther) und nicht „versteht einander". Es ist für einen Mann unmöglich, irgendeine Frau in seinem Leben völlig zu verstehen. Das heißt aber nicht, dass er keine erfolgreiche Ehe haben und keine guten Beziehungen zu seiner Mutter, seinen Töchtern, Schwestern und anderen Frauen in seinem Leben haben kann. Es gibt viele Dinge, die wir nicht verstehen, mit denen wir aber trotzdem täglich arbeiten. Viele Männer verstehen auch ihre Autos nicht, aber sie können eins fahren. Viele Männer verstehen ihre Computer nicht, können aber mit ihnen arbeiten. Niemand von uns versteht die Liebe, aber die meisten Männer haben den Wunsch, eine Frau zu lieben und mit ihr zusammen ein Leben aufzubauen. Verstehen ist also keine Voraussetzung für Erfolg, Annahme aber sehr wohl.

Über das Geschlecht hinaus

Von denen zu lernen, die du liebst, endet nicht bei deren Geschlecht. Jeder Mensch, den du kennst, ist eine faszinierende Kombination von Merkmalen und Charaktereigenschaften, die zusammen eine einzigartige Person bilden. Jeder der Menschen, die dir am Herzen liegen, ist eine Mischung aus angeborenen Eigenschaften, erlernten Fertigkeiten, Reaktionen auf Erfahrungen im Leben und dem Einfluss der Entscheidungen, die er getroffen hat. Die Menschen, die du liebst, fühlen sich von dir in dem Maße wertgeachtet, wie du Interesse an den Faktoren zeigst, die sie zu dem machen, was sie sind. Sie wissen nicht, wie sie es in Worte fassen sollen, aber sie spüren deutlich, wenn du an ihnen interessiert bist. Wenn du dich darauf einlässt, wer sie wirklich sind, steigt ihre Motivation, sie haben ein besseres Selbstwertgefühl und mehr Energie. Sie lächeln mehr, entspannen sich in deiner Gegenwart und spüren mehr Zuversicht. Sie sind gerne in deiner Nähe, weil sie sich dann besser fühlen.

Es würde Bände füllen, die komplexe Schöpfung, die jeder deiner geliebten Menschen darstellt, erschöpfend zu beschreiben, daher gebe ich mich nicht der Illusion hin, wir könnten hier alles ansprechen, was es dazu zu sagen gibt. Du brauchst aber kein Experte in Entwicklungspsychologie sein, um wunderbare Beziehungen zu anderen Menschen zu haben. Wenn du bereit bist, dir praktisches Wissen darüber anzueignen, wie Menschen motiviert werden, kannst du im Leben der Menschen, die dir am wichtigsten sind, eine wertvolle Kraftquelle sein.

Die Basis für Motivation

Wenn du dich bei Autohändlern nach einem neuen Wagen umschaust, dann siehst du an jedem Wagen ein Schild mit dem Basispreis und eine Liste mit weiteren Extras, die den Wagen in genau das Fahrzeug verwandeln, das du dort auf dem Platz stehen siehst. Genauso gibt es eine Basis für die Art, wie jeder von uns motiviert wird. Es gibt eine Reihe verschiedener Erklärungsansätze, die uns helfen können, diese Basis für Motivation zu verstehen. Für unsere Betrachtung werde ich kurz die vier grundsätzlichen Formen der Motivation vorstellen. Versuch beim Lesen herauszufinden, welche Form für dich am besten funktioniert.

Krieg es hin

Bei der ersten grundlegenden Form von Motivation geht es ganz und gar darum, etwas zu erreichen. Wenn das auf dich zutrifft, dann bist du am glücklichsten, wenn du zum einen die Freiheit hast zu entscheiden, wo dein Leben hingehen soll, und zum anderen die Autorität, es auch genau so geschehen zu lassen. Du bist ehrlich davon überzeugt, dass deine Sichtweise meistens richtig ist, und es verwirrt und irritiert dich, wenn Leute nicht deiner Meinung sind. Du liebst ein kooperatives Umfeld, was bedeutet, du schaffst gern das Umfeld und möchtest, dass andere mit dir darin kooperieren. Du bist entscheidungsstark, konzentriert und nimmst einen starken Einfluss auf dein Umfeld. Menschen siehst du als wertvoll an, weil deine Ideen normalerweise so groß sind, dass du sie nicht alleine verwirklichen kannst. Du sagst oft Dinge wie: „Ich brauche deine Hilfe", „Du musst in die Gänge kommen", „Du musst dich mehr konzentrieren" und „Ich bin darauf angewiesen, dass du dir mehr Mühe gibst." Du willst nicht den Chef rauskehren, du bist einfach davon überzeugt, dass du es am besten weißt, und möchtest, dass auch jeder andere das begreift.

Aufgrund deiner visionären Fähigkeiten nimmst du normalerweise in jedem Vorhaben, an dem du dich beteiligst, eine Leitungsrolle ein. Die Schwerkraft zieht dich nach oben und du fühlst dich am besten als Leiter. Andererseits fühlst du dich eher unwohl, wenn du jemand anderem folgen sollst, denn du verstehst die Herausforderung normalerweise viel besser als irgendjemand sonst, der das Projekt leitet.

Wenn du deine Ziele erreichst, dann findest du dich selbst und das Leben großartig. Genauso großartig und anerkennenswert findest du aber auch jeden, der dir geholfen hat, das zu erreichen, wonach du gestrebt hast. Es ist ein typischer Teil in deiner Persönlichkeit, dass du eine chefähnliche Führungsrolle übernimmst, wenn die Dinge zu langsam vorangehen, dass du dich leicht irritiert zeigst, wenn Menschen dir Widerstand entgegenbringen, dass du enttäuscht reagierst, wenn sie sich nicht für dich einsetzen, und recht heftig werden kannst, wenn jemand versucht dich auszubremsen.

Wenn das deine grundlegende Motivation ist und du das Privileg hast Kinder aufzuziehen, dann muss dir klar werden, dass vielleicht auch dein Sohn glaubt, dass er das Sagen haben sollte. Deine Tochter ist vermutlich überzeugt, dass sie die Person ist, die weiß, wo es langgeht, auch wenn es ihr völlig an Lebenserfahrung fehlt, um zu beurteilen, was am besten ist. Wenn du bei diesen kleinen Schätzen mit deiner Erziehung Erfolg haben willst, dann musst du ihnen Optionen lassen. Du kannst nicht einfach sagen: „Zieh dich an", wenn du keine Konfrontation heraufbeschwören willst. Da ist es besser zu sagen: „Da liegen zwei Pullis und zwei Hosen auf deinem Bett. Such dir aus, was du davon heute anziehen willst." Damit gibst du deinem kleinen Anführer die

Möglichkeit zu wählen, was als Beruhigungsmittel gegen
das Bedürfnis zu bestimmen wirkt. Eine kleine Nebenbe-
merkung: Wenn dein Kind Kleidung miteinander kombi-
niert, die einfach nicht zusammenpasst, kümmere dich nicht
darum. Der Gruppendruck wird das am Ende schon regeln
und du bekommst ein motivierteres Kind, mit dem man arbeiten kann.

Genau darüber sprach ich kürzlich mit einem befreundeten Pastor. Er hat eine sechsjährige Tochter, die sehr eigen-
ständig ist in ihrem Wollen und Tun, nennen wir es mal so.
Er und seine Frau waren schon oft frustriert, denn sie fängt
an zu schreien und läuft weg, wenn man zum Beispiel zu ihr
sagt: „Süße, komm her und gib mir einen Kuss." Sie lieben
ihre Tochter und wollen sie mit Zuneigung überschütten,
aber sie widersteht ihnen ständig. Als ich den Vorschlag
machte, dass er ihr Auswahlmöglichkeiten anbieten sollte,
änderte er seine Vorgehensweise. Er ging nach Hause und
sagte zu ihr: „Möchtest du mir einen Kuss auf die rechte
oder auf die linke Wange geben?" Sie dachte einen Augenblick nach, ging dann zu ihrem Dad, küsste ihn auf die rechte Wange und umarmte ihn herzlich. Dann lief sie weg. Anführer brauchen Optionen, ganz gleich, wie jung sie sind.

Bring es in Bewegung

Eine weitere grundlegende Form der Motivation ist der
Wunsch, Erfahrungen zu schaffen, die anderen Menschen
Freude machen. Wenn du so bist, dann spürst du einen Antrieb, für die Menschen Erinnerungen zu schaffen, die ihr
Leben bereichern. Du hältst das Leben für eine Reise, die Lachen, Tränen, große Siege, viel Spaß und unvergessliche Erfahrungen einschließt. Am wohlsten fühlst du dich an vor-
derster Linie oder in der Führungsrolle, aber du kannst auch

unterstützend arbeiten, wenn du wirklich davon überzeugt bist, dass das, woran du arbeitest, die Menschen glücklicher oder inspirierter machen wird. Du lebst dafür zu hören, wie die Menschen lachen und Hoffnung finden. Daher bist du absolut loyal und verfügst über endlose Energiereserven, wenn es darum geht, im Leben der Menschen, die dir am Herzen liegen, einen Unterschied zu machen.

Da du dich lebendig fühlst, wenn du anderen helfen kannst, blühst du auf, wenn man dir Aufmerksamkeit schenkt. Du liebst es, wenn die Menschen dich und deinen Beitrag zum Leben wahrnehmen. Du hast ein natürliches Verlangen, Teil der Show zu sein, daher suchst du nach Wegen, dich einzubringen und zu helfen, dass die Dinge laufen. Dir wurde wahrscheinlich schon der Vorwurf gemacht, oberflächlich zu sein, weil du immer versuchst, die Dinge in Bewegung zu halten. Wenn das Leben zu langsam oder zu langweilig wird, planst du gleich eine neue Aktion oder trommelst die Leute für eine Party, ein geselliges Beisammensein oder ein Hilfsprojekt zusammen. Alles, was lange Gespräche, lange Planungstreffen und lange Sitzungen zur Problemlösung erfordert, ist schwer für dich, darum interpretieren andere dein Verhalten schon mal als gleichgültig oder gefühllos.

Da du so außerordentlich loyal bist, verwirrt es dich, wenn andere Menschen es nicht sind. Wenn andere ein Projekt, zu dem sie sich verpflichtet haben, nicht zu Ende führen, nimmst du das persönlich. Wenn andere ihre Versprechen nicht halten, nimmst du das persönlich. Wenn andere zu einer Veranstaltung, die du geplant hast, nicht erscheinen, nimmst du das persönlich. Dein Schmerz hält aber nicht lange an, da es immer wieder eine neue Party oder ein neues Projekt gibt, an dem die Leute sich beteiligen können, um sich zu rehabilitieren. Daher vergibst du schnell und lässt Menschen leicht wieder in dein Leben hinein. Du bist auch

davon überzeugt, dass die meisten Probleme mit einem erfolgreichen Event gelöst werden können. Ein Date mit deiner
Frau, Spaß mit deinen Kindern, ein Treffen mit deinen Freunden sind für dich wie der Leim, der das Problem repariert.
Manchmal funktionieren deine Bemühungen, alles wieder
in Ordnung zu bringen, nicht, aber dein Optimismus ist un-
erschütterlich und du wirst es wieder und wieder versuchen.

Mach es richtig

Eine dritte grundlegende Form der Motivation kommt aus
der Überzeugung, dass es immer eine bestimmte Art gibt,
wie die Dinge richtig zu machen sind. Wenn du so bist, dann
bist du am glücklichsten, wenn dein Leben nach Regeln verläuft. Du liebst Prinzipien, Prozeduren, Programme und Pläne, die befolgt werden können. Wenn du dich einmal festgelegt hast, wie eine Sache zu machen ist, wirst du unverrückbar
daran festhalten, solange nicht jemand kommt und dich davon überzeugt, dass ein anderer Weg besser ist. Tatsächlich
siehst du kaum Gründe, etwas zu verändern, solange es keinen zwingenden Anlass dafür gibt. Routine, Rituale und Re-
gelmäßigkeit haben für dich einen hohen Wert. Schließlich
war es doch beim letzten Mal richtig so, warum solltest du es
dann jetzt anders machen?

Durch dich läuft das Leben bedeutend geordneter ab.
Man versteht Dinge leichter und findet sie leichter wieder,
weil du Ordnung und Beständigkeit ins Leben gebracht hast.
Du hast uns geholfen, die Kraft von Technologien und Syste-
men nutzbar zu machen. Du hast uns geholfen, unsere Zeit
besser zu verwalten, unser Leben besser im Griff zu haben
und Ordnung in unserem Zuhause zu halten. Ohne deinen
Einfluss wären wir alle zu spontan, unstrukturiert und mit
uns selbst beschäftigt, um unser Potenzial auszuschöpfen.

Alle, die es lieben, die Dinge in Ordnung zu bringen, haben eine vordringliche Aufgabe, die es zu erfüllen gilt. In deinem Bestreben herauszufinden, wie das Leben wirklich funktioniert, sammelst du laufend Beweise. Du bist ständig dabei, die Realität der Dinge zu erfassen. Du hast die Fähigkeit, positive Beweise zu sammeln, die deinen Glauben stärken und dich zum Beispiel denken lassen: *„Wow, Gott war echt gut zu uns. Wir sind gesund, wir haben vermutlich die Weisheit, die wir für die nächste Entscheidung brauchen, und wir kommen gut zurecht."*

Du sammelst jedoch zu oft auch negative Beweise, die dich in eine Spirale der Frustration ziehen. Wir leben in einer gefallenen Welt, daher fällt es dir leicht, die ganzen Defizite zu sehen und Katastrophenszenarien zu entwickeln. Allzu leicht geraten deine Gedanken dann in eine Abwärtsspirale. *„Das Leben war schwer und wird dieses Jahr wahrscheinlich noch schwerer werden. Wir sind aus einer Krise herausgekommen und scheinen auf eine totale Katastrophe zuzusteuern."* Bist du erst einmal in dieser Abwärtsspirale, dann kannst du da drin bleiben, bis es dir gelingt festen Boden zu finden, auf dem du dein Denken wieder Richtung Hoffnung ausrichten kannst.

Die gute Nachricht ist, dass wir mit der Fähigkeit geschaffen wurden, Aktivitäten zu wählen, die dieser Abwärtsspirale ein Ende setzen. *Zuerst* einmal muss das eine Aufgabe sein. Diejenigen, die die Dinge richtig machen wollen, sind von Natur aus aufgabenorientiert. Sie werden bewegt, indem sie Dinge tun und nicht indem sie einfach nur rumhängen. Das kann ein Trainingsplan sein, den du dir auferlegst, eine CD oder Playlist, die du dir anhörst, ein Freund, dem du vertraust und mit dem du telefonierst, oder sonst ein Programm, das du in Aktion bringst.

Zweitens wirst du es schätzen, wenn diese Aufgabe jedes Mal dieselbe ist. Hast du erst einmal eine Aktivität gefunden, die dein Denken von negativ zu positiv verändert, dann möchtest du sie, jedes Mal, wenn du sie brauchst, genau so wiederholen. Wiederholung ist entscheidend, denn du bist so geprägt, dass Routine und positive Rituale dir gut tun. Eine Gewohnheit als festen Grund zu verwenden erspart es dir auch, darüber nachdenken zu müssen, was du tun sollst, wenn du mal wieder zu sehr nach innen schaust. Das hilft dir wiederum, die übertriebene Selbstbetrachtung zu vermeiden, die dich nur allzu leicht überkommt.

Drittens: Verleihe dieser Aufgabe die Fähigkeit, die Spirale anzuhalten und dein Denken auf Gottes Segnungen und die Möglichkeiten des Lebens auszurichten. Gott hat dich mit der Fähigkeit zu wählen ausgestattet, daher kannst du auch wählen, dein Denken, deine Einstellung und deinen Fokus zu verändern.

Ich will dir zwei Beispiele nennen, wie das funktioniert. Steve ist ein Mach-es-richtig-Freund von mir, der sich ganz seiner Familie und seinem Beruf hingibt. Eines Tages kam er nach dem Gottesdienst zu mir und sagte: „Bill, du musst für mich beten."

„Was ist los", fragte ich.

„Ich hab meinen Job verloren."

„Das tut mir leid, Steve. Du siehst verärgert aus. Haben sie dich gefeuert oder freigestellt?"

„Ich wurde freigestellt."

„Haben sie dir denn keine Abfindung gezahlt? Bist du deshalb so verärgert?"

„Oh, doch, ich habe schon eine Abfindung bekommen. Aber nur für neun Monate."

Ich wollte ihm sagen: „Alter, du hast den Hauptgewinn gezogen. Jetzt hast du neun Monate, um dir über alles klar zu werden. In der Zeit kannst du deine berufliche Laufbahn noch mal in ganz neue Bahnen lenken. Mann, versau das bloß nicht." Aber ich wusste, dass ich damit seine inneren Kämpfe zu sehr auf die leichte Schulter nehmen würde. Ich kannte ihn gut genug, um zu erkennen, dass er sich in einer Abwärtsspirale befand. Er hatte sich das Katastrophenszenario bereits ausgemalt. In seiner Vorstellung sah er sich schon nie wieder einen neuen Job finden, sein Haus verlieren und mit seinen Lieben unter einer Brücke um Brot betteln. Ich nahm mir vor, ihm zu helfen, festen Grund für diese Spirale zu finden.

„Steve, hol mal deinen Kalender raus", bat ich ihn.

Sofort zog er seinen elektronischen Terminplaner aus der Hosentasche.

„Ab welchem Datum wird es kritisch? Wann kannst du nicht mehr für die Bedürfnisse deiner Familie sorgen, wenn du Schwierigkeiten haben solltest einen neuen Job zu finden?"

Er nannte mir ein Datum, das ungefähr sechs Monate in der Zukunft lag. Ich sagte ihm, er solle das Datum in seinem Kalender suchen und für diesen Tag einen Termin eintragen.

„Schreib als Termin ‚Anfangen, mir Sorgen zu machen' ", sagte ich.

Er schaute mich etwas verwirrt an, schrieb aber dann diese Aufgabe in den Terminplaner.

„Wenn du dieses Datum erreichst und immer noch keine Arbeit gefunden hast, dann mach dir so viel Sorgen, wie du willst", sagte ich. „Fühl dich frei, dich richtig zu sorgen, schlaflose Nächte zu haben, du kannst sogar weinen, wenn du willst. Bis dahin brauchst dir aber noch keine Sorgen zu machen, denn du hast ja bereits einen Termin zum Sorgenmachen festgelegt."

Einen Monat später kam er wieder auf mich zu und sagte: „Bill, du rätst nicht, was passiert ist."

„Du hast 'nen Job gefunden, nicht wahr?"

„Woher weißt du das?"

Ich wusste es nicht genau, aber ich hatte mir Folgendes überlegt: Wenn er all die Kraft, die er aufs Sorgenmachen verwendet hätte, nun in eine positive Richtung lenkte, würde er mit viel Energie nach einer neuen Arbeit suchen, mit Selbstvertrauen zu den Vorstellungsgesprächen gehen und sich als jemand darstellen, der für jedes Unternehmen ein Gewinn wäre. Ich hatte nur geraten, aber es schien mir eine recht logische Vermutung zu sein.

Ein anderes Paar sprach mich wegen ihres Sohns an. „Derrick hat ein Problem mit seinem Zorn", sagten sie. „Könntest du vielleicht mal mit ihm sprechen und schauen, ob du ihm helfen kannst?"

Als ich mich mit Derrick traf, merkte ich schnell, dass er gar kein Problem mit Zorn hatte. Er war auch einer jener Menschen, die die Dinge in Ordnung bringen wollen, und bei ihm zu Hause waren die Dinge nicht in Ordnung. Seine Eltern hatten eine Menge Stress und kamen nicht gut miteinander aus. Derrick nahm diesen Stress auf und versuchte herauszufinden, wie er das in Ordnung bringen konnte. Jedes Mal, wenn er über seine Familie nachdachte, zog ihn das runter, bis es ihn zu überwältigen drohte. Völlig frustriert reagierte er dann mit Zorn.

Ich erklärte ihm, wie manche Menschen in so eine Abwärtsspirale geraten, die sie frustriert und wütend macht. An seinem Nicken merkte ich, dass er erkannte, dass er einer dieser Menschen war. Ich fragte Derrick: „Kannst du mir sagen, wann die Spirale in deinem Kopf beginnt?"

Zum Glück konnte er das und so entwickelten wir ein spezielles Programm für ihn, das wir „stop, drop and roll" nannten. Ich schlug ihm vor, jedes Mal, wenn er merkte, dass die Spirale sich in Gang setzen wollte, laut Stopp zu rufen, sich dreimal über den Boden zu rollen (drop and roll) und dann auf die Knie zu gehen, um zu beten: „Jesus, was willst du, das ich als Nächstes tue?"

Dieser einfache Ablauf war eine große Hilfe für Derrick, seine emotionale Energie wieder unter Kontrolle zu bringen.

Er half ihm, über sein Leben zu lachen und inmitten von Stress in der Familie etwas mehr Kraft und Souveränität in sich zu spüren. Es funktionierte für ihn so gut, dass er sich ein Schild mit „stop, drop and roll" an den Kühlschrank, den Badezimmerspiegel und die Schranktür hängte. Und seine Familie gewöhnte sich daran, dass Derrick jederzeit völlig unerwartet sein „stop, drop and roll" ausführte.

Bring es zusammen

Eine vierte grundlegende Form der Motivation kommt aus dem inneren Wunsch, Teil eines Teams zu sein. Menschen, die dadurch motiviert werden, wollen das Leben gemeinsam leben. Wenn du so bist, dann genießt du das Leben am meisten, wenn du Teil von etwas bist. Du funktionierst am besten, wenn du gemeinsam Entscheidungen treffen, gemeinsam an Projekten arbeiten, gemeinsam nach Lösungen suchen und Zeit gemeinsam verbringen kannst. Für dich ist das Leben mehr ein *Wir* als ein *Ich*. Weil das Team für dich so wichtig ist, bist du leicht zugänglich und man stellt relativ wenige Bedürfnisse bei dir fest. Du fühlst dich viel wohler, wenn du anderen helfen kannst, als wenn dir geholfen wird. Du sparst dir deine Energie für die gemeinsame Zeit auf, daher ist es grundsätzlich recht einfach, mit dir auszukommen und du scheinst pflegeleicht. Aussagen wie: „Es ist klasse, dich in der Nähe zu haben", „Alles läuft besser, wenn du dabei bist", „Unser Leben ist besser, wenn du bei uns bist" und „Es ist toll, dich in unserem Team zu haben" motivieren dich.

Befriedigung empfindest du, wenn du anderen Menschen dabei helfen kannst, erfolgreich zu sein. Wenn du überzeugt bist, dass du Anteil daran hattest, anderen zu mehr Einfluss, Wohlstand oder persönlichem Wachstum zu verhelfen, dann denkst du bei dir selbst: *„Das ist es, wozu ich* *geboren wurde."* Wenn Menschen dich fragen, welche Vision du für dein Leben hast, dann ist deine erste Reaktion: „Daran arbeite ich noch. Was ist deine?" Es motiviert dich, zu erforschen, was andere anfeuert, und gemeinsam Wege zu finden, es Wirklichkeit werden zu lassen.

Andere sind gern in deiner Nähe, weil du ermutigend, angenehm und entspannt bist. Du hörst gut zu, bist ein guter Verhandler und Vermittler und schätzt das, was jeder beitragen kann. In der Regel verfügst du über viel Weisheit, denn du warst in deinem Leben schon Teil vieler Teams und hast von jedem etwas gelernt, aber du neigst auch dazu, mit deiner Meinung zurückzuhalten, bis du gefragt wirst. So wird deine Meinung oft übergangen, weil es dir an dem natürlichen Feuer in der Seele fehlt und du deine Ideen zu vorsichtig rüberbringst. Wenn du ein Feuer als Erster bemerkst, reagieren die Leute gar nicht darauf, weil du einfach nur ganz ruhig sagst: „Das Haus brennt", statt zu schreien: „Feuer! Feuer! Kommt *sofort* aus dem Haus raus!"

Ein gutes Beispiel aus der Geschichte für so einen Bring-es-zusammen-Mann ist Barnabas. Wir begegnen ihm das erste Mal, als er gerade ein Feld verkauft und das ganze Geld der Gemeinde gibt, um den Bedürftigen zu helfen (Apostelgeschichte 4,36-37). Das nächste Mal treffen wir ihn, als er Paulus den Aposteln vorstellt (Apostelgeschichte 9,27). Paulus war dafür berüchtigt, die Gläubigen zu verhaften und sie dem Scharfrichter zu übergeben. Es hatte sich nun zwar herumgesprochen, dass er sich unter dramatischen Umständen bekehrt hatte, aber sein Ruf machte es schwer, das zu glauben. Barnabas jedoch sah, wie echt Paulus' Glaube war, und benutzte seinen Einfluss, um eine Tür für den größten Gemeindebauer der Geschichte zu öffnen. In Antiochia bildeten Paulus und Barnabas dann ein Team, weil die beiden „ein ganzes Jahr in der Gemeinde zusammenkamen und eine zahlreiche Menge lehrten" (Apostelgeschichte 11,26).

Als es für die Gemeinde in Antiochia an der Zeit war, ein Team auszusenden, um Gemeinden zu gründen, sagte der Heilige Geist: „Sondert mir nun Barnabas und Saulus zu dem Werk aus, zu dem ich sie berufen habe" (Apostelgeschichte 13,2). Als Teil des Teams wählten sie einen jungen Mann mit Namen Johannes Markus. Dieser junge Mann fing richtig gut an, aber auf halber Strecke gab er auf und fuhr zurück nach Hause (Apostelgeschichte 13,13). In Apostelgeschichte 15 kam Paulus, der ein Krieg-es-hin-Mann ist, zu Barnabas mit der Idee, eine zweite Missionsreise zu unternehmen, um den Einfluss des Evangeliums weiter auszuweiten. Als sie besprachen, wer noch mit zum Team gehören sollte, schlug Barnabas erneut Johannes Markus vor.

Im Grunde sagte Paulus darauf: „Er ist ein Versager und ich will ihn nie wieder in meinem Team haben." Barnabas aber war anderer Meinung. Er sah das Potenzial in diesem jungen Mann und glaubte, dass er seine früheren Fehler wiedergutmachen könnte. Die beiden gerieten über Johannes Markus so sehr aneinander, dass sie beschlossen, getrennte Wege zu gehen. Paulus tat sich mit Silas zusammen und machte sich auf den Weg, während Barnabas mit seinem Schützling nach Zypern zurückkehrte (Apostelgeschichte 15,36-41).

Von diesem Punkt an in der Apostelgeschichte hören wir nichts mehr von Barnabas. Wir wissen, wie erfolgreich der Dienst von Paulus war, aber die Frage, welchen Einfluss Barnabas von da an noch hatte, bleibt offen. Allerdings wissen wir trotzdem, dass sein Leben weiterhin positive Auswirkungen hatte, denn eben jener Johannes Markus ist der Autor des Markusevangeliums. Barnabas half ihm ermutigend dabei, sich gut von der Ablehnung zu erholen und sich dann neu auszurichten. Sein Markusevangelium hat seither unzählige Generationen mit der Wahrheit über das Leben von Jesus geprägt. Johannes Markus dabei zu helfen, Erfolg zu haben, war für Barnabas wichtiger als sein eigener Ruhm, weil er Markus als einen wichtigen Teil des Teams ansah.

Diejenigen mit der Bring-es-zusammen-Haltung mögen es nicht, wenn sie über das definiert werden, was sie tun. Sie leben dafür, Teil eines Teams zu sein und zu einer bedeutungsvollen Gruppe von Menschen zu gehören. Sie leben von der Akzeptanz für das, was sie sind, und dem Respekt, der ihnen für ihren Beitrag zum Team entgegengebracht wird. Wenn man sie über das definiert, was sie persönlich erreicht haben, geht ihre Motivation in den Keller.

Als unser jüngster Sohn auf die Grundschule ging, blieben seine Noten hinter seinen Möglichkeiten zurück. Also arbeiteten wir gemeinsam mit seinen Lehrern einen Plan aus, wie seine Noten wieder besser werden konnten. Und beim nächsten Zeugnis waren seine Noten tatsächlich besser, daher sagten wir zu ihm: „Caleb, wir sind so stolz auf dich. Du machst dich großartig und arbeitest dich ausgezeichnet durch deinen Plan. Gut gemacht."

Beim darauffolgenden Zeugnis waren seine Noten wieder schlechter und wir waren verwirrt. Wir hatten einen guten Plan gehabt, wir gaben ihm ein positives Feedback und wir arbeiteten mit den richtigen Leuten zusammen. Als wir mit ihm darüber sprachen, bekam ich den Eindruck, dass das Problem in seiner mangelnden Motivation lag und darum änderten wir unsere Vorgehensweise. Wir riefen Caleb ins Wohnzimmer und sagten zu ihm: „Wir möchten, dass du weißt, dass wir dich lieben und dass wir möchten, dass du immer dein Bestes gibst, aber vor allem möchten wir, dass du weißt, dass unser Leben schöner ist, weil es dich gibt."

Wenn du ein Krieg-es-hin-Mann bist, dann denkst du jetzt vielleicht: „*Unser Leben ist schöner, weil es dich gibt? Was für ein schwächliches, verweichlichtes Mädchengequatsche ist das denn? Wir müssen den Jungen einfach nur auf Spur bringen und ihm die Faulheit austreiben.*"

Dazu kann ich dir nur sagen, dass wir keine Probleme mehr mit seiner Motivation hatten, seit wir uns dazu entschlossen hatten, ihm zu bestätigen, dass er ein wichtiges Mitglied unseres Teams ist. Er hatte während seiner ganzen Highschool-Zeit gute Noten, er engagierte sich in der Studentenselbstverwaltung, er war Vorsitzender der Fellowship of Christian Athletes (Gemeinschaft Christlicher Athleten) an seiner Schule und er war Mannschaftskapitän beim Football und im Laufteam. Seit wir ihm immer wieder sagten, dass wir es zusammen erreichen wollen, riss er sich zusammen.

Du bist dran

Schreibe in den freien Raum unten die Namen der wichtigsten Menschen in deinem Leben. Dann notiere dir, wie du jeden von ihnen charakterisieren würdest. Krieg-es-hin (motiviert durch Ergebnisse und die Kontrolle über Entscheidungen), Bring-es-in-Bewegung (motiviert durch Aufmerksamkeit und Schaffen von Erinnerungen), Mach-es-richtig (motiviert durch Abläufe und Routine) oder Bring-es-zusammen (motiviert durch Zugehörigkeit zu einem Team). Anschließend schreib ein paar Ideen auf, was du für jeden von ihnen in diesem Monat tun kannst, um ihr Energieniveau zu heben.

Name 1:

Grundlegende Motivation

❑ Krieg-es-hin

❑ Bring-es-in-Bewegung

❑ Mach-es-richtig

❑ Bring-es-zusammen

Was kann ich diesen Monat tun, um diese Person, die ich liebe, zu motivieren:

Name 2:

Grundlegende Motivation

❑ Krieg-es-hin

❑ Bring-es-in-Bewegung

❑ Mach-es-richtig

❑ Bring-es-zusammen

Was kann ich diesen Monat tun, um diese Person, die ich liebe, zu motivieren:

Name 3:

Grundlegende Motivation

❑ Krieg-es-hin

❑ Bring-es-in-Bewegung

❑ Mach-es-richtig

❑ Bring-es-zusammen

Was kann ich diesen Monat tun, um diese Person, die ich liebe, zu motivieren:

Name 4:

Grundlegende Motivation

❑ Krieg-es-hin

❑ Bring-es-in-Bewegung

❑ Mach-es-richtig

❑ Bring-es-zusammen

Was kann ich diesen Monat tun, um diese Person, die ich liebe, zu motivieren:

Nur zum Spaß

Der Golfer Tommy Bolt war bekannt für seine schrulligen Eskapaden und für sein lebhaftes Temperament. In dem Bestreben, die Menschen in einer Golfklinik etwas aufzuheitern, bat er seinen Sohn im Teenageralter eines Tages, den netten Leuten mal zu zeigen, was er ihm beigebracht hatte.

Der Junge griff begeistert zu einem Neunereisen – und warf es in die Luft.[26]

Kapitel 8

Entscheide dich, ein Freund Gottes zu sein

„Unmöglich ist nur ein großes Wort, mit dem kleine Männer um sich werfen, die es leichter finden, in der Welt zu leben, die ihnen vorgesetzt wird, statt zu ergründen, welche Kraft sie haben, sie zu verändern."
MUHAMMAD ALI

E s gibt ein besonderes Vorrecht, das für die reserviert ist, die dazu bereit sind. Es begann mit Abraham, der von Gott aufgefordert wurde, das Undenkbare zu tun – seinen einzigen Sohn zu opfern. Das war der Sohn, der Abraham versprochen worden war, als er und Sara bereits zu alt waren, um Kinder zu bekommen. Das war der Sohn, an dem auch alle weiteren Verheißungen hingen. Das war der Sohn, von dem die Zukunft von Abrahams Familie abhing. Und Gott forderte Abraham auf, ihn zu opfern.

In einem bemerkenswerten Akt des Glaubens machte er sich mit Isaak auf den Weg, baute den Altar, richtete das Holz und schärfte das Messer. Im schwierigsten Gespräch seines Lebens erklärte er seinem Sohn, dass Gott den Ruf an ihn gerichtet hatte, in einem schrecklichen Akt des Gehorsams seinen Sohn zu opfern. Erst in dem Moment, als der Stahl der Klinge schon die Haut an Isaaks Hals berührte, griff Gott ein und brach die Opferung ab. Abrahams Reise an die äußersten Grenzen des Kummers endete damit, dass Abraham von da an „Freund Gottes" genannt wurde (2. Chronik 20,7; Jakobus 2,21-23). Man kann verstehen, dass Gott Abraham von da an seinen Freund nannte, schließlich war er der einzige Mann, der verstand, was es hieß, bewusst und absichtlich seinen einzigen Sohn zu opfern. Gott, der Vater, wusste, dass er zu einem späteren Zeitpunkt in der Geschichte die gleiche Erfahrung machen würde. Das schuf eine besondere Verbindung zwischen Abraham und seinem Gott. Doch die Möglichkeit, mit unserem Erlöser befreundet zu sein, endete nicht mit Abraham.

Auch Hiob beschrieb seine Beziehung zu Gott in Begriffen der Freundschaft. In dem Versuch, den tragischen Zustand seines Lebens zu erklären, sagte Hiob zu seinen Freunden, die ihn in Frage gestellt hatten: „Wie war ich in der Blüte meines Lebens, als Gottes Freundschaft über meiner Hütte war" (Hiob 29,4 – Luther). Und später sagte Jesus in einem fast unglaublichen Angebot zu seinen Jüngern: „Ich nenne euch nicht mehr Knechte ... Vielmehr habe ich euch Freunde genannt" (Johannes 15,15 – Einheitsübersetzung).

Es scheint zu locker, zu großzügig, zu weit hergeholt, dass der Gott, der so unendlich weit über uns steht, solche eine Kameradschaft mit uns aufbauen will. Und doch ist das genau das, was er gesagt hat.

Freundschaft braucht Zeit

Was braucht es also, um eine Freundschaft mit Gott aufzubauen? Der Prozess wird in Johannes 15 beschrieben. Es beginnt damit, Zeit miteinander zu verbringen. Man kann unmöglich mit jemand befreundet sein, mit dem man nie Zeit verbringt. Es beginnt ganz klein und wächst dann weiter in dem Maße, wie die Beziehung sich entwickelt. „Ich bin der Weinstock, ihr seid die Reben" (Johannes 15,5). Ohne jeden Zweifel ist Jesus in dieser Beziehung der Stärkere, so wie der Weinstock stärker ist als die Reben. Die Reben beginnen ganz klein. Während sie mit dem Weinstock „Zeit verbringen", wachsen sie und gedeihen schließlich. Auf die gleiche Weise wird eine Freundschaft mit Gott Schritt für Schritt aufgebaut, bis sie schließlich zu einer blühenden Gemeinschaft wird. Zeit mit Jesus zu verbringen beginnt mit den geistlichen Übungen, die uns helfen, in ihm „zu bleiben" (Verse 6-7), aber es ist nicht auf diese förmlichen Aktivitäten beschränkt. Zeit mit Jesus zu verbringen ist zugleich auch ganz locker und viel natürlicher. An diesem Punkt lädst du Jesus in deine Hobbys, deine Freizeit, deine Unterhaltung und deine alltäglichen Kämpfe ein. Ihr erlebt das Leben gemeinsam.

Was machst du wirklich gerne? Wobei hast du richtig Spaß? Vielleicht gehst du gerne wandern oder angeln. Oder du schraubst gerne an Autos oder arbeitest gern im Garten. Vielleicht liebst du Technik oder Werkzeuge oder herumbasteln. Wann hast du zuletzt Jesus eingeladen, bei einer dieser Aktivitäten dabei zu sein?

Eines der Hobbys, die mir echt Freude machen, ist an meinen Fahrzeugen zu arbeiten. Wenn ich in so einem Projekt aufgehe, dann scheint der Stress des Lebens von mir abzufallen. Besonders mag ich das zufriedene Gefühl, wenn ich ein Projekt abgeschlossen habe. Dann geh ich gern darum herum, schau es mir genau an und staune über die Schönheit, die zum Vorschein gekommen ist. An einem Auto zu arbeiten ist so ganz anders als das, was ich beruflich mache, dass es für mich wie eine Flucht aus dem Alltag ist. Mein Auto hat keine emotionalen Probleme und stellt keine Forderungen an mich, wenn ich daran arbeite. Und es gibt keine Termine einzuhalten, es sei denn, ich setze mir selbst welche.

Wenn ich ein Freund Gottes sein will, ist es sinnvoll, ihn einzuladen, dabei zu sein, wenn ich an meinem Auto arbeite. Daher habe ich beschlossen, Jesus zu bitten, sich an meinen Autoprojekten zu beteiligen. Bevor ich anfange, bete ich: „Jesus, woran wollen wir denn heute arbeiten? Wir könnten uns die Elektrik, die Karosserie oder die Bremsen vornehmen.

Gibt's irgendetwas, das du bevorzugen würdest?" Mitten im Projekt bete ich oft: „Jesus, du weißt so viel mehr als ich. Kannst du dich erinnern, wo ich das Werkzeug hingelegt habe, das ich grad brauche?"

Bei diesen Projekten hat man es immer wieder mit abgerissenen Schrauben, zerbrochenen Teilen und menschlichen Fehlern zu tun. Früher wurde ich dann frustriert und brüllte meinen Ärger hinaus. Seitdem ich Jesus eingeladen habe, mich zu begleiten, kam mir der Gedanke, dass das vielleicht doch nicht so angemessen ist. Die Rückschläge sind immer noch frustrierend, auch mit dem Bewusstsein, dass Jesus da ist. Da wäre es ziemlich dämlich zu sagen: „Wow, Jesus, ich hab mir grad die Knöchel an der Kante vom Motorblock aufgeschlagen und jetzt bluten sie. Danke, dass ich diese Erfahrung mit dir teilen kann." Stattdessen habe ich in Momenten wie diesen das Geheimnis intensiven Gebets gelernt: „Oh, Jesus, das tat weh. Du hast es wahrscheinlich kommen sehen. Nein, lach nicht, es tut wirklich weh. Ich weiß, die Kreuzigung war viel schlimmer, aber es tut trotzdem weh."

Ich mache auch gern Sport. Als Kind spielte ich dauernd draußen und an der Highschool trieb ich eine Menge Sport. Daher ist Sport für mich etwas völlig Normales und ich fühle mich einfach besser, wenn ich gut in Form bin. Außerdem stehe ich vor der Herausforderung, ziemlich sportliche Söhne zu haben, und da kommt natürlich das männliche Ego dazu („Ich kann es mit diesen jungen Burschen immer noch aufnehmen."). Es wäre ein Leichtes, diesen Bereich für mich abzutrennen, aber ich möchte mit meinem Erlöser befreundet sein, darum lade ich ihn ein, mit mir zusammen Sport zu treiben. Ich habe von meinem 23-Jährigen, der Kraft- und Konditionstrainer ist, gelernt, dass ich die Art meiner sportlichen Betätigung variieren sollte, um meine Muskeln „durcheinanderzubringen", sonst würde mein Körper sich an die Anstrengungen gewöhnen und die Ergebnisse wären nur noch minimal. Daher hab ich mir eine Liste mit möglichen Sportarten und Trainingsformen erstellt, und bevor ich anfange, frage ich Gott: „So, welchen Sport machen wir denn heute mal?" Und dann höre ich mir noch Lobpreismusik oder eine Hörbibel an, wenn ich meine Übungen mache, damit mein Bewusstsein verwandelt wird, während ich meinen Körper trainiere.

Es ist deine Entscheidung

Was machst du gerne, um dich zu entspannen oder um Spaß zu haben? Überleg dir Wege, wie du Jesus einladen kannst, an diesen Aktivitäten in deinem Leben teilzunehmen.

Die alltäglichen Kämpfe

Freundschaft mit Jesus wird noch besser, wenn du dich entschließt, dass er auch an den alltäglichen Kämpfen deines Lebens beteiligt sein soll. Dieses Prinzip habe ich von meinem guten Freund Jim Conway gelernt. Jim war Pastor, Professor an einer Akademie, Konferenzsprecher und Berater. Zurzeit leitet er Midlife Dimensions, eine interaktive Internetseite (www.midlife.com), die Männern und Frauen hilft, mit den Veränderungen in der Mitte ihres Lebens zurechtzukommen. Jim ist einer der unerschrockensten Männer, die ich je getroffen habe, und so ist es für ihn ganz normal, mir Fragen zu stellen, die ohne unnötige Umwege direkt ins Zentrum meines Lebens vordringen. Zugleich ist er einer der aufrichtigsten und ehrlichsten Männer, die mir je begegnet sind.

Eines Tages sprachen wir über den Kampf, den wir Männer alle mit der Lust auszufechten haben. Wir waren uns einig, dass Gott die Frauen ganz wundervoll geschaffen hat. Zugleich räumten wir ein, dass Gott uns Männern einen offensiven Sexualtrieb gegeben hat, den es in den Griff zu kriegen gilt. Dann sagte er zu mir: „Sehr geholfen hat mir dabei ein einfaches, direktes Gebet. Wann immer ich eine Frau sehe, die mich auf Touren bringt, sage ich zu Jesus: ‚Bitte fülle du den Mangel in mir aus, von dem ich denke, dass diese Frau ihn ausfüllen könnte.' "

Als ich das zum ersten Mal hörte, war ich verblüfft. Ich hatte die wichtigsten Bibelverse zum Thema Lust bereits auswendig gelernt, denn ich wollte auf diesem Gebiet siegreich sein:

Mit meinen Augen habe ich einen Bund geschlossen, niemals ein Mädchen lüstern anzusehen. (Hiob 31,1 – Hoffnung für alle)

Begehre nicht in deinem Herzen nach ihrer Schönheit, und lass dich nicht fangen von ihren Blicken! Denn um einer hurerischen Frau willen kommt man an den Bettelstab, und die Frau eines anderen gefährdet die kostbare Seele! (Sprüche 6,25-26 – Schlachter)

Ihr habt gehört, dass gesagt ist: Du sollst nicht ehebrechen. Ich aber sage euch, dass jeder, der eine Frau ansieht, sie zu begehren, schon Ehebruch mit ihr begangen hat in seinem Herzen. (Matthäus 5,27-28)

„Gott will, dass ihr ein geheiligtes Leben führt. Dazu gehört, dass ihr euch von aller sexuellen Sünde fern haltet. Jeder von euch muss lernen, Herr über seine Triebe zu sein, denn euer Leben gehört Gott, und die Menschen sollen Achtung vor euch haben. Lasst euch nicht von Begierden und Leidenschaften beherrschen wie die Menschen, die Gott nicht kennen. (1. Thessalonicher 4,3-5 – Neue Genfer Übersetzung).

Doch auch mit diesen Versen in meinem Gedächtnis änderte sich nichts an dem Kampf. Es wurde nicht schlimmer, aber es wurde auch nicht besser. Ich steckte einfach fest in einem konzentrierten Kampf, meine Lust unter Kontrolle zu halten, damit sie nicht zur treibenden Kraft in meinem Leben wurde.

Dann begann ich so zu beten, wie Jim mir vorgeschlagen hatte, und von da an wurde es besser. Es entfachte etwas in mir, das brachgelegen hatte. Daraufhin schaute ich mir die Stelle in 1. Thessalonicher 4 noch einmal an, um zu sehen, ob ich vielleicht das Geheimnis entdecken konnte, wieso das funktionierte. Da sprangen mir die Verse 4 und 5 (Neue Genfer Übersetzung) ins Auge: „Jeder von euch muss lernen, Herr über seine Triebe zu sein, denn euer Leben gehört Gott, und die Menschen sollen Achtung vor euch haben. Lasst euch nicht von Begierden und Leidenschaften beherrschen wie die Menschen, die Gott nicht kennen." Zum ersten Mal sah ich den Unterschied. Die, die sich von ihren Leidenschaften beherrschen ließen, kannten Gott nicht. Daraus lässt sich schließen, dass diejenigen, die lernen, ihre Triebe zu beherrschen, Gott kennen. Man wird im Kampf gegen die Lust stärker, indem man Gott einlädt, sich am Kampf zu beteiligen.

Ich gebe zu, dass ich diese Herausforderung wirklich gern mit meiner eigenen Kraft und Geschicklichkeit überwunden hätte. Am liebsten hätte ich den Plan erkannt, der zum Sieg führt, diesen Plan sorgfältig umgesetzt und dann an Jesus berichtet, so dass er beeindruckt gewesen wäre.

Aber es gab nichts Beeindruckendes zu berichten. All meine Anstrengungen, in diesem Bereich heilig und ehrbar zu leben, führten zu nichts.

Das änderte sich, als ich zuließ, dass Jesus mir in diesem Kampf als Freund zur Seite stand. Gott zu bitten, den Mangel in mir zu füllen, nahm der Versuchung das Geheimnisvolle. Es schien gar nicht mehr so attraktiv zu sein, als ich meinem Erlöser gegenüber ganz offen zugab, dass ich menschlich war. Zu erkennen, dass die meisten Versuchungen darauf aufbauen, ein legitimes Bedürfnis auf illegitime Weise zu befriedigen, ließ das Bedürfnis mit einem Mal attraktiver erscheinen als die Versuchung.

Mit Jesus darüber zu sprechen, dass ich das Bedürfnis hatte, geliebt, angenommen, respektiert, gelobt und begehrt zu werden, hatte ein enorme Kraft. Dadurch fühlte ich mich wertvoll und lebendig. Ich brauchte die Leidenschaft in meiner Seele und den Wunsch, einem anderen Menschen wirklich wichtig zu sein, nicht länger zu leugnen. Stattdessen konnte ich diese Triebe voll und ganz zugeben und mit meinem Schöpfer gemeinsam überlegen, wie ich diesen Bedürfnissen ohne Enttäuschung begegnen konnte. Das ist kein magischer Knopf, der den Kampf schlagartig beendet. Aber Jesus einzuladen, mich mitten in der Herausforderung zu begleiten, hat zu Fortschritten geführt, von denen ich glaube, dass sie anhalten werden, solange ich das will.

Seither habe ich entdeckt, dass das nicht nur im Zusammenhang mit Lust funktioniert. Die anderen Bereiche, in denen ich am häufigsten zu kämpfen habe, sind: 1.) Ich mache mir schnell Sorgen, wenn ich denke, dass das Geld nicht reicht, um meinen Verpflichtungen nachzukommen; 2.) Ich schiebe Telefonanrufe hinaus, wenn ich denke, sie könnten unangenehm werden; 3.) Ich neige dazu, wütend zu werden, wenn ich das Gefühl bekomme, mein Leben wird von jemand anderem kontrolliert.

Ich gehe davon aus, dass ich für den Rest meines Lebens auf diese Bereiche ein wachsames Auge haben muss, aber ich habe auch schon große Fortschritte gemacht, seit ich Jesus gebeten habe, mittendrin in diesem Wachstum zu sein. Als ich mein Bestes versuchte, um besser zu werden, gab es praktisch keine Fortschritte. Als ich meinen Erlöser bat, mich in den alltäglichen Kämpfen zu begleiten, begann ich zu reifen.

Es ist deine Entscheidung

Was sind deine wichtigsten alltäglichen Kämpfe?

Lade Jesus gerade jetzt ein, dich inmitten dieser Kämpfe zu begleiten. Und denke daran, ihn jedes Mal wieder einzuladen, wenn du merkst, dass der Kampf von vorne beginnt.

Freundschaft lebt von Loyalität

In Johannes 15,13 sagt Jesus seinen Nachfolgern: „Größere Liebe hat niemand als die, dass er sein Leben hingibt für seine Freunde." Für deine wahren Freunde tust du alles, was nötig ist, um ihre Ehre zu verteidigen, ihnen zum Erfolg zu verhelfen und sie vor Schaden zu bewahren. Im Grunde gibst du dein Leben hin für deine Freunde. Und Jesus hat das für uns getan, weil ihm die Beziehung wichtig ist. In aller Demut hat er seine Herrlichkeit abgelegt, um genau wie wir das Leben auf der Erde zu erfahren. In aller Demut legte er seine Macht nieder, um die gleichen Lebensprozesse durchzumachen wie wir. In aller Demut gab er sein Leben am Kreuz hin, um den Preis für unsere Sünden zu bezahlen, den wir mit unseren Möglichkeiten gar nicht bezahlen konnten (2. Korinther 5,21; Philipper 2,5-11; Hebräer 4,15-16).

Jetzt ist es an der Zeit, dass wir darauf reagieren. Wir müssen nach Wegen suchen, unsere Loyalität ihm gegenüber zum Ausdruck zu bringen, indem wir seine Ehre verteidigen, mit ihm zusammen am großen Missionsauftrag arbeiten und uns für ihn und seine Wege entscheiden, statt für irgendetwas, das versucht, seinen Platz einzunehmen. Wir leben in einer Welt, in der der Name Jesu ständig kritisiert wird. Wenn wir seine Freunde sind, werden wir dagegen aufstehen und seine Ehre verteidigen, auch wenn das für uns unbequem ist oder uns selbst der Kritik aussetzt. Seine Ehre zu verteidigen beginnt auf der ganz persönlichen Ebene, indem du in deinem eigenen Umfeld für ihn aufstehst.

Ich erinnere mich noch, wie das erste Mal jemand zu mir sagte, Jesus sei nur eine Krücke, die schwache Menschen bräuchten, um durchs Leben zu kommen. Mein erster Gedanke war: *„Dieser Kerl hat überhaupt keine Ahnung, worum es bei einer wirklichen Beziehung zu unserem Erlöser überhaupt geht."* Ich antwortete ihm: „Ich nehme mal an, dass du es gar nicht weißt."

„Dass ich was nicht weiß?", erwiderte er mit einem fragenden Gesichtsausdruck.

„Ich nehme an, du hast nicht die geringste Vorstellung davon, wie es ist, eine wirkliche Beziehung zu Jesus zu haben. Entweder das oder du vergleichst eine Krücke mit einem Turbolader."

„Ein Turbolader? Was soll das denn heißen?"

„Jesus zu kennen ist das Aufregendste, was mir je passiert ist. Er ist der Urheber des Lebens und die größte Quelle persönlicher Kraft hier auf Erden. Er weiß alles über dich und er ist entschlossen, das Beste aus dir herauszuholen. Er bringt dich schneller dahin, dein Potenzial zu erschließen, als du dir jemals hast träumen lassen. Wenn du ihm begegnest, gibt er dir Motivation, löst deine Begrenzungen auf, eröffnet dir neue Möglichkeiten und sättigt dich mit Weisheit. Du kannst Jesus gar nicht begegnen und weiter durchs Leben humpeln, denn *er* liebt es zu rennen."

Ihm gefiel meine Antwort nicht wirklich, aber ich ließ es dabei bewenden, ihn mit seiner Meinung dann einfach stehen zu lassen. Jesus ist der beste Freund, den ich je hatte und ich bin entschlossen, seine Ehre zu verteidigen.

Es gibt auch Zeiten für eine öffentliche Stellungnahme. Weil wir in einer Welt leben, die den Dingen Gottes feindlich gegenübersteht, müssen wir uns manchmal zusammenschließen, um für die Wahrheit aufzustehen. In jüngster Zeit haben wir in Kalifornien dafür gekämpft, Gottes Definition von Ehe hochzuhalten. Proposition 8 (Proposition 8 war ein Antrag zur Änderung der kalifornischen Verfassung per Referendum, mit dem Ziel, nur noch heterosexuelle Ehen staatlich anzuerkennen)[27] war ein harter Kampf mit leidenschaftlichen Unterstützern auf beiden Seiten. Die Gegner von Proposition 8 versuchten, den Konflikt so darzustellen, als ginge es nur um Hass und Diskriminierung. In Wirklichkeit waren sie es, die versuchten, die Wahrheit neu zu definieren und Gottes Standards zu ersetzen. Es war Gott, der uns männlich und weiblich geschaffen hat. Und es war Gott, der gesagt hat: „Darum wird ein Mann seinen Vater und seine Mutter verlassen und seiner Frau anhängen, und sie werden zu einem Fleisch werden" (1. Mose 2,24). Aber es gibt Menschen, die versuchen, die Wahrheit der Schrift als eine Meinung unter vielen hinzustellen, statt sich vor Jesus als Schöpfer und König des Lebens zu beugen. Ich bin dankbar, dass die Gemeinde in diesem Fall aufgestanden ist, sich zusammengeschlossen hat und die Heiligkeit der Ehe wiederhergestellt hat.

Pam und ich nahmen an der Feier im Rathaus teil, nachdem Proposition 8 angenommen worden war. Die Menge der Unterstützer war diszipliniert, aber auch enthusiastisch. Pastoren und andere Gemeindeleiter hielten ihre Reden in einem respektvollen Tonfall und brachten ihre Dankbarkeit gegenüber denen, die Gottes Pläne unterstützt hatten, zum Ausdruck. In der Nähe versammelte sich aber auch eine Gruppe von Leuten mit Megafonen, die gegen diese Maßnahme waren. Wir wurden „christliche Terroristen" genannt, mit Nazis verglichen und als Hassprediger bezeichnet. Sie bezeichneten sich selbst als tolerant, aber die Form ihrer Kritik bewies das Gegenteil. Wir blieben dennoch standhaft und beendeten unsere Feier, weil wir wussten, dass sie gegen unseren Freund Jesus kämpften, und wir stehen zu unseren Freunden.

In welchen Lebensbereichen bittet Jesus dich, an seiner Seite zu stehen und sein Freund zu sein?

Du bist dran

Nimm dir jetzt Zeit, Jesus zu danken, dass er sein Leben für dich gegeben hat. Wie kannst du in dieser Woche die Ehre von Jesus verteidigen?

Hör auf Ratschläge, wenn sie der Wahrheit entsprechen

Als Jesus sagte: „Ihr seid meine Freunde, wenn ihr tut, was ich euch gebiete" (Johannes 15,14), muss das für die Jünger ziemlich seltsam geklungen haben. Das war ihr Rabbi, ihr Anführer, ihr Lehrer und ihre Hoffnung auf die Zukunft. Sie waren es nicht gewohnt, die Autorität in ihrem Leben als Freund anzusehen. Jesus verstand jedoch, dass Rat geben und Rat annehmen zu einer Freundschaft dazugehört. Deine Freunde sehen dich in vielen verschiedenen Lebenslagen. Sie sehen das Beste an dir, das Schlechteste an dir und das Mittelmäßige sehen sie auch. Manchmal haben deine Freunde daher genau die Perspektive, die dir fehlt. Vernünftige Freunde nehmen deshalb den Rat ihrer Freunde an, wenn diese Recht haben.

Jesus hat uns allen gegenüber einen entschiedenen Vorteil, denn er hat immer Recht. Daher ist jeder Rat von ihm das richtige Wort zur richtigen Zeit. Darum sagt er auch: „Tut, was ich euch gebiete." Nicht dass er eine ungesunde Kontrolle über unser Leben ausüben will, er sieht nur einfach ganz klar, was am besten für uns ist. Er möchte eine richtige Freundschaft mit uns, wo wir unseren freien Willen haben und unsere Gaben entfalten können. Er möchte, dass wir unser Bestes in die Beziehung einbringen, so wie auch er sein Bestes in unsere Leben bringt. Es ist großartig, einen Freund wie Jesus zu haben, denn wir sehen selten weit genug voraus, um zu wissen, was wir am besten tun sollten. In solchen Momenten kommt dann Jesus hinzu, teilt uns seine Meinung mit und drängt uns dazu zu gehorchen.

Ich werde nie vergessen, wie mir zum ersten Mal bewusst wurde, dass Jesus das in meinem Leben so macht. Ich war ein 19-jähriger Student an der California Polytechnic State University in San Luis Obispo und engagierte mich als Leiter bei Campus für Christus. Damals besuchte ich eine

Leiterschaftskonferenz für Studenten in der Zentrale von Campus für Christus und ging mit der Erwartung dorthin, dass ich dort lernen würde, ein besserer Leiter zu sein, und mit anderen Leitern zusammenkäme, die meine Fähigkeiten verfeinerten. Ich hätte mir nie träumen lassen, dort der Frau zu begegnen, die meine Partnerin fürs Leben werden würde.

Das erste Mal sah ich sie, als ich mit meinem besten Freund Scott auf den Beginn einer Veranstaltung wartete und drei junge Damen auf uns zukamen. Sie fragten: „Kennt ihr Jim Farrel?" Sie stellten die Frage, weil Scott und ich Hüte trugen, die dem ähnelten, den mein Bruder etwas früher im Sommer auf einer Konferenz getragen hatte, wo zwei der drei Frauen ihm begegnet waren. Als ich ihnen sagte, dass er mein Bruder sei, gab es einen freudigen Aufschrei. Dann sagte Scott zu einer der Frauen: „Bist du nicht Phyllis? Sind wir nicht zusammen in die dritte Klasse gegangen?" Ein erneuter Aufschrei und Pam (meine zukünftige Frau) entschuldigte sich leise und ging zu ihrem Platz zurück.

Am nächsten Tag am Pool nahm ich Pam zum ersten Mal richtig wahr. Sie war Kunstspringerin an ihrem College und ich bewunderte ihre Geschicklichkeit auf dem Sprungbrett. Außerdem war sie echt süß. Also dachte ich: *„Die hätte ich wirklich gern zur Freundin."*

Wir sprachen auf der Konferenz einige Male beiläufig miteinander, aber es entwickelte sich nur eine gewöhnliche Freundschaft. Etwas später im selben Jahr trafen wir uns auf einer anderen Konferenz wieder und unterhielten uns ein paar Mal sehr ernsthaft darüber, wie Gott in unserem Leben arbeitete und was unsere Ziele für die Zukunft waren. Diese Unterhaltungen steigerten mein Interesse an ihr, aber ich dachte immer noch nicht, dass sich mehr als eine Freundschaft daraus entwickeln würde.

Auf einer Weihnachtskonferenz im Dezember fragte ich sie dann, ob sie sich meinem Bruder, mir und ein paar weiteren Freunden für ein nettes Beisammensein anschließen wollte. Ich freute mich, dass sie Ja sagte, aber ich hatte keine Ahnung, dass es mich so erwischen würde. Am nächsten Tag besuchte ich die Vorträge, konnte mich aber überhaupt nicht konzentrieren. Ich war frustriert und beschwingt zugleich. Ich wusste, dass ich etwas unternehmen musste oder diese Konferenz wäre reine Zeitverschwendung.

So fragte ich Pam, ob ich am Abend nach dem Konferenzprogramm mit ihr reden könnte. Da sagte ich dann zu ihr: „Ich kann mich nicht mehr richtig konzentrieren, ich denke, ich mag dich wirklich. Was würdest du dazu sagen, wenn wir mehr Zeit miteinander verbringen, um uns besser kennenzulernen?"

Ich wusste nicht, was mich erwarten würde, aber ich musste das Risiko eingehen. Viele Entscheidungen laufen so ab. Du hast genug Informationen, um einen Schritt nach vorne zu machen, aber nicht genug Informationen, um genau zu wissen, wie die Sache ausgehen wird. Ausgehend von dem, was du weißt, gehst du voran und hoffst, dass der Schritt der richtige ist, und dann wartest du ab, was passiert.

Zum Glück reagierte Pam sehr positiv. Es schien ihr zu gefallen, dass ich mehr Zeit mit ihr verbringen wollte und auch dass ich so geradeheraus zu ihr war. Für den Rest der Konferenz verbrachten wir unsere gesamte freie Zeit miteinander und es entwickelte sich eine romantische Beziehung. Wir lebten zwei Autostunden entfernt voneinander, also liefen unsere Treffen so ab, dass ich in ihre Heimatstadt fuhr, bei einem Freund übernachtete und meine Zeit mit Pam verbrachte. Und dann wieder fuhr sie nach San Luis Obispo, übernachtete bei einer Freundin und wir verbrachten unsere Zeit gemeinsam.

Wir hatten eine Menge Fragen an das Leben, aber wir wussten beide ganz sicher, dass es das Wichtigste in unserem Leben war, Jesus zu dienen. Wir liebten uns, aber wir wollten auf keinen Fall, dass irgendetwas unserer Bereitschaft, Jesus für den Rest unseres Lebens zu dienen, im Wege stand. Daher waren wir bereit zusammenzubleiben, wenn das unserem Dienst förderlich wäre, waren aber ebenso bereit, einander wieder loszulassen, falls das nötig sein sollte. Im darauffolgenden Sommer besuchte Pam eine zweimonatige Bibelschule in Colorado und ich fuhr nach Hause, um zu arbeiten.

Wir beschlossen, diese zwei Monate zu nutzen, um unsere Beziehung im Gebet zu bewegen. Um sicherzugehen, dass wir dabei völlig unbeeinflusst blieben, beschlossen wir, während dieser zwei Monate nicht miteinander zu kommunizieren. Ich fuhr nach Bakersfield, um mich von Pam zu verabschieden und machte mich dann auf den Weg zu meinen Eltern, die zweieinhalb Stunden entfernt lebten. Als ich mich auf den Weg nach Hause machte, begann eine quälende Diskussion mit Gott.

„Gott, ich liebe diese Frau wirklich, aber ich kann sie jetzt noch nicht heiraten. Ich bin 20, fahre einen grünen Vega mit einer blauen Heckklappe und besitze nur zwei Hosen. Und hab ich dir schon gesagt, dass ich gar keinen richtigen Job habe und eine der Hosen ein Loch am Knie hat? Ich will deinen Willen tun, aber ich bin noch nicht bereit zu heiraten."

Solange ich auf diese Weise betete, fühlte ich einen Knoten im Magen. Ich spürte die Anspannung in jeder Faser meines Körpers und mein Magen tat mir weh. Dieses Unwohlsein brachte mich dazu, es doch mal mit Kooperation zu versuchen. „Okay, Gott, ich werde diese Frau heiraten." Sobald ich das gebetet hatte, kam Gottes Frieden wie eine Welle über mich. Die Anspannung war verschwunden und der Krampf in meinem Bauch löste sich.

Trotzdem beruhigte mich das nicht, daher griff ich mein Anliegen noch einmal auf und erklärte Gott, wie jung ich war und wie wenig darauf vorbereitet, Verantwortung für

eine Frau zu übernehmen. Vermutlich erwartete ich dieses
Mal ein anderes Ergebnis, aber der Schmerz in meinem Magen kehrte zurück und die Anspannung ergriff erneut Besitz
von mir. Mein Zögern hing damit zusammen, dass ich in
den vollzeitigen Dienst gehen wollte. In meinem Kopf hatte
ich mir ein Szenario zurechtgelegt, wie es aussieht, wenn
Leute jung heiraten. Ich erwartete, dass Pam bald schwanger
werden würde, wenn ich sie heiratete, dass ich mir dann einen Job würde suchen müssen, der mir gar nicht gefiel, um
für meine Familie zu sorgen, und dass ich nie meine Ausbildung abschließen würde. Und es schien mir, dass es dadurch
niemals möglich werden würde, in den vollzeitigen Dienst
zu gehen.

Doch Gott ließ nicht locker. Zwei Stunden lang ging es
hin und her. Ich versuchte, ihn davon zu überzeugen, dass es
nicht der richtige Zeitpunkt war. Und er überschüttete mich
mit Stress, wenn ich nicht kooperieren wollte, und mit Frieden, wenn ich kooperierte.

Schließlich sagte ich zu ihm: „Ich kann mich nicht mehr
mit dir streiten. Ich fürchte, diese Entscheidung bedeutet,
dass ich niemals im vollzeitigen Dienst arbeiten werde, aber
es ist einfach zu schwer, dir zu widerstehen. Ich entscheide
mich also heute, Pam zu heiraten, und dann werden wir ja
sehen, wie das werden wird."

So laufen einige der wichtigsten Entscheidungen in unserem Leben ab. Du beurteilst die Risiken, du wägst deine Optionen gegeneinander ab und dann entschließt du dich zu
dem, was du für die beste Alternative hältst. Es bleibt immer
ein Risiko. Es bleibt immer die Möglichkeit, dass du der Länge nach hinfällst und von da an Versagen Teil deiner Lebens-
geschichte ist. Genauso gut kann es aber sein, dass die Entscheidung deinem Leben einen ungeahnten Auftrieb gibt
und du sie später als einen der besten Schritte bezeichnest,
die du je gemacht hast.

Als Pam von der Bibelschule zurückkam, ging alles sehr schnell. Mitte August sprachen wir miteinander, verlobten uns am 26. August und heirateten am 14. Dezember 1979, im Alter von nur 20 Jahren. Nachdem ich mich einmal auf diese Entscheidung festgelegt hatte, verschwand der emotionale Druck. Ich nahm die Herausforderung an und machte mich auf den Weg herauszufinden, wie ich der bestmögliche Ehemann sein konnte. Ich las Bücher, befragte andere Männer, die eine erfolgreiche Ehe zu führen schienen, und hörte mir Radiosendungen über Ehe und Familie an.

Rückblickend ist leicht zu erkennen, dass Gott Pam und mich zusammen ganz neu aufbauen wollte, weil er einen gemeinsamen Dienst für uns hatte. Wir lernten gemeinsam, in unserer Gemeinde zu dienen. Wir lernten gemeinsam, miteinander zu reden. Wir lernten gemeinsam zu vergeben. Wir lernten gemeinsam, wie eine Ehe ganz praktisch funktioniert. Und zu meiner großen Überraschung waren wir uns gegenseitig auch eine Hilfe, als wir zwei Bachelors und einen Master machten.

Du bist dran

Auf welchen Rat, den Jesus dir gegeben hat, versucht er, deine Aufmerksamkeit zu lenken?

Erzähl Jesus von etwas, das dir diese Woche Freude gemacht hat.

Freunde teilen ihr Wissen miteinander

Jesus lud seine Nachfolger auf eine tiefere Ebene der Freund-schaft ein, als er zu ihnen sagte: „Alles, was ich von meinem Vater gehört habe, habe ich euch kundgetan" (Johannes 15,15 – Luther). Jesus war nie damit zufrieden, den anderen über-legen zu sein. Er wusste ohnehin – und das wussten auch seine Jünger – dass er klüger, weiser, stärker und begabter war als sie. Das hätte er raushängen lassen und sie jedes Mal beschämen können, wenn sie zusammen waren. Er hätte sie mit seiner Argumentation überwältigen, mit seinen Gaben in den Schatten stellen und ihren Mangel an Reife deutlich sichtbar werden lassen können. Stattdessen sagte er ihnen aber, dass er mit ihnen teilen wollte, was er gelernt hatte. Er wollte, dass seine Freunde von dem profitierten, was er in seiner Beziehung zu Gott, dem Vater, gelernt hatte.

Genauso möchte Jesus auch mit uns teilen, was er weiß. Halt dir nur einmal ein paar der Dinge vor Augen, von de-nen Gott gesagt hat, dass er sie dir weitergeben will:

- **Er will uns „Großes und Unfassbares" mitteilen.**
  „Rufe mich an, dann will ich dir antworten und will dir Großes und Unfassbares mitteilen, das du nicht kennst." (Jeremia 33,3)

- **Er will uns beibringen, wie wir gute, effektive Diener sein können.**
  „Ihr nennt mich Lehrer und Herr, und ihr sagt recht, denn ich bin es. Wenn nun ich, der Herr und der Lehrer, eure Füße gewaschen habe, so seid auch ihr schuldig, ei-nander die Füße zu waschen. Denn ich habe euch ein Bei-spiel gegeben, dass auch ihr tut, wie ich euch getan habe. Wahrlich, wahrlich, ich sage euch: Ein Sklave ist nicht größer als sein Herr, auch ein Gesandter nicht größer als

der, der ihn gesandt hat. Wenn ihr dies wisst, glückselig seid ihr, wenn ihr es tut!" (Johannes 13,13-17)

■ **Er lehrt uns, was wahr und gerecht ist.**
„Und ihr? Die Salbung, die ihr von ihm empfangen habt, bleibt in euch, und ihr habt nicht nötig, dass euch jemand belehre, sondern wie seine Salbung euch über alles belehrt, so ist es auch wahr und keine Lüge. Und wie sie euch belehrt hat, so bleibt in ihm!" (1. Johannes 2,27)

■ **Er möchte, dass wir seinen Vater kennenlernen.**
„Alles ist mir übergeben worden von meinem Vater; und niemand erkennt den Sohn als nur der Vater, noch erkennt jemand den Vater als nur der Sohn, und der, dem der Sohn ihn offenbaren will." (Matthäus 11,27)

■ **Er möchte, dass wir uns unserer Bestimmung bewusst sind und unserer Haltung, mit der wir diese Bestimmung ausleben.**
„(Ich) jage auf das Ziel zu, hin zu dem Kampfpreis der Berufung Gottes nach oben in Christus Jesus. So viele nun vollkommen sind, lasst uns darauf bedacht sein! Und wenn ihr in irgendetwas anders denkt, so wird euch Gott auch dies offenbaren." (Philipper 3,14-15)

■ **Er möchte, dass wir wissen, wie Gott denkt.**
„Sondern wie geschrieben steht: ‚Was kein Auge gesehen und kein Ohr gehört hat und in keines Menschen Herz gekommen ist, was Gott denen bereitet hat, die ihn lieben.'

Uns aber hat Gott es offenbart durch den Geist, denn der Geist erforscht alles, auch die Tiefen Gottes. Denn wer von den Menschen weiß, was im Menschen ist, als nur der Geist des Menschen, der in ihm ist? So hat auch niemand erkannt, was in Gott ist, als nur der Geist Gottes. Wir aber haben nicht den Geist der Welt empfangen, sondern den Geist, der aus Gott ist, damit wir die Dinge kennen, die uns von Gott geschenkt sind. Davon reden wir auch, nicht in Worten, gelehrt durch menschliche Weisheit, sondern in Worten, gelehrt durch den Geist, indem wir Geistliches durch Geistliches deuten. (1. Korinther 2,9-13)

Diese Freundschaft ist jedoch keine Einbahnstraße. Jesus möchte, dass auch wir mit ihm teilen, was wir wissen. Ich weiß, das klingt lächerlich, weil Jesus doch schon alles weiß, was wir wissen. Er muss nichts mehr lernen. Er braucht in nichts unterwiesen zu werden. Er muss niemals irgendeinen von uns nach etwas fragen. Doch Freunde teilen trotzdem miteinander, was sie wissen, weil sie einfach den Austausch genießen.

Darum werden wir in der gesamten Bibel dazu ermutigt, mit Gott in Austausch zu treten.

■ „Er freut sich über die Gebete der aufrichtigen Menschen" (Sprüche 15,8 – Neues Leben).

■ „Dein Vater, der im Verborgenen sieht, wird dir vergelten" (Matthäus 6,6).

■ „Jesus sagte ihnen durch ein Gleichnis, dass sie allezeit beten und darin nicht nachlassen sollten" (Lukas 18,1 – Einheitsübersetzung).

■ „Betet immer und in jeder Situation mit der Kraft des Heiligen Geistes" (Epheser 6,18 – Neues Leben).

- „Seid um nichts besorgt, sondern in allem sollen durch Gebet und Flehen mit Danksagung eure Anliegen vor Gott kundwerden" (Philipper 4,6-7).

- „Haltet fest am Gebet, und wacht darin mit Danksagung" (Kolosser 4,2).

- „Betet unablässig!" (1. Thessalonicher 5,17).

- „Denn die Augen des Herrn sehen auf die Gerechten, und seine Ohren hören auf ihr Gebet" (1. Petrus 3,12 – Luther).

Jesus ist so daran interessiert, eine lebendige, in beide Richtungen funktionierende Beziehung mit uns zu haben, dass er sogar bereit ist, deswegen in Konkurrenz zu unseren Frauen zu treten. Als Paulus der Gemeinde in Korinth schrieb, riet er den verheirateten Paaren, hin und wieder die Zeit, die sie sonst für Sex verwenden würden, dem Gebet zu widmen. „Entzieht euch einander nicht, es sei denn nach Übereinkunft eine Zeit lang, damit ihr euch dem Gebet widmet und dann wieder zusammen seid, damit der Satan euch nicht versuche, weil ihr euch nicht enthalten könnt" (1. Korinther 7,5). Allerdings soll die Zeit der Enthaltsamkeit nicht von Dauer sein und deshalb ruft er uns zurück zu einer intimen Beziehung. Wow, was für eine Art unsere Aufmerksamkeit zu gewinnen! Ich bin mir ziemlich sicher, dass keiner von uns dabei Gefahr läuft, dass sein Sexualtrieb einschläft. Genauso möchte Jesus, dass unser Wunsch, Zeit mit ihm zu verbringen, lebendig und drängend ist.

Jesus weiß auch, dass wir manchmal gar nicht wissen, was wir eigentlich mit ihm teilen sollen. Uns ist doch klar, dass er alles weiß und wir im Vergleich dazu fast nichts wissen. Er weiß, dass das Leben für ihn gut zu bewältigen und für uns manchmal geradezu überwältigend ist. Er sieht die gesamte Zukunft, darum ist er auch in der Lage, den Schmerz des Lebens aus der richtigen Perspektive zu sehen. Unsere Sichtweise ist beschränkt, daher werden wir vom Schmerz oft auf dem falschen Fuß erwischt. In solchen Zeiten möchte Gott immer noch von uns hören, auch wenn wir eigentlich gar nichts zu sagen haben. „Ebenso aber nimmt auch der Geist sich unserer Schwachheit an; denn wir wissen nicht, was wir bitten sollen, wie es sich gebührt, aber der Geist selbst verwendet sich für uns in unaussprechlichen Seufzern" (Römer 8,26).

Ich habe jüngst eine Erfahrung gemacht, in der ich es dringend brauchte, dass Jesus seine Sichtweise mit mir teilte. Dabei ging es um meine Bestimmung und um die Haltung, mit der ich dieser Bestimmung im nächsten Abschnitt meines Lebens folgen wollte. Mit Anfang zwanzig wusste ich, dass es meine Bestimmung war, Gott vollzeitig zu dienen. Ich glaube nicht, dass der vollzeitige Dienst in irgendeiner Weise wichtiger ist als andere Betätigungen, aber es war die Aufgabe, die mein Herz gefangen nahm. Seit jener frühen Berufung hatte ich acht Jahre in der Arbeit mit Teenagern in einer Gemeinde in Mittelkalifornien verbracht, fünfzehn Jahre damit, zu predigen und eine Gemeinde in San Diego County zu leiten, und drei Jahre damit, einen Dienst für Kleingruppen aufzubauen. Auf diesem Weg bildete sich auch ein Dienst als Autor und Sprecher heraus, der für mich nur eine Teilzeitaufgabe, für meine Frau aber eine Vollzeitaufgabe war.

Dann erfolgte 2007 der Ruf, meine ganze Zeit dem Sprechen und Predigen auf Konferenzen und in Gemeinden zu widmen. Oberflächlich betrachtet klingt das nach einer großartigen Berufung. Herumreisen, über Dinge sprechen, die mir wirklich wichtig sind, viel Zeit mit meiner Frau verbringen. Die Herausforderung liegt darin, dass dies ein

Dienst ist, den meine Frau schon seit Jahren vollzeitig gelebt hat, und nun dringe ich in ihre Welt ein. Ich weiß nicht, wie es dir geht, aber ich habe nie davon geträumt, für meine Frau zu arbeiten und mir von ihr erklären zu lassen, wie ich dabei erfolgreich sein kann. Ich weiß, dass wir Partner sind und dass meine Gaben und ihre Gaben beide nötig sind, damit unser Dienst funktioniert, aber diese Wahrheit stand mir gar nicht so klar vor Augen, als ich die ersten Schritte unternahm. Auf vielen Gebieten fühlte ich mich aus meiner Komfortzone heraus geschubst, während ich neue Fertigkeiten erwarb und neue Wege kennenlernte, mein Leben zu leben und Gott zu dienen.

Ich sagte Jesus: „Ich weiß, dass ich dir gesagt habe, ich würde für dich alles tun und überall hingehen. Das habe ich auch wirklich so gemeint. Ich hatte nur nicht damit gerechnet, dass es ausgerechnet das sein würde. Ich war immer davon ausgegangen, dass ich Teil einer Ortsgemeinde sein und Pam und ich nebenbei Vorträge halten würden. Offenbar ist das jetzt nicht mehr der Plan. Ich brauche ein Bibelwort, an das ich mich in dieser Umbruchzeit halten kann. Die Herausforderung fasziniert mich, aber vieles im Zusammenhang mit dem Gedanken das jetzt vollzeitig zu machen ist mir noch überhaupt nicht klar ist. Kannst du mir irgendetwas geben, das mir hilft?" Kurz nach diesem Gebet stieß ich auf Psalm 32,8:

Ich will dich unterweisen und dich lehren den Weg, den du gehen sollst; ich will dir raten, mein Auge ist über dir.

Sofort war ich ermutigt. Gott erinnerte mich daran, dass er entschlossen war, mich zu unterweisen, mich zu lehren, welchen Weg ich gehen sollte, mich zu beraten und auf mich aufzupassen. Es war eine deutliche Erinnerung daran, dass meine Bestimmung immer noch lebendig war und ich von dem geleitet wurde, der diese Absichten in mich hineingelegt hatte. Ich sagte zu Jesus: „Danke. Das ist wunderbar. Ich bat dich, mir etwas ganz Eindeutiges zu geben und genau das hast du gemacht. Weißt du, mein Freund sagt oft zu dir: ‚Ich verstehe keine Andeutungen' und ich brauchte es, dass du das auch bei mir berücksichtigst. Danke noch mal." Dann las ich weiter:

Seid nicht wie ein Ross, wie ein Maultier, ohne Verstand; mit Zaum und Zügel ist seine Kraft zu bändigen, sonst nahen sie dir nicht. (Psalm 32,9)

Ich konnte es nicht fassen. Jesus hatte mich quasi störrisch genannt. Er verglich mich mit einem Pferd oder Maultier, das seinem Besitzer nicht gehorchen will. Ich konnte mir nicht helfen, aber in dem Moment sah ich Jesus, wie er mir einen Zaum in den Mund legte und die Zügel über meinen Kopf zog. Ich konnte entweder freiwillig folgen oder er konnte an den Zügeln ziehen, damit ich mich fügte. Folgen würde ich in jedem Fall. Die Frage war nur: Würde ich auf die leichte oder auf die harte Tour folgen?

Ich würde dir so gerne sagen, dass ich seitdem immer ein williger Nachfolger gewesen bin, aber die Wahrheit ist, dass Jesus mehr als einmal an den Zügeln ziehen musste und ich ihm offen meinen Unwillen darüber deutlich mitgeteilt habe. Ich bin nur froh, dass Jesus mir die Freiheit gegeben hat, eine offene und ehrliche Beziehung zu ihm zu haben. Ihm zu begegnen, war das beste Ereignis in meinem Leben und ich würde alles für ihn tun. Zu wissen, dass mein Erlöser auch mein Freund ist, der mich treu leitet, selbst wenn ich mal starrköpfig bin, macht die Reise bedeutend angenehmer.

Du bist dran

Was würdest du gern mit Jesus teilen, das du ihm bisher vorenthalten hast?

Freunde eröffnen sich gegenseitig Gelegenheiten

„Ihr habt nicht mich erwählt, sondern ich habe euch erwählt und euch dazu bestimmt, dass ihr hingeht und Frucht bringt und eure Frucht bleibe, damit, was ihr den Vater bitten werdet in meinem Namen, er euch gebe" (Johannes 15,16). Jesus erklärt hier seine Entschlossenheit uns zu helfen, die Gelegenheiten zu nutzen, die uns das Leben bietet. Wenn wir ihm als Freund begegnen, werden wir Frucht bringen und von Gott, dem Vater, bekommen, „was wir in seinem Namen bitten werden". Das ist kein Freibrief, um sich selbstsüchtigen Zielen zu verschreiben, während wir Gott dazu benutzen, dass er tut, was wir wollen. Es ist vielmehr das natürliche Ergebnis einer stabilen Freundschaft.

   Wenn ich eine Gelegenheit sehe, die einem meiner Freunde einen Vorteil bringt, dann sag ich ihm das. Wenn ich eine Tätigkeit finde, die großartig genug ist, dass auch andere daran teilnehmen können, dann erzähle ich meinen Freunden davon. Wenn ich von einer Schulungskonferenz erfahre, die wirklich erstklassig ist, dann lade ich meine Freunde ein, mit mir hinzugehen. Ich möchte, dass meine Freunde von allem

erfahren, was mir hilft, ein besserer Mann zu werden. Wenn
mir das im Hinblick auf meine Freunde klar ist, dann ist das
Jesus im Hinblick auf uns ganz sicher ebenfalls klar.

Was ist aber mit der anderen Seite dieser Freundschaft?
Wie schaffen wir Gelegenheiten für Jesus? Klingt seltsam die
Frage, nicht wahr? Wie könnte der Erschaffer der Welt ir-
gendjemanden brauchen, um ihm Gelegenheiten zu eröffnen
und ihm Chancen anzubieten?

Grundsätzlich betrachtet ist das auch nicht nötig, denn
Jesus fehlt es an nichts, aber mit Blick auf unsere Beziehung
hat er doch eine Möglichkeit dazu geschaffen. Er hat mit uns
gemeinsam ein Unternehmen zur Evangelisation gegründet.
Wir wissen, dass die Erlösung ein Geschenk Gottes ist, aber
wir sind berufen, die Botschafter dafür zu sein: „Wie sollen
sie nun den anrufen, an den sie nicht geglaubt haben? Wie
aber sollen sie an den glauben, von dem sie nicht gehört haben? Wie aber sollen sie hören ohne einen Prediger? Wie aber
sollen sie predigen, wenn sie nicht gesandt sind?" (Römer
10,14-15).

Wenn wir die Geschichte unseres Glaubens mit anderen
teilen, den Dienst unserer Gemeinde unterstützen, uns an
Evangelisationseinsätzen beteiligen und für unsere Freunde,
die Jesus nicht kennen, beten, helfen wir der Sache des Evangeliums. Wir selbst können die Herzen der Menschen nicht
verändern, aber wir können Gelegenheiten dafür schaffen,
dass der Name Jesu bekannt wird, weil er unser Freund ist.

Du bist dran

Welchen Bibelvers hat Gott dir für das Jahr, das vor dir liegt,
gegeben? (Eine Möglichkeit einen Vers zu finden, besteht darin, auf die Seite www.bibleserver.com zu gehen und ein
paar Stichworte zu dem Thema, das dich beschäftigt, einzu-

geben. Daraufhin erscheint eine Liste mit Bibelversen, aus denen du einen auswählen kannst. Schreibe diesen Vers in den freien Raum hier drunter.)

Nur zum Spaß

Ein junger und nervöser Prediger wurde gebeten, auf einem Armenfriedhof eine Beerdigungszeremonie für einen mittellosen Mann ohne Familie und Freunde zu halten. Da er nicht wusste, wo der Friedhof lag, bog er ein paar Mal falsch ab und verfuhr sich. Als er schließlich eine Stunde zu spät ankam, war der Leichenwagen nirgendwo zu sehen, die Schaufel lag neben dem offenen Grab und zwei Arbeiter saßen unter einem Baum und verzehrten ihr Mittagessen.

Der eifrige junge Mann ging an das offene Grab und sah, dass der Sarg bereits an Ort und Stelle lag und der Sargdeckel geschlossen war. Da er sich wegen seines Zuspätkommens schuldig fühlte, predigte er eine besonders bewegende Botschaft und sandte den Verstorbenen mit viel Stil ins Jenseits.

Als der Prediger zu seinem Wagen zurückging, sagte einer der Arbeiter zum anderen: „Seit 20 Jahren installiere ich unterirdische Klärbehälter, aber so was hab ich noch nie erlebt."[28]

Kapitel 9

Entscheide dich,
ein Mann mit Prinzipien zu sein

„Menschen werden nie besser, solange sie nicht einen Standard
oder ein Beispiel sehen, das größer ist als sie selbst."
TYRON EDWARDS

D ie Welt sucht verzweifelt nach Männern mit Prinzipien. Männer, die die Wahrheit sagen und das Richtige tun, weil es das Richtige ist. Mike Krzyzewski, der äußerst erfolgreiche Basketballtrainer der Duke University und ein Mann voller Demut, ist einer der Männer, die mich aus der Ferne inspiriert haben. Ich bin sehr beeindruckt davon, wie er es schafft, junge Männer zu trainieren, so dass sie an der Grenze ihrer Leistungsfähigkeit spielen und dabei gleichzeitig eine völlig coole, konzentrierte Haltung an den Tag legen. Coach K sagte einmal: „Die Wahrheit ist: Viele Menschen stellen Regeln auf, damit sie keine Entscheidungen treffen müssen."

Prinzipien erfordern Entscheidungen. Einer Regel kannst du folgen, ohne nachzudenken. Du kannst ganz automatisch tun, was dir gesagt wird, ohne dabei deine Vorstellungskraft oder deinen Willen einzusetzen. Du kannst völlig abgestumpft sein und trotzdem eine Regel befolgen. Um aber Prinzipien auf konkrete Situationen anzuwenden, musst du voller Dynamik am Leben teilnehmen.

Da liegt der Kern eines Lebens der Gnade. Das Alte Testament enthielt ein kompliziertes System von Gesetzen, das die Anforderungen eines heiligen Gottes beschrieb. Dieses System wurde den Menschen gegeben, um ihnen ein Lehrmeister auf dem Weg zur Erkenntnis der Gnade zu sein (Galater 3,23-25 – Schlachter). Das Gesetz hat uns gelehrt, dass niemand von uns vollkommen ist, egal wie sehr wir es auch versuchen. Diese Erkenntnis sollte in uns ein Verlangen nach einem Erlöser erzeugen, der uns vergeben und seine Lebenskraft mit uns teilen würde.

Genau das wurde mit dem Evangelium erreicht. Jesus hat bezahlt, was du wegen deiner Unvollkommenheit schuldig geblieben bist. Er ist von den Toten auferstanden, damit er heute mit dir eine lebendige Beziehung haben kann. Er legte seinen Heiligen Geist in dich, damit seine Kraft zu leben, Entscheidungen zu treffen und Beziehungen zu führen für dich rund um die Uhr verfügbar ist. Auf diesem Weg wurdest du in die Familie aufgenommen und mit dem Auftrag ausgestattet: „Lebt als Kinder des Lichts" (Epheser 5,8 – Luther).

Nun sind wir frei in Christus. Nicht frei zu tun was wir wollen, sondern frei, die beste aller möglichen Handlungen zu wählen, weil unsere Entscheidungen nicht mehr von Schuld und Verdammnis überschattet sind. Es gibt nur noch Konsequenzen. Jede Wahl, die wir treffen, berührt unser Leben in irgendeiner Weise. Einige Entscheidungen haben eine positive Wirkung auf das Leben, während andere einen negativen Einfluss haben. Manche Entscheidungen verändern das Leben auf lange Sicht, während andere nur kurzfristige Wellen schlagen. Wenn du ein Mann mit Prinzipien bist, dann wirst du die Entscheidungen treffen, die für den längst möglichen Zeitraum die positivsten Auswirkungen haben.

Deine Fähigkeiten entwickeln

Bevor wir darüber sprechen, welche grundlegenden Prinzipien das Leben bestimmen, müssen wir über die Fähigkeiten sprechen, die man braucht, um ein Mann mit Prinzipien zu werden.

Belohnungsaufschub

Wir alle wurden mit unseren Sinnen geschaffen und diese Sinne beeinflussen grundlegend, wer wir sind und wie wir leben. Zum Beispiel bewirken diese Sinne, dass wir gerne essen. Ich staune immer wieder darüber, wie gut manches Essen schmecken kann. Selbst gemachte Spaghettisoße mit Würstchen zu essen ist für mich eine fast religiöse Erfahrung. Es ist mir fast unmöglich, Eiscreme im Haus zu haben und sie nicht zu essen. Gegrilltes Hühnchen mit Pesto und Zitronensaft lässt mir schon das Wasser im Mund zusammenlaufen, wenn ich nur darüber schreibe.

Aufgrund dieser Sinne lieben wir die Unterhaltung. Ein guter Film, eine Fernsehshow oder Veranstaltung können unsere Aufmerksamkeit fesseln und uns für Stunden in Bann halten. Umgekehrt können wir aber auch mit starken Emotionen reagieren, wenn wir mit einem Unterhaltungsangebot konfrontiert werden, das wir nicht mögen. Ich bin sehr gerne verheiratet, aber ich mag keine Mädchenfilme. Ich sehe lieber Footballspiele und Filme voller Action und Spannung. Nachdem ich mir kürzlich mit meinem Sohn zusammen einen Film angesehen hatte, sagte er zu mir: „Wow, das war klasse. Jetzt habe ich richtig Lust, mit Vollgas nach Hause zu fahren." (Ganz im Gegensatz zu dem, was einer meiner anderen Söhne vor einem Jahr sagte, nachdem wir einen hochgelobten Film zusammen angesehen hatten: „Naja, zwei Stunden meines Lebens, die ich nie zurückbekommen werde.") Wir reagieren so, weil Unterhaltung über unsere Sinne geht und uns emotional bewegt. Aufgrund dieser Sinne lieben wir Sex, körperliche Zuwendung, anstrengende Aktivitäten, Musik hören, Wanderungen durch den Wald, Arbeit im Garten oder der Garage und den Abschluss eines guten Geschäfts. Wir lieben die starken Reaktionen, die das Testosteron in uns hervorruft, wenn wir es mit Dingen zu tun haben, die wir sehr mögen.

Unsere Sinne sind jedoch kein freundlicher Verbündeter. Sie können von beiden Seiten unserer Natur beansprucht werden. Die dunkle Seite unserer Natur bedient sich unserer Sinne, um das Fleisch so schnell und so oft wie nur menschenmöglich zu befriedigen. Die neue Natur in uns bedient sich unserer Sinne, um unser Leben auf lange Sicht besser zu machen. Die neue Natur ist sich bewusst, dass das Leben ewig ist, während sich die alte Natur nur für heute interessiert. Die neue Natur sucht den weiten Blick ins Unbekannte, während die alte Natur ihren Fokus ganz auf das verengt, was sie gerade sehen kann.

Das war für mich keine graue Theorie mehr, als meine Frau zum ersten Mal schwanger war. Eines Tages saß ich auf der Couch und dachte darüber nach, wie es sein würde, Vater zu werden, als mich plötzlich der Drang überkam, meinem ungeborenen Kind all die wundervollen Erfahrungen zu beschreiben, die auf ihn oder sie warteten. Das ganze Programm von herrlichen Mahlzeiten über Wasserskifahren und Lachen mit Freunden bis zu Projekten, die deine Persönlichkeit widerspiegeln.

Ich wollte Sonnenuntergänge und schnelle Autos und den Kick des Wettkampfs beschreiben. Während ich darüber nachdachte, kam mir der Gedanke, dass mein Ungeborenes diese Dinge ja noch gar nicht würde verstehen können, ganz gleich, wie viel Mühe ich mir gab, sie zu erklären. Es war noch gar nicht in der Lage, die Konzepte oder Beschreibungen zu erfassen. Alles, was dieses Kind tun konnte, war, mir zu vertrauen, während ich ihm diese Erfahrungen nach und nach erschloss.

Da wurde mir klar, dass für mich der Himmel genau so ist. Jesus kann versuchen, es mir zu erklären, aber ich bin noch gar nicht in der Lage, es zu verstehen. Mir bleibt nur, ihm zu vertrauen, dass er mir diese Erfahrungen zur richtigen Zeit erschließen wird. Meine Aufgabe ist es, zu warten, bis der richtige Zeitpunkt gekommen ist.

Wenn du so bist wie ich, dann ist „Warte" das Wort in der Bibel, das du am wenigsten magst. Ich mag „Geh". Ich mag „Ausrichtung". Ich mag „Auftrag". „Warte" ist eine ganz andere Sache und „Warte geduldig" ist noch schwerer zu schlucken. Aber ich kann nie ein Mann von Prinzipien werden, wenn ich immer sofort zufriedengestellt werden muss. Wenn ich es nicht lerne, meine Belohnungen in die Zukunft zu verlegen, werde ich nie in der Lage sein, meine Entscheidungen objektiv zu bewerten. Solange mir mein langfristiger Erfolg nicht wichtiger ist als mein kurzfristiges Vergnügen, werde ich meine Prinzipien immer für das opfern, was sich heute gerade am besten anfühlt.

Du bist dran

Um deine Fähigkeit, zu warten, zu erweitern, sag dir selbst immer wieder die folgenden Sätze:

- Ich möchte Gott mehr gefallen als Menschen.

- Ich bin bereit, für meine Belohnung auf den Himmel zu warten.

- Langfristiger Erfolg ist besser als kurzfristiger Erfolg.

- Das, was mich in der Ewigkeit erwartet, ist es wert darauf zu warten.

■ Ich kann warten.

Um deine Fähigkeit des Wartens zu stärken, versuch außerdem eine oder mehrere der folgenden Übungen:

■ Faste einen Monat lang einen Tag pro Woche.

■ Gib einen Monat lang, das Geld, das du normalerweise für Unterhaltung ausgeben würdest, in die Mission oder für einen guten Zweck.

■ Lauf richtig körperlich vor der Versuchung weg, wenn sie sich zeigt. Ich meine wirklich: *Lauf!* Wenn du an deinem Computer sitzt und in Versuchung bist, auf eine Internetseite zu gehen, auf die du lieber nicht gehen solltest, dann steh auf und lauf nach draußen. Wenn du draußen spazieren gehst und du bist in Versuchung, eine schöne Frau noch einmal anzusehen, dann lauf auf die andere Seite der Straße. Wenn du in Versuchung bist, zum Buffet zurückzugehen, um dir den Teller noch einmal zu füllen, bezahl deine Rechnung und lauf zu deinem Auto.

■ Spar sechs Monate lang, um dir etwas zu kaufen, das du haben möchtest, statt es über deine Kreditkarte zu bezahlen oder auf Raten zu kaufen.

Beharrlichkeit

Männer mit Prinzipien haben in sich die Entschlossenheit entwickelt, zu beenden, was sie einmal angefangen haben. Sie glauben, dass das Leben eine wichtige Angelegenheit ist und darum mit Konzentration und Entschlossenheit angegangen werden muss. Es ist egal, wie lange es dauert, fertig zu werden. Es ist auch egal, wie viel Anstrengung schließlich nötig sein wird, um fertig zu werden. Männer mit Prinzipien sind zufrieden, wenn sie schnell fertig werden, aber sie sind genauso zufrieden, wenn es mehrere Versuche braucht, um etwas zu erledigen. Sie sind beharrlich.

Ohne Beharrlichkeit öffnest du dich für die Möglichkeit, Kompromisse zu machen. Statt das Richtige zu tun, tust du lieber das, was leichter ist. Statt deinen Prinzipien zu folgen, entscheidest du dich für eine Abweichung, die selbstsüchtigen Motiven entspricht. Die gute Nachricht ist: Du kannst Beharrlichkeit trainieren, so dass es dir zur Gewohnheit wird, zu beenden, was du angefangen hast.

Für mich war Archie Griffin, Running Back bei den Ohio State Buckeyes, eines der inspirierendsten Beispiele in meiner Entwicklung. Er spielte College Football, während ich noch Football an der Highschool spielte, und ich interessierte mich außerordentlich für seine Karriere.

Mit zwölf Jahren wurde er Tank (Panzer) genannt, weil er – nach seinen eigenen Worten – kurz und fett war. Er war aber nicht bereit, das als sein Schicksal zu akzeptieren, und so tat er beharrlich etwas dagegen. Er begann Gewichte zu stemmen, die aus zwei Kästen mit Bierflaschen bestanden, die er mit Erde gefüllt und an einem Besenstiel befestigt hatte. Er verwandelte das Badezimmer seiner Familie in ein Dampfbad und hüllte seinen Körper in Müllsäcke aus Plastik ein, um Gewicht zu verlieren. Er machte im Sommer Sit-Ups im Kombi seiner Familie, wobei er drei Sweatshirts übereinander trug. Mit dieser Beharrlichkeit begann er im zweiten Jahr an der Highschool mit dem Football.

Sein Vater, James Sr., erinnert sich: „Ich wusste gar nicht, dass Archie sich in Form gebracht hatte, um ein Running Back zu werden, ehe ich ihn in dem Jahr in seinem ersten Spiel sah. Ich erinnere mich, wie er einen Zweikampf ge-

wann und einen 50-Yard-Touchdown lief, aber es wurde abgepfiffen wegen einer Abseitsstellung. Also lief er im nächsten Spielzug 55 Yards, aber auch diesmal wurde abgepfiffen.
Beim nächsten Mal ist er seine verflixten 60 Yards gelaufen
und diesmal waren die Schiedsrichter es wohl leid, denn sie
ließen den Touchdown gelten. Ich weiß noch, wie ich zu einem meiner älteren Jungs sagte: ‚Mann, da entwickelt sich
was.' "[29] Sein Trainer berichtet, dass Archie die letzten drei
Spiele seines Abschlussjahrs mit einem gebrochenen Fuß-
knochen spielte, aber „trotzdem konnte ihn keiner halten".

Sein Start im Ohio State Team war nicht ganz so glor-
reich. Das erste Spiel spielte er gegen Iowa. Die Buckeyes hatten das Spiel im Griff und führten mit 21:0 im vierten Viertel,
als sie beschlossen, ihrem neuen Running Back aus der fünften Reihe eine Chance zu geben. Ganz schnell brachte Griffin seinem Team einen Verlust von fünf Yards ein. Nach dem
Spiel wurde Griffin auf die Anfängerliste gesetzt und auf
den Trainingsplatz zurückgeschickt.

Im folgenden Spiel gegen North Carolina war Woody
Hayes, der Coach von Ohio State, unzufrieden mit der inef-
fektiven und leistungsschwachen Offensive seiner Mann-
schaft. Um seinen Stammspielern eine Botschaft zu übermit-
teln, schickte er seinen neuen Spieler aus der fünften Reihe
ins Spiel. Griffin war so überrascht, dass er ohne Helm aufs
Spielfeld rannte.

Ein Assistenztrainer musste ihn erst mal zurückrufen,
um ihm seinen wichtigsten Ausrüstungsgegenstand zu
überreichen. Als er im vierten Viertel unter Standing Ova-
tions wieder ausgewechselt wurde, hatte er 239 Yards gewonnen (ein Rekord in der OSU für ein einziges Spiel) und
die Buckeyes zum Sieg geführt. Von da an gab es kein Spiel
mehr, in dem er nicht Stammspieler war, und er ist der Einzige in der Geschichte der NCAA, der die Heisman Trophy
zweimal gewann.

Archie Griffin ist ganz offensichtlich eine Footballlegende, aber seine Beharrlichkeit erlaubt es ihm nicht, sich im Schatten früherer Erfolge auszuruhen. Sein Trainer nannte ihn den besten Spieler, den er je gesehen hatte, aber Archie gibt Gott, seinen Teamkollegen und den Trainern die ganze Ehre. Pete Johnson, ein Mitspieler, sagte über Griffin: „Er denkt, er ist ein Niemand. Wahrscheinlich ist Archie der einzige Mensch, der nicht weiß, dass er Archie Griffin ist." Er fand sich nicht damit ab, Übergewicht zu haben. Er fand sich nicht damit ab, klein zu sein (1,73 m, 84 kg). Er verfolgte beharrlich sein Ziel, bis er es erreicht hatte.

Mitgefühl und ein dickes Fell

Wenn du ein Mann mit Prinzipien werden willst, dann brauchst du Mitgefühl, denn es ist unsere Aufgabe, anderen zu helfen, das Beste aus sich zu machen. Männern mit Prinzipien geht es um die Menschen. Aber Menschen sind bedürftig und unbeständig. An einem Tag werden sie dir dankbar sein und am nächsten Tag machen sie dir Vorwürfe. Sie werden haben wollen, was du ihnen zu geben hast, aber dann werden sie dich kritisieren, respektlos behandeln und schlecht machen.

Jesus, unser Erlöser, ist der Meister des Mitgefühls, verpackt in ein dickes Fell. Jesus diente der Welt, obwohl „er in das Seine (kam), und die Seinen nahmen ihn nicht an" (Johannes 1,11). Er wusste, dass die Menschen nie von sich aus zu ihm kommen würden, daher ist „Christus, als wir noch Sünder waren, für uns gestorben" (Römer 5,8). Jesus zeigte seine tiefe Anteilnahme an der Menschheit, als er wegen des Schmerzes, den der Tod in die Welt gebracht hatte, weinte (Johannes 11,35). Doch war er in seinem Mitgefühl nicht naiv. Jesus wusste, dass er dem, was die Menschen sagten, nicht vertrauen konnte, denn sie konnten sich blitzartig ändern. „Er selbst wusste, was in dem Menschen war" (Johannes 2,25), doch er war der, „der, geschmäht, nicht wieder schmähte" (1. Petrus 2,23).

Wenn du nach Prinzipien leben willst, musst du damit rechnen, von den Menschen, denen du helfen willst, kritisiert zu werden und Widerstand zu erfahren. Das heißt nicht, dass jeder, dem du zu helfen versuchst, sich als schwierig erweisen wird. Tatsächlich werden die meisten Menschen es zu schätzen wissen und dich dafür loben. Einige werden dich jedoch als den Teufel in Person darstellen, auch wenn du das Bestmögliche für sie getan hast. Männer mit Prinzipien mögen das nicht, aber es ändert auch nicht ihre Überzeugungen, ihr Engagement oder ihre Entschlossenheit. Jeder, der davon träumt, etwas zu bewirken, wird kritisiert werden, selbst wenn dieser Traum das Leben anderer besser macht.

- Der Vater von Winston Churchill kam zu dem Schluss, dass sein Sohn „für eine Karriere in Recht oder Politik ungeeignet" sei.

- Die Mutter von George Washington war entrüstet über seinen Entschluss, die US-amerikanischen Truppen zu befehligen, weil sie glaubte, es sei seine Pflicht, zu Hause zu bleiben und für sie zu sorgen.

- Steve Jobs und Steve Wozniak, die Gründer von Apple Computers, bekamen von Hewlett Packard zu hören: „Hey, wir brauchen euch nicht. Ihr seid ja noch nicht mal mit dem College fertig."

- Fred Smith hörte vom U. S. Postal Service, von UPS und von seinem Professor für Betriebswirtschaft in Yale, dass Federal Express ein Fehlschlag werden würde.

- 1962 sagte die Plattenfirma Decca über die Beatles: „Wir mögen ihren Sound nicht und Gitarrenmusik ist ohnehin auf dem absteigenden Ast."

- 1861 sagte man Johann Philipp Reis in Deutschland, dass es für Telefone keinen Markt gäbe und dass er seine Zeit nicht damit verschwenden sollte, eines zu entwickeln.

- Lord Kelvin, Präsident der Royal Society sagte: „Maschinen, die schwerer sind als Luft, können unmöglich fliegen."

Kritik ist unvermeidlich, aber sie ist kein Grund, das Mitgefühl über Bord zu werfen. Die Welt braucht das, was du zu geben hast.

Du bist dran

Erstell in der Tabelle hier unten eine Liste der Projekte und Verpflichtungen, mit denen du angefangen, die du aber nicht zu Ende geführt hast. Erstell für jeden Punkt einen Termin, an dem du ihn erledigt haben willst. Bleib dabei flexibel, denn es sind deine Termine. Das Ziel dabei ist, dass du beharrlicher wirst.

Projekt/Verpflichtung	Termin

Entscheide dich, wie du reagieren willst, wenn dich das nächste Mal jemand kritisiert, dem du zu helfen versuchst.

■ Offensichtlich bewirke ich etwas im Leben dieses Menschen

■ Ich mag das nicht, aber ich werde nicht zulassen, dass es mich vom Kurs abbringt.

■ Ich werde mich noch mehr anstrengen, um diese Woche jemandem zu helfen.

■ Ich werde jemand anderem helfen, der meine Bemühungen mehr zu schätzen weiß, als dieser Mensch.

■ _____

Wähl deine Prinzipien

Wenn du einmal beschlossen hast, dass du nach Prinzipien leben willst, musst du entscheiden, welches diese Prinzipien sein sollen. Deine Prinzipien sind die Ideen und Überzeugungen, die du für wahr hältst und an denen du festhältst, ganz gleich wie die Lebensumstände sind. Nach deinen Prinzipien wirst du bei allen Gelegenheiten leben, weil sie die tief sitzenden Überzeugungen sind, die du in deinem Herzen bewahrst und die sich dann auch in deinem Verhalten ausdrücken. Diese Herausforderung ist größer, als es auf den ersten Blick scheint, denn wir leben in einer Welt, die nach einem anderen System funktioniert. Das System dieser Welt ist von sich selbst eingenommen, kurzsichtig und wird bestimmt von:

- dem Ziel, reich zu werden (1. Timotheus 6,9-10)

- Verführung und Betrug (Kolosser 2,8; 1. Thessalonicher 5,4-7)

- Eifersucht, die zu Streit führt (1. Korinther 3,3)

- kleinlichen, kurzsichtigen Zielen, um die täglichen Bedürfnisse zu befriedigen (Lukas 12,30)

- Hochmut (Jakobus 4,6)

- Kontrolle über andere (Matthäus 20,25)

Jedes dieser Merkmale ist der Veränderung unterworfen. Da das vordringliche Ziel die Befriedigung der eigenen Bedürfnisse ist, werden Männer, die zu diesem System gehören, manipulieren, betrügen und ihre Taktik nach Bedarf verändern, um ihren Bedürfnissen gerecht zu werden. Sie halten sich zwar an Pläne, aber die können sich jederzeit ändern, und sie sagen immer das, was gerade ihrem Vorteil dient. Sie sind schwer zu durchschauen, weil ihre sogenannten Überzeugungen bewegliche Ziele sind.

Du lebst in dieser Welt und siehst dich daher jeden Tag einem Trommelfeuer aus Meinungen, Plänen, Argumenten, Vorgehensweisen und Empfehlungen ausgesetzt, das dich dazu bewegen will, dich an der großen Show zu beteiligen. Wenn du nach Prinzipien lebst, stellst du dich damit gegen die Kultur deiner Zeit, und diejenigen, die innerhalb dieser Kultur leben, werden dafür sorgen, dass du weißt, dass sie gegen dich sind. Jesus sagte: „Denn weit ist die Pforte und breit der Weg, der zum Verderben führt, und viele sind, die auf ihm hineingehen ... eng ist die Pforte und schmal der Weg, der zum Leben führt, und wenige sind, die ihn finden"

(Matthäus 7,13-14). Für den größten Teil meines Lebens stellte ich mir diese Wege als mehr oder weniger parallel verlaufende Pfade vor, die sich langsam in verschiedene Richtungen bewegten.

Mein Denken wurde verändert, als ich anfing, den schmalen Weg als eine Abzweigung in der Mitte des breiten Weges zu sehen, die dann in die genau entgegengesetzte Richtung verläuft. Wenn du auf dem schmalen Weg bist, ist es für jedermann ganz offensichtlich, dass du in die andere Richtung unterwegs bist. Bei jeder Begegnung kritisieren sie dich und machen sich über dich lustig, während sie dich zu überreden versuchen, umzukehren und dich ihnen wieder anzuschließen.

Sag die Wahrheit

Als unsere Jungs klein waren, sprachen meine Frau und ich darüber, wie wir ihnen helfen könnten, ihren Charakter zu entwickeln. Wir beschlossen, uns jedes Jahr auf eine bestimmte Charaktereigenschaft zu konzentrieren, damit wir deutlicher sehen konnten, welche Fortschritte sie machten. Wir wollten die Dinge einfach genug halten, dass sie auch Erfolg haben konnten, aber klar und präzise genug, um sie auch messen zu können. Als wir überlegten, womit wir beginnen wollten, waren wir uns einig, dass Ehrlichkeit das strategisch wichtigste Prinzip im Leben ist. Wenn unsere Jungs uns immer die Wahrheit sagten, würden wir ihnen vertrauen können. Wir könnten auf sie zählen und hätten eine vertrauensvolle Basis, wenn wir über Dinge redeten. Wenn sie nicht ehrlich wären, müssten wir im Umgang mit ihnen ständig prüfend und wachsam sein, um zu entscheiden, ob wir gerade manipuliert werden oder ob sie mit uns zusammenarbeiten.

Wir erklärten ihnen: „Brock, Zach und Caleb, Ehrlichkeit ist uns wichtig. Wir wollen uns sicher sein, dass das, was ihr uns sagt, auch die Wahrheit ist. Daher werdet ihr doppelt so viel Ärger bekommen, wenn ihr uns belügt, als wenn ihr irgendetwas anderes falsch macht."

Zu Beginn waren sie davon nicht begeistert, aber sie lernten, dass es uns mit diesem Prinzip ernst war. Zachery machte es uns am schwersten, weil er es gerne hatte, wenn die Dinge nach seiner Nase liefen. Eines Tages arbeiteten wir an unserem Haus und hatten eine Kühlbox dabei, die mit Getränken und Süßigkeiten gefüllt war. Am Nachmittag hatte Zachery sein Maß an Schokolade erreicht, also sagten wir zu ihm: „Für heute keine Süßigkeiten mehr, Zachery. Hast du verstanden?"

Er nickte, aber ich konnte an seinem Blick erkennen, dass er bereits einen Plan ausheckte, um unsere Anweisung zu umgehen. Wie erwartet sah ich ungefähr eine Stunde später, wie er sich über die Kühlbox beugte und sich dabei umsah, ob jemand ihn beobachtete. Ich finde so etwas amüsant. Ich konnte jede seiner Bewegungen sehen, aber er verhielt sich, als wäre er unsichtbar. Sobald er wieder etwas von den Süßigkeiten in den Mund steckte, rief ich: „Zachery, leg die Süßigkeit weg."

Ich ging hinüber zur Kühlbox und führte ihn in ein Zimmer, wo wir alleine waren.

„Zach, hast du von der Schokolade gegessen, obwohl du es nicht solltest?", fragte ich ihn.

„Nein, hab ich nicht", sagte er, während ein Rinnsal aus Schokolade sein Kinn hinunterlief und zu Boden tropfte.

„Zach, ich sehe doch, wie verschmiert dein Kinn ist. Ich frage dich also noch mal, hast du noch mehr Süßigkeiten gegessen?"

„Nein", sagte er mit noch mehr Überzeugung in der Stimme.

„Ich muss dich jetzt bestrafen, weil du mich angelogen hast." Er bekam seine Strafe und dann stellte ich ihn noch mal vor mich hin, um wieder zu fragen: „Hast du noch mehr Schokolade gegessen?"

„Ich hab keine Süßigkeiten genommen", schrie er mich an. „Lass mich in Ruhe."

Es erforderte ungefähr eine Stunde reden und Erziehungsmaßnahmen, bis er endlich soweit war. Schließlich musste ich ihn von allen anderen isolieren (und er liebt es in Gesellschaft zu sein), ehe sein Herz sich veränderte und er zugab, dass er erst ungehorsam gewesen war und dann auch noch gelogen hatte. Ich wusste, ich musste diesen Kampf gewinnen oder er würde daraus lernen, dass er mit Lügen durchkommen konnte. Mir ist aufgefallen, dass Erwachsene ganz ähnlich wie Kinder sind, wenn es darum geht, die Wahrheit zu sagen. Wir mögen die Wahrheit, wenn sie bequem ist und uns weiterhilft. Wir mögen die Wahrheit weniger, wenn sie uns schlecht aussehen lässt oder von uns fordert, dass wir etwas in Ordnung bringen. Männer mit Prinzipien sagen die Wahrheit, ob das nun bequem für sie ist oder nicht.

Beherrsche dich

Selbstbeherrschung ist die Fähigkeit, die Kräfte deines Lebens in eine gesunde Richtung zu steuern. Du hast Leidenschaften, Wünsche und Träume, die unerbittlich sind. Die müssen durch irgendetwas kontrolliert werden, sonst werden sie in deinem Leben verheerende Schäden anrichten. Ein Mann mit Prinzipien wird wollen, dass diese Kräfte aktiv sind, aber er wird darauf achten, dass er sie unter Kontrolle hat, statt ihnen einfach freien Lauf zu lassen. Betrachte die folgenden Bibelverse und das, was sie über Selbstbeherrschung sagen:

■ Ältere Männer werden aufgefordert, besonnen zu sein (Titus 2,2).

■ Ältere Frauen werden aufgefordert, jüngere Frauen zu lehren, besonnen zu sein (Titus 2,4-5).

■ Jüngere Männer werden aufgefordert, besonnen zu sein (Titus 2,6).

■ Der Heilige Geist wirkt Selbstbeherrschung in denen, die Christus nachfolgen (Galater 5,22-23 – Schlachter).

■ Alle, die im Licht wandeln, statt in der Finsternis, werden aufgefordert, besonnen zu sein (1. Thessalonicher 5,6-8 – Neues Leben).

■ Jeder, der eine Beziehung zu Christus hat, wird aufgefordert, besonnen (nüchtern) zu sein (1. Petrus 1,13; 4,7).

Wo immer die Schreiber des Neuen Testaments über die Prinzipien sprechen, nach denen wir leben sollen, gehören Selbstbeherrschung oder Besonnenheit auf die Liste. Das ist wirklich eine wunderbare Darstellung des Offensichtlichen. Ohne Selbstbeherrschung ist es nicht möglich, nach Prinzipien zu leben, denn jedes Mal, wenn du ein Prinzip auf dein Leben anwendest, musst du deine Haltungen und dein Verhalten steuern. Und das kannst du nur mit Selbstbeherrschung. Andernfalls funktionierst du lediglich instinktiv und reagierst auf deine inneren Impulse. Selbstbeherrschung ist die Überzeugung, dass ich zu bestimmten Dingen Ja sagen soll, weil sie mein Leben bereichern und zu anderen Dingen Nein, weil sie mein Leben ärmer machen.

Tu, was getan werden muss

Wayne Gretzky wird von vielen als der größte Eishockey-
spieler angesehen, der je auf Kufen gestanden hat. Er ist der
einzige Spieler, der jemals 200 Tore in einer Saison erzielt hat
und das in vier von fünf Jahren. Als er 1999 seine aktive Zeit
beendete, hatte er alleine oder mit dem Team 61 Rekorde der
National Hockey League erreicht und wurde noch im selben
Jahr in die NHL Hall of Fame aufgenommen. Darauf angesprochen, was es bedeutet, nach Prinzipien zu leben, sagte
er: „Aufschieben ist eine der am weitesten verbreiteten und
tödlichsten Krankheiten, der Verlust an Erfolg und Glück dadurch ist enorm."

Gretzky hatte Erfolg, weil er die Initiative ergriff. Er tat,
was getan werden musste, sobald er sah, dass etwas getan
werden musste. Ich weiß nicht, warum Aufschieben unter
Männern so verbreitet ist, denn die meisten Männer, die ich
kenne, sind Macher.

Sie denken offensiv, lachen laut, arbeiten hart und träumen große Träume. Und doch verbreitet sich die Neigung,
Dinge, die getan werden müssen, hinauszuschieben oder zu
ignorieren, wie eine Seuche.

Als ich als Jugendpastor arbeitete, besuchten Pam und
ich eine Familie in ihrem Zuhause. Während wir uns unterhielten, sagte die Mutter zu ihrem 17-jährigen Sohn: „Tim,
der Müll muss noch rausgebracht werden."

Tim zeigte keinerlei Regung. Er reagierte nicht, erhob
sich nicht von seinem Sitz und sah leicht beleidigt aus.

„Tim, hast du mich gehört?", fragte sie. „Der Müll muss
noch rausgebracht werden."

„Ich hab dich gehört, Mom", sagte Tim in jenem sarkasti-
schen Tonfall, den nur Teenager richtig hinkriegen. „Willst
du wirklich, dass ich genau jetzt die Unterhaltung mit unserem Jugendpastor unterbreche?"

(Ist es nicht verblüffend, wie Teenager es verstehen, die Worte der Eltern gegen sie zu verwenden?)

„Okay, wann wirst du dann den Müll rausbringen?"

„Sobald Bill und Pam gegangen sind", sagte Tim.

Am Ende unseres Besuchs standen wir noch in der Küche zusammen und unterhielten uns ein wenig länger als geplant. Da nahm Tims Mutter den Mülleimer und stellte ihn Tim vor die Füße. Schließlich verabschiedeten wir uns und gingen zur Tür. Statt den Mülleimer zu nehmen, stieg Tim einfach darüber hinweg und ging mit uns zum Wagen. Ich bin mir nicht sicher, ob er den Müll jemals rausgebracht hat.

Dann wurde ich Vater und beobachtete, dass die gleiche Krankheit auch in meinen drei Jungs schlummerte. Wir forderten sie regelmäßig auf, danach zu sehen, was getan werden muss, und es dann auch zu tun. Es ist absolut erstaunlich, wie viel Mühe sie darauf verwendeten, nicht tätig zu werden. Ich ging zum Beispiel an ihrem Zimmer vorbei und sagte: „Hey, schau dir das an. Was meinst du, was müsste mit diesem Zimmer mal passieren?"

Egal, welchen der Jungs ich fragte, die Antwort war immer: „Das Zimmer muss aufgeräumt werden." Aber es passierte nichts. Sie sagten nicht: „Ich mach mich gleich daran. Tut mir leid, dass du mich darauf hinweisen musstest." Sie sagten auch nicht: „Ich hatte gehofft, du würdest es nicht bemerken. Ich war so damit beschäftigt, die Garage aufzuräumen, dass ich mich um mein Zimmer noch nicht kümmern konnte. Ich wollte das heute Nachmittag machen, aber du hast es gesehen, bevor ich anfangen konnte."

Ich wünschte, Aufschieben wäre nur auf Kinder beschränkt, aber ich habe gesehen, wie sich die gleiche Infektion auch unter meinen Bekannten ausbreitete. Sie zeigen eine Menge Initiative auf den Gebieten, auf denen sie sich wohlfühlen, aber sobald sie es mit etwas zu tun haben, das unangenehm ist, verhalten sie sich, als wäre es eine Strafe. Sieh dir mal einige dieser bemerkenswerten Aussagen an, die ich von gestandenen Männern gehört habe:

„Ich hasse es abzuspülen. Ich habe schon lieber zugesehen, bis Maden herauskamen, als das Spülbecken mal sauber zu machen."

„Ich liebe meine Frau, aber ich wünschte, sie würde nicht so viel reden. Sie macht mich völlig fertig mit ihren Worten, also sehe ich zu, dass ich so viel wie möglich im Laden zu tun habe."

„Ich verstehe nicht, warum mein Chef so eine große Sache daraus macht, dass wir pünktlich zur Arbeit kommen sollen. Ich schaffe meine Arbeit doch. Was geht es ihn an, wann ich sie mache?"

„Ich weiß, ich hätte eher zum Arzt gehen sollen. Ich wollte nicht, dass er diese gruseligen Untersuchungen an mir durchführt, darum hab ich's hinausgezögert."

„Meine Kinder machen mich verrückt. Immer wollen sie, dass ich mit ihnen spiele. Haben die nichts Wichtigeres zu tun?"

All diese Probleme könnten leicht gelöst werden. Der Abwasch braucht nur ein paar Minuten. Ehefrauen, die genügend Aufmerksamkeit bekommen, sind auch eher bereit, ihr Reden auf ein vernünftiges Maß zu beschränken. Angestellte, die pünktlich zur Arbeit erscheinen, werden besser behandelt als solche, die immer zu spät kommen. Gesundheitliche Probleme sind viel leichter in den Griff zu bekommen, wenn man sich frühzeitig mit ihnen befasst. Kinder, die die Aufmerksamkeit ihres Vaters haben, sind viel leichter zu erziehen und zu belehren. Jede dieser Aktionen braucht nur wenig Zeit, aber es zahlt sich später vielfach aus.

Männer mit Prinzipien tun, was getan werden muss, ohne dass man sie dazu auffordern muss.

Halte deine Versprechen

Es ist eine großartige Tatsache für uns Männer, dass wir so viele oder so wenige Versprechen abgeben können, wie wir wollen. Wir können die Zahl der Verpflichtungen, die wir eingehen, begrenzen oder wir können eine Menge Versprechen abgeben und unser Leben mit Verpflichtungen anfüllen. Das kann jeder ganz für sich selbst entscheiden.

Ob du nun viele Versprechen machst oder nur wenige, Männer mit Prinzipien halten ihre Versprechen. Sie tun, was sie gesagt haben. Sie stehen zu den Verpflichtungen, die sie eingegangen sind. Punkt. Sie haben es gern, wenn die Dinge gut laufen, aber sie geben auch nicht auf, wenn die Dinge schwierig werden. John Wooden, der legendäre Trainer der UCLA Bruins, pflegte seinen Spielern zu sagen: „Die Dinge entwickeln sich am Besten für die Menschen, die das Beste daraus machen, wie sich die Dinge entwickeln." Männer mit Prinzipien halten ihre Versprechen, weil es Versprechen sind und nicht nur, weil sie unser Leben besser machen.

Ich glaube, wir entfernen uns davon, eine Gesellschaft mit Prinzipien zu sein. Selbst die vorsichtigsten Statistiken sagen, dass 40 Prozent aller Ehen mit einer Scheidung enden.[30] Dabei geht es um Menschen, die öffentlich erklärt haben: „Ich werde bei dir sein, bis dass der Tod uns scheidet." Es hat den Anschein, dass sie das gar nicht so gemeint haben. Kinder, die lernen müssen mit zwei Wohnungen, zwei Familien und vier Elternteilen zu leben, sind inzwischen ein Normalfall.

Um gewählt zu werden, machen unsere Regierungsvertreter regelmäßig Versprechungen, die sie gar nicht zu halten beabsichtigen. Selbst Verträge haben heute nicht mehr den gleichen Wert wie früher ein einfacher Handschlag. Wer von uns sich daher entscheidet, die Versprechen zu halten, die er macht, wird auffallen. Man wird uns ermutigen, Kompromisse zu machen und uns als naiv bezeichnen, weil wir an den Dingen festhalten, zu denen wir uns einmal verpflichtet haben. Man wird uns mit dem Gedanken umwerben, dass unser Glück das Wichtigste ist. Womöglich wird man uns sogar Begriffe wie altmodisch, steif, weltfremd oder voreingenommen anhängen. So müssen wir alle mit der Frage ringen: „Halte ich meine Versprechen, weil ich ein Mann mit Prinzipien bin, oder halte ich Versprechen nur, wenn das einfach ist?"

John Wooden ist einer meiner ganz großen Helden. Ich habe staunend zugesehen, wie seine Teams in 12 Jahren 10 NCAA Titel gewannen. Als Heranwachsender hab ich sogar davon geträumt, für die Bruins Basketball zu spielen. Ich verbrachte Stunden auf dem Spielfeld und tat so als sei ich Lew Alcindor (der seinen Namen später in Kareem Abdul-Jabbar änderte), Sydney Wickes, Marques Johnson oder Gail Goodrich. Abgesehen von der Tatsache, dass ich zu klein und zu langsam war, um ein Stipendium zu bekommen, hatte ich alles, was ich dazu brauchte.

Ich hab mit großer Aufmerksamkeit verfolgt, wie UCLA im Pauley Pavilion 98 Heimspiele in Serie gewann. Doch als ich älter wurde, nötigte mir die Integrität von Coach Wooden noch größeren Respekt ab. UCLA war in Wirklichkeit nur seine zweite Wahl. Ursprünglich wollte er Trainer für die University of Minnesota werden, weil seine Frau und er gerne im Mittleren Westen geblieben wären. Eine Sturmfront in Minnesota verhinderte jedoch, dass das angekündigte telefonische Angebot ihn erreichte. John dachte, sie hätten das Interesse verloren, daher nahm er das Angebot von UCLA an. Kurz darauf, erreichte Minnesota ihn und bot Wooden eine Stelle an. Doch er lehnte ab, weil er den Bruins bereits sein Wort gegeben hatte.[31]

So ein Mann will ich auch sein.

Behandle jeden mit Respekt

Prinzipientreue Männer akzeptieren, dass jeder Mensch in seinen Talenten und Begabungen einzigartig ist, aber alle Menschen den gleichen Wert haben. Daher gehen Männer mit Prinzipien mit einer Haltung des Respekts in jede Unterhaltung, jede Verhandlung, jedes Streitgespräch und jedes Meeting.

Ich betrachte Respekt als die Erkenntnis, dass alle Menschen, mit denen ich es zu tun habe, genauso wichtig sind wie ich selbst. Daher verdienen sie es, mit Demut, Geduld, Höflichkeit und Gebet behandelt zu werden.

Die Bibel erklärt: „Wenn ihr verfolgt werdet, weil ihr zu Christus gehört, dann verflucht eure Verfolger nicht, sondern erbittet den Segen Gottes für sie ... Lebt in Frieden miteinander. Versucht nicht, euch wichtig zu machen, sondern wendet euch denen zu, die weniger angesehen sind ... Vergeltet anderen Menschen nicht Böses mit Bösem" (Römer 12,14-17 – Neues Leben). Barry Sanders, der großartige Running Back der Detroit Lions, hat es einmal so ausgedrückt: „Eine gute Regel fürs Leben ist vielleicht, niemals so wichtig zu werden, dass man nicht mehr seine eigene Wäsche waschen würde."

Woody Hayes gewann in 28 Jahren 13 Big Ten Titel und 3 nationale Meisterschaften an der Ohio State University. Mit seinen Spielern war er streng und nahm sie hart ran. Was die meisten nicht wissen: Jeden Donnerstag fuhr er nach dem Training mit einer Gruppe Spieler in die Kinderklinik, um die Kinder auf der Intensivstation für Verbrennungen oder mit anderen schweren Krankheiten zu besuchen. Er sorgte dafür, dass er durch eine Hintertür ins Krankenhaus gelangte, damit die Presse keinen Wind davon bekam.[32] Er wollte, dass seine Spieler allen Menschen mit Respekt begegneten, damit sie nicht zu selbstverliebt würden.

Jesus hatte wichtige Aufgaben auf der Erde zu erledigen. Er musste 12 Jünger ausbilden. Er musste die Wahrheit lehren. Er musste einen Erlösungsplan erfüllen oder alle Generationen wären ohne Hoffnung verloren gewesen. Die Jünger wollten Jesus abschirmen, damit er sich seinen wichtigen Aufgaben widmen konnte. Als die Menschen ihre Kinder brachten, damit Jesus für sie betete, „fuhren (die Jünger) sie an". Statt seine Jünger zu loben, sagte Jesus, dass sie die Kinder nicht zurückhalten, sondern zu ihm kommen lassen sollten (Matthäus 19,13-15).

Jesus wusste, dass er seinen Dienst nicht auf Kinder aufbauen konnte, darum verbrachte er die meiste Zeit mit seinen Jüngern. Er wusste aber auch, dass Kinder und deren Eltern genauso wichtig waren wie die Jünger, daher nahm er sich Zeit, für sie zu beten. Er wusste, dass man niemals einer der Größten wird, wenn man „einen dieser Geringsten" nicht respektieren kann.

Du bist dran

Wähle eines der Prinzipien unten aus, um diese Woche daran zu arbeiten. In den Raum darunter schreib drei Schritte, die du gehen kannst, um dieses Prinzip in deinen Entscheidungen zu verankern:

❏ Die Wahrheit sagen

❏ Selbstbeherrschung bewahren

❏ Tun, was getan werden muss

❏ Deine Versprechen halten

❏ Jedermann Respekt entgegenbringen

Schritt 1:

Schritt 2:

Schritt 3:

Nur zum Spaß

Michael Leamons erinnert uns daran, dass es manchmal besser ist, Nein zu sagen: „Obwohl ich dringend Arbeit brauchte, lehnte ich einen Job ab, den ich auf einer Seite mit Stellenangeboten fand. Es ging um einen Techniker für eine Kläranlage. Bei den Stellenanforderungen stand: ‚Muss schwimmen können.' "[33]

Kapitel 10

Entscheide dich,
ein Vorbild zu sein

„Menschen werden selten besser,
wenn sie außer sich selbst kein Vorbild haben,
das sie kopieren können.
OLIVER GOLDSMITH

Nichelle Nicols spielte in der Fernsehserie Raum-schiff Enterprise Lieutenant Uhura. Sie war die ers-te schwarze Frau in einer nicht „typisch schwarzen" Rolle (Hausmädchen etc.).[34] Nach der ersten Staffel beklagte sie sich gegenüber einem ihrer Fans, dass sie sich nicht genü-gend eingesetzt und klein gemacht fühlte. Sie sagte, dass sie vorhätte, die Serie zu verlassen und dass sie dies in der fol-genden Woche bekannt geben wollte.

Auf diese Nachricht reagierte der Fan mit den Worten: „Das kannst du nicht machen. Weißt du nicht, wer du bist? Weißt du nicht, was dir gegeben ist? Weißt du nicht, dass du Teil der Geschichte bist? Du bist dabei, eine Tür zu öffnen, die nie wieder geschlossen werden kann. Du wirst das Ge-sicht des Fernsehens für immer verändern. Nichelle, du darfst nicht aufhören."

Der Fan war niemand anderes als Martin Luther King.

Weißt du nicht, wer du bist?

Die Worte von Martin Luther King zeigen, wie wichtig Vor-bilder sind, die bereit sind, sich einzubringen und in ihr Herz schauen zu lassen. Lieutenant Uhura wurde ein fester Bestandteil der beliebten Fernsehserie und öffnete damit die Türen für viele andere Afroamerikaner. Das Leben von Nichelle Nicols veränderte sich durch den Einfluss eines ihrer Vorbilder.

Genauso gibt es in deinem Umfeld Menschen, die beobachten, wie du lebst, und zuhören, was du sagst. Sie wollen wie du sein, weil ihnen gefällt, was sie in dir sehen. Sie bewundern die Art, wie du lebst, und sie glauben, sie selbst könnten besser werden, wenn sie deine Haltungen, Gewohnheiten und Entscheidungen nachahmen.

Ich hoffe, das ist für dich eine gute Nachricht, denn es ist der Normalfall. Jesus sagte seinen Jüngern: „Denn ich habe euch ein Beispiel gegeben, dass auch ihr tut, wie ich euch getan habe" (Johannes 13,15). Paulus sagte seinen Lesern: „Seid meine Nachahmer, wie auch ich Christi Nachahmer bin" (1. Korinther 11,1). Petrus sagte seinen Lesern: „Christus hat für euch gelitten und euch ein Beispiel hinterlassen, damit ihr seinen Fußspuren nachfolgt" (1. Petrus 2,21). Er forderte diejenigen, die Leiter sein wollten, auf, „Vorbilder der Herde" zu werden (1. Petrus 5,3).

So läuft das Leben. Diejenigen, die dich bewundern, beobachten dich und vergleichen ihr Leben mit dem Vorbild, das du gibst. Eines Tages machte ich in der Gemeinde eine Ankündigung: „Männer, ich möchte euch daran erinnern, dass wir am kommenden Samstag ein Männerfrühstück haben. Es wird Eier, Würstchen und Pfannkuchen geben. Wir haben auch einen Gastredner eingeladen. Es ist eine wunderbare Gelegenheit, Freunde mitzubringen und neue Freunde kennenzulernen. Wir sehen uns dann am Samstag um 7 Uhr in der Früh."

Mein ältester Sohn saß in der ersten Reihe und hörte das alles mit an, als es plötzlich aus ihm herausplatzte: „Dad, wie willst du das denn schaffen? So früh bist du doch nie auf."

Ich weiß nicht, was lustiger war, seine Worte oder der schockierte Blick meiner Frau. Es erinnerte mich daran, dass er mich beobachtete, auch wenn das, was er gesagt hatte, so nicht ganz stimmte. Er dachte, er würde meinen Terminplan kennen, und fragte sich ernsthaft, wie ich es schaffen wollte, zur gleichen Zeit im Bett und beim Männerfrühstück zu sein.

Als mein jüngster Sohn alt genug war, in der Gemeinde zuzuhören, saß auch er mit meiner Frau in der ersten Reihe. Mir fiel auf, dass er alles nachmachte, was ich tat. Wenn ich auf etwas zeigte, zeigte er auch. Wenn ich meine Hände hob, hob er seine. Von ihm lernte ich, dass ich die Gewohnheit hatte, mein Ohr anzufassen, wenn ich während der Predigt nach dem richtigen Gedanken suchte. Er war so darauf konzentriert, genau das zu tun, was ich tat, dass die Gemeinde anfing, ihm zuzusehen statt mir. Pam musste ihn nach hinten bringen, damit ich weiter meine Arbeit machen konnte, aber es war für mich eine erneute Erinnerung, dass ich für meine Kinder ein Vorbild bin.

Die Vorzüge

Ein Vorbild zu sein ist gut für uns. Es lässt uns ehrlich bleiben. Wenn wir anderen Menschen einen Rat geben wollen, sehen wir meistens ziemlich klar. Wir wissen häufig, was für unsere Freunde am besten ist. Wollen wir uns allerdings selbst etwas raten, scheint unser Gespür nicht ganz so gut zu sein. Ich staune immer wieder darüber, wie oft wir Dinge tun, die wir anderen niemals empfehlen würden.

Ich bin mir ziemlich sicher, J. Paul Getty würde niemandem empfehlen, so zu handeln wie er, als sein Sohn Timmy im Alter von 12 Jahren an einem Hirntumor starb. Getty war gerade in Europa auf Geschäftsreise und weigerte sich, für die Beerdigung zurückzufliegen. An jenem Tag schrieb er in sein Tagebuch: „Beerdigung. Trauriger Tag. Amoco 2 7/8 rauf, Gulf 1 3/4 runter." Erstaunlicherweise flog Getty sofort nach Hause, als sein Hund Krebs hatte, und weinte drei Tage im Zimmer seines Haustiers, nachdem dieses gestorben war.[35] Niemand, der in Ruhe darüber nachdenkt, würde dir empfehlen, den Tod deines kranken Sohnes zu ignorieren, aber dann deinen Hund zu beweinen. Und doch passieren solche Dinge nur allzu oft. Wir wollen nicht kurzsichtig sein und haben auch nicht vor selbstsüchtig zu sein. Wir hören nur nicht auf den Rat, den wir anderen gegeben hätten.

Wenn du beschließt, dass du ein Vorbild sein willst, dann bewertest du deine Entscheidungen anders. Wenn du denkst, dass niemand dich sieht oder dass deine Entscheidungen nur dich betreffen, dann neigst du zur Selbstsucht. Es geht dir dann nur darum, was eine Entscheidung für dich bedeutet. Wenn es für dich wichtig ist, dass andere dich beobachten, dann stellst du dir Fragen wie: „Wie wird mein Leben heute meine Kinder beeinflussen? Wie würde das Leben meiner Freunde verlaufen, wenn sie genau das täten, was ich tue? Würde ich Menschen, an denen mir etwas liegt, dazu ermutigen, das zu tun, was ich vorhabe?"

Das Leben meiner Kinder ist mir wichtiger als mein eigenes Leben. Wenn jemand von uns Schwierigkeiten haben muss, dann lieber ich. Wenn jemand ein Opfer zu bringen hat, dann lieber ich. Ich möchte, dass meine Kinder in dem, was sie anfangen, erfolgreicher sind als ich, mehr Reife in ihrem Wachstum zeigen, weniger Stress mit ihren Herausforderungen erleben und bessere Beziehungen führen als ich. Es hat mir auf meinem Weg geholfen, bei jeder Entscheidung, die ich treffe, und vor jeder Aussage, die ich mache, an sie zu denken. Das Bestreben ihnen zu helfen, stärkere junge Männer zu werden, hat auch mich zu einem stärkeren Mann gemacht.

Ein weiterer großer Vorteil, wenn du dich entschließt, ein Vorbild zu sein, liegt darin, dass du effektiver wirst. Wie wir alle wissen, reagieren die Menschen mehr auf das, was du tust, als auf das, was du sagst. Schau dir deinen Freundeskreis an. Ihr habt ähnliche Gewohnheiten entwickelt, ohne das bewusst zu planen. Meine Freunde und ich stoßen zur Begrüßung gern die Fäuste gegeneinander, aber wir haben nie abgesprochen, das so zu machen. Es hat sich einfach so ergeben. Der Highschool-Football-Trainer meiner Kinder hatte die Angewohnheit, sein Gesicht auf eine besondere Art zu verziehen, wenn er wegen irgendetwas skeptisch war. Er zog seine Lippen zusammen, legte seinen Kopf leicht nach rechts und hob die linke Augenbraue. Es war schon seltsam, im letzten Jahr zu sehen, dass meine drei Söhne sich die gleiche Angewohnheit zugelegt hatten. Dieser Trainer hat seine Mimik weitergegeben, ohne jemals zu sagen: „Hey Jungs, ich möchte, dass ihr lernt, wie man das macht."

In der Welt der Worte haben wir unterschiedliche Einflussgrade. Du bist vielleicht ein Mann, der geschickt mit seinen Worten umgehen kann. Oder du bist ein Mann weniger Worte. Vielleicht bist du auch ein Mann, der viel redet, aber trotzdem Schwierigkeiten hat, auszudrücken, was er denkt. In der Welt der Handlungen sind wir jedoch alle gleich. Unsere Kinder sehen, was wir tun. Unsere Enkel sehen, was wir tun. Unsere Freunde sehen, was wir tun, und die, die uns als Mentoren ansehen, sehen auch, was wir tun. Und die, die uns sehen, fangen an, das Gleiche zu tun. Ganz unabhängig davon, wie du mit deinen Worten umgehen kannst, dein Beispiel wird in hohem Maße andere beeinflussen.

Das kann natürlich entweder für oder gegen dich wirken. Robert Downey Jr. geriet zum ersten Mal im August 1996 mit dem Gesetz in Konflikt. Er wurde angehalten, weil er zu schnell gefahren war, landete dann aber wegen Trunkenheit am Steuer und Heroinbesitz im Gefängnis. Seine erste Begegnung mit Drogen hatte er allerdings, als sein Vater ihm im Alter von 6 oder 8 Jahren einen Joint anbot.[36]

Tu dein Bestes

Zum Glück erwartet niemand von dir, ein perfektes Vorbild zu sein. Du weißt so gut wie ich, dass das unmöglich ist. Du hast von anderen gelernt, während sie einfach vor deinen Augen ihr Leben lebten. Um ein Vorbild zu sein, musst du einfach nur du selbst sein. Und um ein gutes Vorbild zu sein, solltest du das Beste aus dir herausholen.

Das Thema „Beispiel geben" zieht sich durch die gesamte Bibel. So legte der Apostel Paulus die Grundlage, ehe er die Korinther aufforderte ihm zu folgen (1. Korinther 11,1), indem er sagte: „Ob ihr nun esst oder trinkt oder sonst etwas tut, tut alles zur Ehre Gottes" (1. Korinther 10,31). Als er die Philipper ermutigte „seid miteinander meine Nachahmer", sagte er auch: „Ich jage auf das Ziel zu, hin zu dem Kampfpreis" (Philipper 3,14).

Das ist seine Art zu sagen: „Ich tue mein Bestes, also versucht mit mir zusammen auch euer Bestes zu tun." Er wusste, dass er nicht perfekt war, daher räumte er ein: „Nicht, dass ich es schon ergriffen habe oder schon vollendet bin" (Philipper 3,12). Er hatte eine Menge zu lernen und musste auf vielen Gebieten noch wachsen, aber die Menschen folgten ihm trotzdem.

Als Paulus seinem Schützling Timotheus die Realitäten des Dienstes erklärte, sagte er, dass sein Leben ein Beispiel für die „unendliche Geduld" Christi sei. Er betrachtete sich selbst als den schlimmsten Menschen, der je gelebt hat, weil er versuchte hatte, das Evangelium auszulöschen, indem er die Nachfolger Christi verfolgte (1. Timotheus 1,15-17 – Neues Leben; Apostelgeschichte 9,1-22). Sein Leben war ein Beispiel für Gottes Fähigkeit, seine Feinde in brauchbare Menschen zu verwandeln. Daher forderte Paulus Timotheus auf, beim öffentlichen Sprechen, in seinen Lebensentscheidungen, in der Liebe zu anderen, im Glauben an Gott und in einem moralisch einwandfreien Leben sein Bestes zu geben. Er war davon überzeugt, dass Gott, wenn Timotheus sein Bestes tat, die Leben anderer Menschen durch sein Beispiel verändern würde (1. Timotheus 4,12).

Wahrscheinlich sind dir deine Mängel nur allzu bewusst. Zugleich siehst du aber auch, dass einige Bereiche deines Lebens gut entwickelt sind. Willkommen im Klub. Mir ist noch niemand begegnet, der in allem ein großes Vorbild gewesen wäre. Alles, was du tun musst, ist, in dem, was du gut kannst, Vorbild zu sein und dann ein Vorbild des Wachstums in den anderen Bereichen zu werden.

Das wichtigste Vorbild in meinem Leben ist Jim Conway. Er ist ein herausragender Sprecher und vielleicht der verletzlichste Mann, den ich kenne. Er spricht mit gleicher Wortgewandtheit von seinen Schwierigkeiten und von seinen Siegen. Er hat eine Gabe, Männern zu helfen, sich von schlechten Entscheidungen und einer schmerzhaften Vergangenheit wieder zu erholen. Von ihm habe ich viel darüber gelernt, wie man einen Dienst lebt, der die Herzen der Menschen erreicht. Darin ist er am besten.

Wenn es darum ging, Söhne zu erziehen, habe ich mich allerdings nie auf seine Erfahrung verlassen, denn er hat nur Töchter. Er hat keine Ringkämpfe in seinem Wohnzimmer ausgefochten. Er musste sich nicht, wenn er etwas kaufte, jedes Mal die Frage stellen: „Wie lange wird das halten, bis meine Jungs es zerstört haben?" Er musste sich nicht den Rülpswettbewerben stellen, die bei mir zu Hause jedes Mal abliefen, wenn die Luft rein war. Ich respektierte seine Meinung über die Erziehung von Jungs, aber ich habe nie von ihm erwartet, aus Erfahrung zu sprechen.

Wenn du dich gut mit Autos auskennst, gib es weiter. Wenn du ein guter Heimwerker bist, gib es weiter. Wenn du dich in der Bibel auskennst, gib es weiter. Wenn du dich mit Computern auskennst, gib es weiter. Worin immer du gut bist, gib es weiter. Du musst nicht jemand sein, der du gar nicht bist. Du musst nur in dem gut sein, worin du gut bist. Diejenigen, die dir zusehen, werden besser, weil du getan hast, was du am besten kannst.

Sei ein Ermutiger

Ich glaube, Hebräer 3,13 ist einer der strategisch wichtigsten Verse in der Bibel, wenn es darum geht, Einfluss auf andere zu nehmen. Dort heißt es: „Ermuntert einander jeden Tag, solange es ‚heute' heißt, damit niemand von euch verhärtet werde durch Betrug der Sünde!" Ermunterung oder Ermutigung ist wichtig, weil die Sünde versucht, uns alle zu betrügen und unsere Herzen zu verhärten. Wenn wir von Ermutigung reden, dann geht es nicht nur darum, nett zueinander zu sein, damit wir uns alle besser fühlen. Wir reden davon, den Krieg um die Herzen derer zu gewinnen, die wir lieben.

Das Wort für *ermutigen* im Griechischen ist *parakaleo*. Es besteht aus zwei Wörtern, *para*, was „neben" oder „an der Seite" bedeutet und *kaleo*, was „rufen" bedeutet. Jemanden zu ermutigen bedeutet daher, einer anderen Person an die Seite gerufen zu werden, um das Beste in ihm oder ihr zum Vorschein zu bringen. Es ist ein starkes Wort, das auch einschließt, Zeit, Geld, Energie und Bestätigung zu investieren. Es ist die Entschlossenheit, alles zu tun, was notwendig ist, um dieser Person zu helfen, das Beste aus sich zu machen.

Paulus beschreibt in 1. Thessalonicher 2,10-12 (Neues Leben), was es bedeutet zu ermutigen. Er erklärte den Gläubigen in Thessaloniki, dass er sein Bestes tat: „Ihr selbst und

Gott seid unsere Zeugen, dass wir uns euch allen gegenüber aufrichtig und anständig und tadellos verhalten haben." Wir wissen aus dem Kontext, dass Paulus damit darauf hinwies, wie hart er gearbeitet hatte, um ihnen nicht zur Last zu fallen. Er tat sein Bestes, damit sie sich auf ihr eigenes Wachstum konzentrieren konnten. Weiter sagt er dann, dass er ihnen Mut gemacht, sie getröstet und ermahnt hat, gerade „wie ein Vater zu seinen Kindern" (Vers 11 – Neues Leben). Er hat hart unter ihnen gearbeitet. Er hat sie angefeuert. Er ermahnte sie, ihr Bestes zu tun. Er suchte nach Wegen, wie er ihnen helfen konnte, Fortschritte zu machen. Aus diesen Worten kann man sehen, dass er auch nicht immer genau wusste, was er tun sollte. Er hielt nur ständig nach Wegen Ausschau, ihnen zu helfen, bis er etwas fand, das funktionierte. Das ist Ermutigung.

John Wooden wies darauf hin, wie notwendig Ermutigung ist, als er sagte: „Junge Menschen brauchen Vorbilder, keine Kritiker." Der verstorbene Jim Valvano, College-Basketballtrainer und Gründer der V Foundation für Krebsforschung, zeigte die Kraft der Ermutigung mit den Worten: „Mein Vater gab mir das größte Geschenk, das irgendjemand einem anderen Menschen machen kann. Er glaubte an mich."

Der Kern der Ermutigung ist, sich auf die andere Person auszurichten. Du kannst Menschen nicht dazu bringen, so wie du zu sein, aber du kannst viel dazu beitragen, dass Menschen ganz sie selbst sind.

Geoffrey de Havilland, der britische Flugpionier und Flugzeugingenieur, verstand das eines Tages, als er seine Söhne mit zum Fliegen nahm. Er hoffte, dass er seine Leidenschaft für das Fliegen auch in sie hineinlegen könnte, aber es stellte sich heraus, dass seine Söhne ganz anderen Leidenschaften folgten. Sein dreijähriger Sohn wollte wissen, in welche Richtung seine Spucke flog, während sein Fünfjähriger, der verrückt nach Zügen war, darum bat, der Bahnstrecke zu folgen, die sie unter sich sehen konnten. Geoffrey half seinen Söhnen, ihre eigenen Ziele zu verfolgen, aber diese Ziele unterschieden sich sehr von denen ihres Vaters.

Sag: „Es tut mir leid"

Ganz gleich, wie hart du daran arbeitest, ein gutes Vorbild zu sein, du wirst Fehler machen. Du wirst Dinge sagen, die du bereust. Du wirst Dinge tun, von denen du wünschst, du könntest sie ungeschehen machen. Du wirst Gelegenheiten zum Wachsen verpassen und das wird zu Leid im Leben derer, die du liebst, führen. In dieser misslichen Lage sind alle Menschen. Wenn du es irgendwie schaffen würdest, vollkommen zu werden, würden wir dich kreuzigen, und ich bin mir nicht sicher, ob du das zu deinem Ziel erklären möchtest. Wenn dir bewusst wird, dass du versagt hast und die Menschen, die dich beobachten, zu Recht von dir enttäuscht sind, dann entschuldige dich.

Gib ganz konkret zu, was du getan hast. Wenn dir bewusst wird, dass du etwas getan hast, wovon du nicht möchtest, dass andere es nachahmen, dann gib es zu.

Ich arbeitete einmal in den Ölfeldern in Bakersfield, Kalifornien. Wie du dir vielleicht vorstellen kannst, war das ein ziemlich rauer Ort mit einigen recht ungeschliffenen Persönlichkeiten. Ich bat Gott, mir zu helfen, ein gutes Vorbild zu sein, damit vielleicht das Leben des einen oder anderen davon beeinflusst würde. In der Gruppe, der ich zugeteilt wurde, war auch ein junger Mann, der viele Fragen stellte, und ich begriff, dass das meine Gelegenheit war. Wir sprachen jeden Tag über unser Leben und unsere Zukunft. Eines Tages fragte er mich: „Fluchst du eigentlich auch mal?"

„Eigentlich nicht", sagte ich. „Jesus ist mir wichtig und meine Frau mag es auch nicht, wenn ich fluche, deshalb habe ich daran gearbeitet. Ich weiß nicht genau, warum mir das keine großen Schwierigkeiten bereitet, aber es fällt mir nicht schwer."

Ob du es glaubst oder nicht, zwei Tage später hab ich geflucht. Es platzte einfach aus mir heraus. Verglichen mit dem, was die anderen Männer von sich gaben, war es noch harmlos. Aber ich hatte mich inzwischen ja offiziell zu dem Thema geäußert und jemand beobachtete mich. So bat ich Jesus, meine Entschuldigung zu gebrauchen und gab beim Mittagessen meinem neuen Freund gegenüber meinen Ausrutscher zu und bat ihn um Entschuldigung. Er meinte zwar, das sei gar nicht nötig gewesen, aber das wusste ich besser.

Wenn du dich entschuldigst, dann vermeide Aussagen wie: „Ich sehe, dass du verärgert bist. Wenn ich also irgendetwas gemacht haben sollte, das deine Gefühle verletzt hat, tut es mir leid." Das ist im Grunde gar keine Entschuldigung. Es ist eher eine Aussage über die Reaktion der anderen Person, als dass du zu deinem Verhalten stehst. Das ist genauso, als würdest du sagen: „Es tut mir leid, dass du so ein dünnes Fell hast und dass dich etwas verletzt hat, was dich gar nicht hätte verletzen müssen. Ich schätze, ich muss mich entschuldigen, weil du zu schwach bist, um mit dem wirklichen Leben zurechtzukommen." Wenn du jemand damit konfrontieren willst, dass er überreagiert hat, dann tu das. Aber tarne deine Konfrontation nicht als Entschuldigung.

Wie also hört sich eine echte Entschuldigung an?

Finde einen Weg, ehrliches Bedauern auszudrücken. Die, die dich sehen, werden sich fragen: „Meint er das wirklich?" Sie werden in erster Linie auf deinen Tonfall und deine Körpersprache achten, um zu beurteilen, ob es dir wirklich leidtut oder ob du nur versuchst, sie zu manipulieren.

Ein Tonfall, der ausdrückt, dass dir etwas leidtut, ist weicher als dein normaler Tonfall. Wenn du die Stimme eines Trainers hast, dann solltest du diese in so einer Unterhaltung besser weglassen. Laute Stimmen vermitteln Autorität und Stärke. Kräftige Stimmen sind angebracht, wenn du willst, dass die Leute etwas tun. Wenn du dich entschuldigst, solltest du einen sanfteren Tonfall wählen, der sagt: „Mir ist bewusst, was ich getan habe, und ich wünschte, ich hätte anders gehandelt." Sei ernsthaft und nicht flehend. Du willst zeigen, dass Fehler zu deinem Leben gehören. Sie ruinieren nicht deinen Einfluss und sie disqualifizieren dich auch nicht sofort.

Auch die Körpersprache, die eine Entschuldigung begleitet, ist dezenter als deine normale Körpersprache. Versuch es einmal mit den folgenden Vorschlägen, um eine dezentere Körpersprache zu erzeugen:

- Begib dich mit deinen Augen auf die gleiche Ebene wie die andere Person.

- Schau ihm oder ihr in die Augen und entspanne die Muskeln um deine Augen.

- Wenn du den Augenkontakt abbrichst, schau nach unten.

- Lehne dich ein wenig nach vorn. Wenn du dich zurücklehnst, wirkt das wie eine Verteidigungshaltung. Lehnst du dich zu weit nach vorn, wirkt das einschüchternd.

Stell die Frage: „Vergibst du mir?" Da du dich im Kontext deiner Vorbildfunktion entschuldigst, ist das eine zweiseitige Beziehung. Du solltest die Unterhaltung nicht beenden, ehe die andere Person darauf reagiert hat. Wird dir vergeben, dann ist dein Einfluss wiederhergestellt und der Respekt gewachsen. Wird die Vergebung verweigert, wirst du immer noch Einfluss haben, aber für die andere Person wird es schwer sein, ihr Herz weich zu erhalten und ihr Wachstum wird behindert.

Daher ist es für die andere Person das Beste, Vergebung zu gewähren. Aber dränge nicht. Vergebung muss nicht unmittelbar geschehen, auch wenn es großartig ist, wenn es so ist. Lass der anderen Person ruhig einen Tag oder eine Woche, um ihre eigenen inneren Prozesse zu vollziehen. Du sorgst nur dafür, dass deutlich wird, dass Vergebung Teil der Unterhaltung ist, und gibst somit ein Vorbild für das, was nötig ist, um dein Herz offen zu halten.

Lach und hab Spaß

Der Golfer Phil Mickelson wurde einmal gefragt, ob sein Vater so gewesen sei wie der Vater von Tiger Woods, der Tiger schon im Alter von zwei Jahren zum Golfspielen anhielt. Mickelson antwortete: „Nein, mit meinem Dad konnte man Spaß haben."

Das Leben ist eine ernste Sache, aber es läuft am besten, wenn Vergnügen und Lachen als Ausgleich dazugehören. Selbst die Bibel sagt: „Ein fröhliches Herz bringt gute Besserung" (Sprüche 17,22). Gott weiß, was wir brauchen, um die Reise zu genießen, darum hat er uns so gemacht, dass wir von Menschen angezogen werden, die lachen und uns zum Lachen bringen.

Ich denke sogar, dass man sich anstrengen muss, um nicht zu lachen, denn das Leben ist wirklich komisch. So gab es in unserer Gemeinde eine Dame, die immer auffiel. Normalerweise kam sie in Kleidern, die absolut nicht zusammenpassten. Am Wochenende des 4. Juli (Unabhängigkeitstag) kam sie zum Beispiel in einem schwarz-goldenen Kleid mit einer rot-weiß-blauen Weste. Sie hatte die Angewohnheit, mich jeden Sonntag aufzusuchen, um mir die ungeheuerlichsten Dinge zu erzählen, die während der Woche passiert waren.

Eines Tages kam sie zu mir und sagte: „Bill, ich war diese Woche beim Arzt. Er sagte mir, ich habe Arthritis. Ich habe Bursitis (Schleimbeutelentzündung). Und ich habe Ridikulitis (lat. *ridiculus = lächerlich*, sie hatte aber *Radikulitis*, eine Nervenentzündung)."

Mein erster Gedanke war: „Ich wusste, dass es einen medizinischen Fachausdruck gibt für ihren verpeilten Kleidungsstil." Eigentlich wollte ich meinen Mund halten, aber stattdessen sagte ich: „Eleanor, die 35 Dollar für den Arzt hätte ich dir sparen können." Zum Glück verstanden wir uns gut, also lachten wir beide, ich betete für sie und wir gingen in bestem Einvernehmen auseinander. Mein guter Freund Dan ist ein begabter Ingenieur, der immer nach Wegen sucht, das Leben zu verbessern. Seine Familie liebte es zu zelten, also taten sie sich mit zwei anderen Familien zusammen, die auch gerne zelten gingen. Jahr für Jahr verbrachten sie ihre Sommerferien zusammen. In einem Urlaub dachte er: „Wir haben kein heißes Wasser und wir sind eine ganze Menge Leute. Ich wette, da kann ich was machen."

Als sie im nächsten Jahr auf den Campingplatz fuhren, befand sich ein selbst entwickelter Heißwasserbereiter auf dem Dach seines Kombis. Er hatte Wasserleitungen vom Wassertank in den Motorraum und um den Motor herum gelegt und dann mit einer Kreiselpumpe versehen. Solange der Motor lief, heizte sich das Wasser auf. Es sah zwar völlig lächerlich aus, aber er kam mit 150 Litern heißem Wasser für seine Freunde und Familie dort an.

So könnte ich weitermachen. Wenn du deine Augen und Ohren offen hältst, wirst du feststellen, dass das Leben voller Witz ist. Gehst du dabei mit und erzählst die Geschichten weiter, werden Menschen zu dir hingezogen. Wenn du Witze sammelst und anderen erzählst, werden Menschen zu dir hingezogen. Wenn du bei den unerwarteten Wendungen des Lebens zu lachen anfängst, statt vor Wut zu explodieren, werden die Menschen zu dir hingezogen. Die gute Nachricht ist, du kannst einen Sinn für Humor in dir entwickeln.

Suche nach Witzen und witzigen Geschichten. Das Internet ist voller Informationen, die dich zum Lachen bringen können. Bücher sind voller Geschichten und Anekdoten, die die Menschen lächeln lassen. Die meisten Predigten oder öffentlichen Vorträge enthalten humorvolle Stellen, die es wert sind, weitergegeben zu werden. Fast alle Filme enthalten lustige Szenen, die einen großartigen Einstieg ins Gespräch abgeben können. Wenn du diese sammelst und sie den Menschen erzählst, mit denen du gerade Reibereien hast, können sich gute Beziehungen daraus entwickeln.

Schreib die lustigen Dinge, die du hörst, auf. Als mein ältester Sohn am College Football spielte, gab es da einen jungen Mann, der die Gabe hatte, Dinge zu sagen, die man nie vergisst. Eines Tages ging er auf seinen Trainer zu und sagte: „Coach, weißt du eigentlich, warum ich bei jedem Training 100 Prozent gebe? Weißt du, warum ich immer mein Bestes gebe, jedes Mal, wenn ich aufs Feld rausgehe?"

Sein Trainer erzählte mir später, dass er zunächst richtig erfreut war. Er dachte: „Vielleicht kommt bei den Jungs ja langsam was an. Scheinbar kapieren sie jetzt, was Teamwork ist und was ihre Anstrengungen wert sind." Voller Erwartung sagte er daher: „Ich denke schon, aber sag du mir doch, was du meinst."

„Nun, es ist so, Coach. Ich weiß, dass es für die meisten dieser jungen Spieler ihre vielleicht letzte Chance ist, wahre Größe zu sehen. Ich möchte ihnen ihre Chance nicht verderben." Autsch.

Ich besuchte kürzlich eine Veranstaltung der Vereinigung christlicher Sportler, die zeitlich mit dem Holiday Bowl zusammenfiel. Danach unterhielt ich mich noch mit einem befreundeten Paar, das zum Mitarbeiterstab gehörte, und fragte sie: „Wie geht's euch beiden?"

„Uns geht's gut", erwiderten sie. „Sogar richtig gut. Wir versuchen gerade dieses Fortpflanzungsproblem zu lösen und denken, wir haben einen Durchbruch erzielt." Sie sagten nicht, dass sie schwanger sein könnten. Sie sagten auch nicht, dass sie hofften, schwanger zu werden. Sie versuchten einfach, „das Fortpflanzungsproblem zu lösen".

Lach laut. Du wirst mit Sicherheit in den nächsten Tagen ein paar lustige Erfahrungen machen. Du siehst vielleicht einen lustigen Film, hörst eine lustige Geschichte oder hörst einem Komiker zu. Wenn das so ist, lach laut. Halt dich nicht zurück. Mach dir keine Gedanken darüber, was die anderen denken könnten. Unterdrück deine Reaktion nicht. Genieß einfach den Moment und lache.

Teil deine Geschichte

Da deine Vorbildfunktion darauf aufbaut, dass du akzeptierst, dass die Menschen dich beobachten, wirst du am effektivsten darin sein, wenn du deine Geschichte aktiv mit anderen teilst. Du kannst das mit Worten tun, indem du dein Wissen mit ihnen teilst, und du kannst das durch deine Taten tun, indem du am Leben anderer Menschen teilnimmst. Deine größten Momente ereignen sich oft, wenn du handelst und wenig sagst.

Dein Leben hat Auswirkungen auf andere und du kannst deinen Einfluss vergrößern, wenn du nach Wegen suchst, weiterzugeben, was du am besten kannst. Hier sind ein paar Fertigkeiten, an denen du arbeiten kannst, um das zu erreichen.

Höre auf deinen besten Rat und dann wiederhole ihn oft. Wenn du mal darauf achtest, wird dir auffallen, dass es ein paar wirklich gute Ratschläge gibt, die du immer wieder gibst. Das sind Aussagen, die du so oft wiederholst, dass dir gar nicht bewusst ist, dass sie wichtig sein könnten. Wenn du diese identifizieren kannst und dann bewusst immer wieder sagst, kannst du deinen Einfluss konzentrieren. Hier sind ein paar der Aussagen, auf die ich mich eingeschossen habe:

- Hab ein schlechtes Gedächtnis, wenn es um deine Fehler geht.

- Red nicht nur drüber, tu es.

- Das Spiel beginnt.

- Steh deinen Mann.

- Grenzen sind Entscheidungen, die du triffst, um den Respekt vor dir selbst zu bewahren.

- Erfahrung ist das, was du bekommst, wenn du nicht bekommst, was du willst.

- Leben ist ein Sportwettbewerb.

- Du kannst alles, wozu Gott dich berufen hat.

- Gib den A-Prioritäten auch die A-Aufmerksamkeit.

- Gott bekommt immer seinen Willen. Wir können dorthin auf die leichte oder auf die harte Tour gelangen, aber wir werden dorthin gelangen (Frag Jona!).

- Routineangelegenheiten sollten ein System haben. Kreativität braucht Freiheit.

Ich suche nach Gelegenheiten, diese Sprüche zu wiederholen, weil ich glaube, dass sie wahr sind und mich motivieren zu handeln. Ich denke, die Leute die mir zuhören, werden sie irgendwann kapieren, wenn ich sie nur oft genug in
genügend verschiedenen Situationen sage.

Zu Weihnachten schrieb unser jüngster Sohn Caleb einen
Aufsatz fürs College. Darin nannte er mich als einen der
Mentoren in seinem Leben und unter anderem betonte er,
wie wichtig es sei, ein schlechtes Gedächtnis zu haben, wenn
es um die eigenen Fehler geht.

Mission erfüllt.

Lade andere ein, dich bei Projekten zu unterstützen. Es gibt
bestimmte Betätigungen und Projekte, in denen du richtig
gut bist. Wenn du dich ihnen widmest, fühlst du dich völlig
sicher, weil du deinen Fähigkeiten vertrauen kannst. Du
kannst deinen Einfluss ausweiten, wenn du andere einlädst,
dir bei solchen Projekten zu helfen. Am Anfang bremsen sie
dich vielleicht ein bisschen aus, aber auf lange Sicht wird
sich dein Einfluss erweitern und du wirst das Leben der
Menschen, die dir am Herzen liegen, bereichern.

Ich erwähnte ja schon, dass ich jedes Haus, das ich gekauft habe, danach umgebaut habe. Da ich Spaß daran habe
und in der Lage bin, solche Projekte zu planen, habe ich meine Söhne bewusst eingeladen, sich daran zu beteiligen. Ein
Warnhinweis: Meine Söhne teilten meine Leidenschaft für
Umbauprojekte keineswegs, als sie noch klein waren. Es war
mein Haus, nicht ihres. Es war meine Idee, nicht ihre. Es
wäre ein Leichtes gewesen, sie so lange zu kritisieren und zu
drängen, bis sie das Projekt schließlich gehasst hätten. Ich
musste ihnen daher Aufgaben geben, die sie erfüllen konnten und die ihnen auch ein gewisses Maß an Befriedigung
verschafften. Ich war mir nicht sicher, ob sie wirklich Spaß
an Umbauarbeiten haben würden, aber ich wollte, dass sie
zumindest einen Geschmack von dem bekamen, woran ich

so viel Freude hatte, und ich wusste, sie würden als Erwachsene davon profitieren.

Im letzten Sommer begann mein Plan aufzugehen. Mein ältester Sohn besitzt ein Haus mit einer Souterrainwohnung. Während der regnerischen Jahreszeit ist der Teppich dort unten dauernd nass. Er versuchte, das Problem zu lösen, kam aber nicht weiter. So fragte er, ob ich nicht ein paar Tage bei ihnen verbringen könnte, damit wir gemeinsam versuchen könnten, das Problem in den Griff zu kriegen.

Das war für mich eine außerordentlich befriedigende Zeit. Die Ursache lag an einem Fenster, das sich knapp über dem Erdboden befand und das nicht richtig schloss. Wasser floss den Hang hinunter und unter dem Fensterrahmen hindurch. Brock hörte aufmerksam zu, als ich ihm zeigte, wie wir eine Schutzmauer bauen konnten, um mehr Freiraum vor dem Fenster zu gewinnen. Dann überlegten wir gemeinsam, wie wir das Fenster dicht bekommen und die Fensterbank wieder herrichten konnten. Zum ersten Mal in meinem Leben war einer meiner Söhne bei so einer Arbeit eifriger als ich. Spät am zweiten Nachmittag saß ich auf der Schutzmauer, die wir gebaut hatten, und schaute meinem Sohn noch eine Stunde bei der Arbeit zu. Es war großartig, mal für eine Weile die Rollen zu tauschen.

Verbringe Zeit mit den Menschen. Da wir alle so werden wie die Menschen, mit denen wir Zeit verbringen, kannst du ein wirksames Vorbild sein, wenn du einen Plan hast, wie du Zeit mit den Menschen verbringen kannst, die dir wichtig sind. Das kannst du ganz förmlich oder auch zwanglos einrichten.

Ganz zwanglos geht das, indem du Menschen in dein gesellschaftliches Leben integrierst. Zusammen essen, gemeinsamer Urlaub und ehrenamtliche Aufgaben, die man gemeinsam wahrnimmt, schaffen neue und tiefere Beziehungen. Während solcher informeller Treffen erzählt man sich Geschichten, Probleme werden auf natürliche Weise gelöst und Fertigkeiten vermittelt.

Förmlich kannst du Verpflichtungen eingehen, die dich mit dem Leben anderer Menschen in Kontakt bringen. Du kannst einem Sportverein beitreten, einem Chor, einer Theatergruppe oder einem Wanderverein. Du kannst dich in deiner Gemeinde einbringen oder dich einem Bibelkreis bzw. einem Hauskreis anschließen, wo ihr über biblische Prinzipien sprecht und darüber, wie diese auf das Leben anzuwenden sind.

Du kannst mit anderen zusammen bestimmte Bücher lesen. Wenn dir dieses Buch hier gefallen hat, kannst du auch eine Kleingruppe gründen, in der ihr das Buch zusammen lest und miteinander die Schritte besprecht, die ihr gehen wollt. (Fragen zur Diskussion für so eine Gruppe findest du in englischer Sprache auf www.billandpam.org.) Wenn ihr euch über das unterhaltet, was ihr gelesen habt, bekommt ihr ein viel tieferes Verständnis der darin enthaltenen Wahrheiten. Das Gleiche kannst du auch mit jedem anderen Buch machen, das du gelesen hast, und so dessen Wirkung auf dein Leben und das Leben derer, die dir wichtig sind, vergrößern.

Schließlich geht es darum, dass dein Leben zählt. Du öffnest eine Tür, die niemals geschlossen werden kann. Du machst einen Unterschied im Leben anderer. Entscheide dich dafür.

Nur zum Spaß

Harry Neidig zeigt, was für lustige Auswirkungen es haben kann, wenn du dich entschließt, ein Vorbild zu sein. Er erzählt: Auf dem Weg zurück von einem Treffen junger Pfadfinder stellte ein Junge seinem Vater eine Frage. „Dad, ich weiß, dass Babys aus dem Bauch von den Mamis kommen, aber wie kommen sie da überhaupt rein?", fragte er ganz unschuldig.

Nachdem der Vater eine Weile herumgedruckst hatte, sagte der Junge schließlich einlenkend: „Du musst dir nichts ausdenken, Dad. Ist doch okay, wenn du's auch nicht weißt."

Endnoten

1. Jeffrey Kluger: Rocket Scientist Robert Goddard, in: Time vom 29. März 1999, http://www.time.com/time/magazine/article/0,9171,990613-2,00.html#ixzz0b-Ne1zEmZ, Deutsch durch den Übersetzer
2. Mike Penner: 99 Things about John Wooden, Los Angeles Times vom 14. Oktober 2009, Deutsch durch den Übersetzer
3. Deutsch durch den Übersetzer.
4. www.answers.com/topic/william-a-foster; Deutsch durch den Übersetzer
5. the bath and the bucket story, gefunden bei: http://www.businessballs.com/stories.htm#bath_bucket_story; Deutsch durch den Übersetzer
6. the blind golfers story, gefunden bei www.businessballs.com/stories.htm#the-blind-golfers-story, auf Deutsch nacherzählt durch den Übersetzer
7. Auf Englisch z. B. auf http://www.jewishvirtuallibrary.org/jsource/biography/abraham.html oder www.jewishencyclopedia.com/articles/14330-terah.
8. www.ccoasis.de/resource/sermons10/Gabenfragebogen.pdf
9. Christian A. Schwarz: Die drei Farben deiner Gaben. Wie jeder Christ seine Gaben entdecken und entfalten kann. Verlag C&P, bearbeitete Neuauflage 2013. Weitere Literaturempfehlungen im Gabenfragebogen von Campus für Christus s. Fußnote 10.
10. http://www.swr.de/nie-wieder-keine-ahnung/architektur/html/stationen/moderne.php
11. http://blog.guykawasaki.com/2006/04, Deutsch durch den Übersetzer
12. http://mrmom.amaonline.com/stories/acarpentersstory.htm, Deutsch durch den Übersetzer
13. http://de.wikipedia.org/wiki/Mentor_%28Mythologie%29
14. Jesper Parnevik kritisiert Tiger Woods. In: Frankfurter Allgemeine Zeitung, 04.12.2009, Nr. 282, S. 9, auf http://www.seiten.faz-archiv.ce/faz/20091204/fd1200912042526029_2.html
15. Muscle-Car (engl. muscle car) ist die Bezeichnung für US-amerikanische PKW, die auf Serienmodellen basierten, jedoch wesentlich stärker motorisiert waren. Zu ihrer Zeit wurden sie in den USA auch als „Super-Cars" bezeichnet und sprachen vor allem eine jugendliche Zielgruppe an. Quelle: http://de.wikipedia.org/wiki/Muscle-Car
16. www.naturalhigh.org
17. www.ahajokes.com/farm011.html, Deutsch durch den Übersetzer
18. http://www.joke-archives.com/workplace/resumeerrors.html, Deutsch durch den Übersetzer
19. http://www.bolthouse.com
20. http://www.thebolthousefoundation.org, Deutsch durch den Übersetzer
21. http://www.lebenshilfe-net.ch/index.php/D/article/827-Internet-Sexsucht/48500-Internetpornografie_und_christlicher_Glaube/

22. Fritz Rienecker und Cleon Rogers; Linguistic Key to the Greek New Testament (Sprachlicher Schlüssel zum Neuen Testament); Grand Rapids, MI; Zondervan, 1980, S. 769, zitiert nach der englischen Ausgabe, Deutsch durch den Übersetzer
23. Rienecker et al., a. a. O., zitiert nach der englischen Ausgabe, Deutsch durch den Übersetzer
24. http://www.skywriting.net/inspirational/humor/pilots--on_the_radio.html, Deutsch durch den Übersetzer
25. Bill & Pam Farrel: Männer sind wie Waffeln – Frauen sind wie Spaghetti, SCM Hänssler, 2005.
26. www.anectdotage.com
27. vgl. http://de.wikipedia.org/wiki/Proposition_8
28. http://www.care2.com/c2c/groups/disc.thml?gpp=2892&pst=935110, Deutsch durch den Übersetzer
29. Ray Kennedy; Good Man in the Long Run; in Sports Illustrated vom 8. September 1975, http://sportsillustrated.cnn.com/vault/article/magazine/MAG1090211/5/index.htm, Deutsch durch den Übersetzer
30. www.divorcerate.com
31. Mike Penner; 99 Things about John Wooden; Los Angeles Times vom 14. Oktober 2009 in http://articles.latimes.com/2009/oct/14/sports/sp-john-wooden14/3, Deutsch durch den Übersetzer
32. www.duncanentertainment.com/interview_griffin.php, Deutsch durch den Übersetzer
33. http://www.rd.com/jokes/funny/job-issues/dirty-work, Deutsch durch den Übersetzer
34. vgl. http://de.wikipedia.org/wiki/Nichelle_Nichols
35. http://anecdotage.com/articles/15533, Deutsch durch den Übersetzer
36. http://anecdotage.com/articles/11339, Deutsch durch den Übersetzer, vgl. http://de.wikipedia.org/wiki/Robert_Downey_junior

Meine Notizen

Meine Notizen

Pam Farrel

Die 10 besten Entscheidungen, die eine Frau treffen kann

Finde deinen Weg mit Gott.

Jede Frau muss Entscheidungen treffen, das ist nicht immer einfach. Oft werden die Dinge vernachlässigt, die das eigene Leben betreffen. Oder die Kräfte reichen nicht. Pam Farrel schreibt frisch und praktisch über zehn Lebensbereiche, die jede Frau entwickeln sollte, um ein erfülltes Leben zu leben.

Paperback, 308 Seiten
Bestell-Nr.: 52 50433
ISBN 978-3-86773-171-3

cap-books • 72221 Haiterbach-Beihingen • Tel.: 07456-9393-0 • info@cap-music.de
www.cap-music.de

10 gute Gründe, ein Buch zu lesen

Bill & Pam Farrel

Die 10 besten Entscheidungen, die ein Ehepaar treffen kann

Unsere Beziehung neu entdecken und entfalten

Paperback, ca. 212 Seiten
Bestell-Nr.: 52 50460
ISBN 978-3-86773-185-0

Bill & Pam Farrel

Die 10 besten Entscheidungen, die ein Single treffen kann

Gottes Geschenke in meinem Leben entdecken

Paperback, ca. 250 Seiten
Bestell-Nr.: 52 50461
ISBN 978-3-86773-186-7

Bill Farrel

Die 10 besten Entscheidungen, die ein Leiter treffen kann

Entdecken, was Gott mir gegeben hat

Paperback, ca. 220 Seiten
Bestell-Nr.: 52 50462
ISBN 978-3-86773-187-4

Bill Farrel

Die 10 besten Entscheidungen, die Eltern treffen können

Unseren Kindern das Beste geben

Paperback, ca. 240 Seiten
Bestell-Nr.: 52 50463
ISBN 978-3-86773-191-1

Alle Cover vorläufig

David Murrow

Der Pfad

Spannender Thriller und Gleichnis – Der Weg großer Männer.

Dieses Buch beginnt als Thriller. Ein Mönch überbringt eine konspirative Mitteilung, dass ein geheimnisvoller Code gefunden worden sei, versteckt im Matthäusevangelium. Ein Code, der einen inneren Pfad enthüllt, den große Männer gegangen sind. Eine Enthüllung, die die Grundfesten des Christentums erschüttern oder reformieren kann. David Murrow steigt in ein Flugzeug, um dem Auftrag des Unbekannten zu folgen …
Aus der Erzählung heraus geht der zweite Teil über in die Auslegung, was „Der Pfad" für Männer, die Gott folgen wollen, konkret bedeutet.
Ein inspirierendes Buch!

Paperback, 304 Seiten
Bestell-Nr.: 52 50427
ISBN 978-3-86773-127-0

David Murrow

Warum Männer nicht zum Gottesdienst gehen

Warum kommen Männer nicht in den Gottesdienst? Weil sie schon mal da waren... Das ist natürlich etwas überspitzt, aber es ist Wahrheit darin. Im Gottesdienst und in den Gemeinden sieht man überproportional viele Frauen. Männer sind die größte Menschengruppe, die nicht mit dem Evangelium erreicht wird.

Woran liegt das? Warum werden Männer so wenig von der Kirche erreicht? Ist Veränderung möglich?

Dieses Buch ist eine präzise Analyse und eine praktische Ermutigung. Ein Buch, das Augen öffnet. Und: Es will nicht die Männer ändern, sondern die Kirche!

Paperback, 270 Seiten
Bestell-Nr: 52 50425
ISBN 978-3-86773-118-8

Matthias Hoffmann

Gottes Vaterherz entdecken

Ein Praxisbuch mit persönlichen
Hilfestellungen, Gott als Vater zu erleben

Zu lange sind viele Menschen dem falschen
Gottesbild eines kontrollierenden und stra-
fenden Richters gefolgt. Zu lange haben viele
ihr Christsein unter verkehrten Vorzeichen
geführt: Es dreht sich alles um Leistung, statt
um Liebe. Viel zu spät sind Mitarbeiter in Kir-
chen und Gemeinden aufgewacht und müssen nun erkennen, dass sie sich müde und
leer gelaufen haben: Ihr Glaube ist zu einem
System erstarrt und zeigt wenig Lebendigkeit.

Erweiterte und überarbeitete Neuauflage.

Gebunden, 148 Seiten.
Bestell-Nr.: 52 50407
ISBN 978-3-86773-176-8

Auch als Hörbuch erhältlich!
Ungekürzte Lesung der überarbei-
teten und erweiterten Neuausgabe.
Gelesen von Matthias Hoffmann.
In jedem CD-Spieler abspielbar.
4-CD-Set.

Bestell-Nr.: 52 00407
EAN 40 45027 00407 1

Jay Payleitner

Nur eine Minute

Das Andachtsbuch für Papas jeder Altersklasse

Keine Kuschelandachten, sondern knackige Tagesimpulse. Präzise und humorvoll, kurz und knackig, alltagsrelevant. Mit täglichem „Und was ist mir dir?"-Faktor. Garantiert ohne Predigtanteile. Kann jeder verstehen und umsetzen. Das Buch für jeden Tag im attraktiven Hosentaschenformat.

Paperback, ca. 300 Seiten
Bestell-Nr.: 52 50450
ISBN 978-3-86773-179-9

cap-books • 72221 Haiterbach-Beihingen • Tel.: 07456-9393-0 • info@cap-music.de
www.cap-music.de